5·18 민주화 운동의 왜곡과 진실

5·18
광주 민주화 운동

| 편저자 차종환 · 김인철 |

프라미스

5·18 민주화 운동의 왜곡과 진실

5·18
광주 민주화 운동

추천사

사람들에게 5월의 기억은 무슨 빛깔일까? 어떤 이에게 5월은 아버지의 손을 잡고 놀이공원을 가던 화창한 봄날이다. 또 어떤 이에게는 사랑하는 여인에게 장미꽃을 바치며 프러포즈를 하던 설렘이다. 나의 스무 살의 5월은 광주 금남로 위에 서 있었다. 광주신학교에 입학한 그 해에 5·18 광주민주화운동이 일어났다. 광주항쟁이 발생하자 광주시내는 파리 새끼 한 마리 날아다니지 않을 정도로 고요했다.

계엄군이 광주에 배치된 이후부터 주일도 그렇지만 수요일 날 교회는 텅텅 비었고 사람 하나 다니지 않았다. 버스도 택시도 다니지 않았다. 그래도 수요일이 돌아오자 나는 담담하게 예배를 드리러 교회로 향했다. 저 운암동 골짜기에서 금남로를 거쳐서 조선대 앞에 있는 서광교회까지 걸어가야 했다. 당시 금남로에는 전일빌딩과 광주은행 빌딩, 가톨릭 빌딩, 도청 건물 안에 공수단들이 M16 총을 장전하고 젊은 사람이 나타나서 길을 걸어가면 언제든지 쏘아 버릴 수 있는 때였다.

　그래도 나는 얇은 봄 잠바를 걸쳐 입고 성경 찬송을 들고 금남로를 걸어갔다. 그때 누구든지 나를 보고 총이라도 한 방 쏘아 버렸다면 어떻게 되었을까? 5월의 광주 금남로 도로 위에 쓰러지고 말았을 것이다. 그러나 나는 무슨 용기와 배짱이 있었는지 그 사선의 거리를 걸어서 교회로 향하고 있었다. 그것도 큰 목소리로 "저 높은 곳을 향하여 날마다 나아갑니다" 찬송을 부르며 말이다.

　이윽고 교회를 가보니 700명이 넘게 모이는 교인이 열두어 명 출석했다. 금남로를 통하여 걸어온 나를 담임목사님께서 보시더니 "죽으려고 환장했느냐?"고 하였다. 그러나 나는 "목사님, 저 예배드리러 왔어요. 오늘 은혜 받고 갑니다" 말씀 드리고 다시 찬송을 부르며 기숙사로 돌아왔다. 지금 생각해보면 정말 위험한 모험이었다. 어디에서 그렇게 죽음을 두려워하지 않는 용기와 담대함이 생겨나는지 알 수 없었다.

어쩌면 지금도 나는 그 해 5월의 금남로 검은 아스팔트 도로 위를 걷고 있는지도 모른다. 그것은 나를 가로막는 불가능과 두려움을 향한 저항이다. 나의 가슴에는 여전히 그날의 시민군들 함성이 잔상으로 남아 있다. 혹자는 북한 특수군이 개입했다는 말을 하는데, 본인의 신념보다 중요한 것이 팩트다. 나는 종군기자는 아니었지만, 고 변한규 목사님을 따라 상무관에 놓인 시신들을 바라보았던 통한의 슬픔을 잊을 수 없다. 5·18은 순수한 민주항쟁이었고 시민군의 저항이었다. 내 가슴 한복판에 뚫린 5월의 금남로 아스팔트 도로, 달빛 아래 빛나던 십자가 종탑, 그 푸르른 젊은 날의 초상은 지금도 지워지지 않는다.

나에게 차종환, 김인철 두 분의 편저인 《5·18 광주 민주화 운동》은 참으로 뜻깊은 책이다. 우리 모두의 가슴에 5월의 진실을 새겨주고 결코 잊어서는 안 되는 자유와 저항의 역사를 기록한 책이기 때문이다.

　책을 집필하신 두 분께 진심으로 감사드리고 더 많은 사람들에게 읽혀져서 5·18 민주화운동의 역사가 축적되고 시대정신으로 발현되기를 바란다.

2020년 5월
소강석 목사(새에덴교회, 시인)

머리말

　5·18 광주항쟁은 전 시민이 참가한 민주 투쟁이었다. 또한 인간이기를 포기한 공수부대가 신군부의 의도대로 움직인 꼭두각시들의 망동이었다. 여기에 3등 국가의 군부와 언론이 조연을 했다. 그리고 여기에 고문으로 조작한 김대중 내란 음모 사건을 첨가했다.
　이렇게 왜곡되고 은폐된 5·18항쟁의 진실을 찾고 잘못된 시각을 바로잡고자 한다. 1995년 5·18민주화운동에 관한 특별법이 제정됐다. 5·18민주화운동에서 희생된 분들에 대한 보상과 묘역 성역화가 이 법에 따라 이뤄졌다. 1997년에는 5·18민주화운동이 국가기념일로 제정됐다. 이후 해마다 기념식을 치러오고 있다. 2011년에는 5·18 기록물이 국내 현대사 관련 기록물로는 처음으로 유네스코 세계기록유산에 등재됐다. 5·18민주화운동의 진상규명과 책임자 처벌, 명예회복, 피해 보상, 기념사업에 대한 일련의 기록들이 국내를 넘어 세계적인 인정을 받게 된 것이다.
　그러나 뉴라이트를 비롯한 보수 우익 세력의 인사들인 서석구 변호사, 유기남 목사 등이 프랑스 파리의 유네스코 본부를 직접 방문

해 사무총장에게 반대 성명서를 전달하면서 강력 항의하는 사건이 발생했다. 그뿐만 아니라 지만원은 유네스코 심사위원들이 심사를 한창 진행하고 있는 상황에서 유네스코 의장에게 5·18민주화운동은 폭동이고 북한 특수군이 남파하여 일으킨 반란이라는 주장이 담긴 장문의 편지를 보내 세계기록유산 지정에 반대했다. 지만원은 대한민국의 육군사관학교를 졸업한 중견 장교 출신이고 미 해군대학에서 박사 학위를 받은 전문가라고 자칭하면서도 대한민국 국가가 인정한 5·18민주화운동을 인정하지 않는, 대단히 편향적인 사고 구조를 가진 사람이다.

잘 알려져 있다시피 5·18민주화운동은 1980년 5월 광주에서 일어난 불행한 역사적 사건이었다. 전두환 등의 신군부 세력이 권력을 장악하기 위해 국민들을 살육하고 정권을 잡은 반역 행위를 한 것이다. 그러나 이러한 불법 행위는 사법부를 통해서 법적·제도적으로 단죄되었을 뿐만 아니라 가해자들에 대한 사법적 판단이 대법원에서 내려졌다. 피해자들에 대한 국가 보상이 마무리 단계에 이르러

5월 18일은 국가기념일이 되었고, 망월묘지가 국립묘지가 되어 매년 기념식에 국가의 수반이 참석하고 있다.

 만약 지만원이 주장하듯이 1980년 5월 북한군이 광주에 출몰해 광주에서 분탕질을 하여 수천 명의 사상자를 내고 월북했다면 그 책임은 누구에게 있겠는가? 당연히 국토를 보전하고 국민의 생명과 재산을 보호해야 할 국군통수권자에게 그 책임이 있다는 것은 두말할 필요가 없다. 지만원은 국토 방위의 임무를 올바르게 수행하지 못한 국군통수권자에게 그 책임을 물어야 하고, 그것을 규명하기 위해 전문가로서 노력을 다해야 하는 것이 당연하다.

 전두환 회고록에는 지만원이 주장한 내용을 되풀이하고 있다. 이런 왜곡된 시각을 바로잡기 위해 이미 간행된 필자의 저서 《5·18민주화운동 이야기》와 뒤에 게재된 참고 및 인용 문헌을 보고 추가 편집했다. 또한 5·18항쟁에 동참한 미주 동포들의 활동, 그리고 5·18정신을 왜곡한 지만원과 전두환의 잘못된 시각도 반박했다. 5·18에 대해 잘 알지 못하는 청소년들의 경우 5·18을 왜곡, 폄훼하는 글이

진실인 줄 알고 있는 경우도 있다. 5·18민주화운동에 대한 왜곡 담론에 맞서 진실 담론을 정립, 재조직하여 왜곡 담론에 대응할 필요가 있다. 이제 5·18민주화운동 왜곡에 대한 종합적인 대책이 수립되어야 하고, 체계적으로 왜곡 담론에 대응하는 진실 담론을 전파해야 할 시점이다.

  이런 취지에서 젊은이들에게 본서가 도움이 되었으면 한다. 끝으로 본서를 편집하는 데 많은 도움을 준 한미교육연구원 이사들과 남가주 호남향우회 및 민주인사들께, 또한 교정을 해주신 골드핑거 김병호 장로님께 감사드린다. 그리고 어려운 여건하에서도 본서 출판에 뜻을 같이하여 주신 쿰란출판사 대표 이형규 장로님께도 감사드린다.

2020년 5월
편저자 차종환, 김인철

목차 Contents

추천사 … 4
머리말 … 8

제1장 유신체제 붕괴의 전주곡

1-1. 10월 유신(1972년) | 19
1-2. 유신정권 붕괴의 서곡 | 21
1-3. 교수 재임용제도 도입(1976년) | 22

제2장 전두환의 등장

2-1. 대통령 살해 사건 | 25
2-2. 대통령 암살의 배경 | 27
2-3. 유신 독재 최후와 전두환의 위치 | 30
2-4. 쿠데타의 시발, 정승화와 전두환의 갈등 | 31
2-5. 정승화 납치 사건(1979년 12월 12일) | 32

제3장	3-1. 서울역 회군	35
5·18	3-2. 민주항쟁의 발단	36
전주곡	3-3. 광주의 횃불 시위	37
	3-4. 전군 주요 지휘관 회의	38
	3-5. 5·18 유언비어 유포와 왜곡	40

제4장
10일간의
5·18항쟁
진행

4-1. 첫째 날(5월 18일) | 44
   1) 산발적인 저항과 그 도화선
   2) 도심지 투쟁
   3) 시위대를 쫓아다니는 헬리콥터
   4) 시위의 두 번째 도화선
4-2. 둘째 날(5월 19일) | 48
   1) 적극적인 공세로 전환
   2) 고교생들의 시위 참여
4-3. 셋째 날(5월 20일) | 53
   1) 항쟁의 징후와 첫 발포
   2) 도청으로 가자
   3) 택시 기사들의 봉기
4-4. 넷째 날(5월 21일) | 57
   1) 시민군 탄생과 공수부대 철수
   2) 광주교도소 습격건
   3) 주남마을
   4) 발포 명령
   5) '자위권 발동'이라는 면죄부
   6) 지휘체계 이원화

제4장
10일간의 5·18항쟁 진행

  7) 헬기 기총소사
  8) 인간이기를 포기한 자들의 광란
  9) 피신하는 민주인사들
  10) 무기 필요성 때문에 각 지역 방문

4-5. 다섯째 날(5월 22일) | 84
  1) 시민 공동체 세상
  2) 무기 회수를 둘러싼 분열 조짐
  3) 암매장 시신들
  4) 미국의 진압 동의

4-6. 여섯째 날(5월 23일) | 88
  1) 두 개의 수습대책위원회 구성
  2) 제1차 민주수호범시민궐기대회
  3) 광주시 장악

4-7. 일곱째 날(5월 24일) | 92
  1) 수습위의 내부 갈등
  2) 항쟁 지도부의 조직
  3) 무기 반납을 둘러싼 이견
  4) 국내 언론들의 진실 외면
  5) 외국 기자들의 눈

4-8. 여덟째 날(5월 25일) | 99
  1) 광주 시민의 성숙한 시민의식
  2) 시민들의 긍지
  3) YMCA, 청년·학생들의 투쟁본부
  4) 민주투쟁위원회 출범
  5) 광주 소탕 작전

4-9. 아홉째 날(5월 26일) | 103
  1) 신군부의 무력 시위
  2) 복면 쓴 시민군
  3) 외신 기자 회견
  4) 마지막 회의

4-10. 열째 날(5월 27일) | 111
  1) 계엄군의 도청 진압 작전
  2) 마지막 방송
  3) 도청 뒤쪽에서 기습 공격
  4) 도청 민원실

제5장
5·18과
미주 동포

5-1. LA 지역 동포의 반응 | 124
5-2. 광주민중항쟁과 시카고 반응 | 127
5-3. 광주 민주화운동과 워싱턴 | 128
5-4. 광주민중항쟁과 재외 동포 지원 | 129
5-5. 광주민중항쟁에 대한 재미 한인 민주단체 성명 | 131
5-6. 전두환 정권에 대한 미국의 태도 | 131
5-7. 신군부 광주항쟁 진압과 미국의 개입 | 133
5-8. 전두환이 갈구한 미국의 승인 | 134
5-9. 미국 태도에 대한 항의 | 136
5-10. 전두환 대통령의 방미 | 137
5-11. LA 동포의 헌혈운동 | 140

제6장
김대중 내란
음모사건과
계엄군
책임자 처벌

6-1. 고문으로 조작한 '김대중 내란음모사건' | 144
6-2. 5·18민주화운동과 경찰 | 148
6-3. 계엄군 책임자들의 고소 | 155
6-4. 5·18 특별법 | 159
6-5. 5·18 책임자 처벌 | 160
6-6. 5·18 재조사가 불가피 | 162
6-7. 유네스코 세계기록유산 등재 | 164

제7장
지만원의
'5·18 분석
최종보고서'를
보고

7-1. 5·18 때 북한군이 광주에 왔다고? | 168
7-2. 5·18 때 데모대에 학생은 없고 북한군만 있었다고? | 170
7-3. 북한 특수군이 교도소를 공격했다고? | 170
7-4. 시위군이 교도소를 습격했다고? | 171
7-5. 5·18 천주교 사진첩, 북한과 공모해 발간했다고? | 172
7-6. 복면한 사람들은 북한 특수군이었다고? | 173
7-7. 지용 씨가 광수 73이라고? | 174
7-8. 광주 시위대 600여 명은 북한군이었다고? | 177
7-9. 북한 특수부대가 무기고 44곳을 습격했다고? | 178
7-10. 사망자 70%는 시민군의 카빈총에 맞았다고? | 182
7-11. 5·18 묘지에 북한군 시신 12구가 묻혀 있다고? | 184
7-12. 누가 먼저 발포했는가? | 186
7-13. 북한 특수군이 매복해 계엄군을 습격했다고? | 186
7-14. 북한 특수군이 장갑차를 운전했다고? | 188
7-15. 중형 받은 사람들은 떠돌이 노동자뿐이었다고? | 190
7-16. 탈북자들의 증언 | 191
7-17. 북한 역사책이 안기부 자료와 같다고? | 194
7-18. 북한의 역사책 《광주의 분노》 내용은? | 196
7-19. 《넘어넘어》가 북한의 작품이라고? | 197
7-20. 총을 들고 싸운 사람은 학생 및 시민이 아니고 북한 특수군이었다고? | 198
7-21. 지만원의 주장에 대한 조갑제의 반박 | 199
7-22. 5·18민주화운동의 왜곡에 대한 결론 | 201
7-23. 지만원이 주장하는 18개의 Smoking Gun | 204
7-24. 지만원의 주장에 대한 서정갑의 공개 질의 | 211

제8장	8-1	전두환 회고록의 1차 고소	214
전두환 회고록의 문제점	8-2	전두환 회고록의 왜곡 부분 고소 주요 내용	215
	8-3	재출간된 전두환 회고록 먹칠한 부분의 원본	222
	8-4	전두환 회고록 2차 고소	234
	8-5	문무일 검찰총장 전두환 기소 보류 지시	236
	8-6	5·18민주화운동에 대한 왜곡과 법정 투쟁	237

제9장	9-1.	5·18민주화운동의 성격	241
5·18민주화운동의 역사적 의의	9-2.	5·18민주화운동의 지속	246
	9-3.	5·18민주화운동의 원인과 양상	247
		1) 광주민중항쟁의 원인
		2) 광주민중항쟁의 양상
		3) 광주민중항쟁과 미국
	9-4.	5·18민주화운동의 진실	250
	9-5.	5·18민주화운동의 역사적 의의	255
	9-6.	5·18민주화운동의 부활	259
		1) 진상규명운동과 책임자 처벌
		2) 피해 보상과 기념사업
		3) 5·18 자료의 유네스코 세계기록유산 등재
	9-7.	5·18민주화운동의 요약	262

후기 ··· 268
참고 및 인용 문헌 ··· 274
부록_ 5·18민주화운동 기간의 시간별 약사와 그 후 날짜별 약사 ··· 277
5·18민주화운동 화보 ··· 298
임을 위한 행진곡_ 백기완 시, 김종률 곡 ··· 303

제1장

유신체제 붕괴의
전주곡

1-1. 10월 유신(1972년)[1]

1971년 4월 7대(71. 6 ~ 72. 12) 대통령 선거에서 어렵게 당선된 박정희 대통령은 정상적인 방법으로는 정권을 유지하기가 어렵다고 판단하여, 1972년 10월 헌정을 중단시키고 유신을 선포하였다. 이른바 유신체제의 확립으로 통일주체국민회의가 대통령을 선출하게 되어 사실상 장기 집권을 할 수 있는 길을 열어 놓았다. 이로써 박정희 정부는 독재 체제로 치달았다. 유신으로 제3공화국의 종지부를 찍고 제4공화국이 등장한다.

즉 제8대 대통령 선거는 72년 확정된 유신헌법에 의해 통일주체국민회의에서 실시된 것이다. 대통령 후보로는 박정희가 단독으로 입후보했다. 통일주체국민회의는 이날 2천 3백 59명의 대의원 전원이 참석한 가운데 제8대 대통령 선거에 들어가 박정희 후보 2천3백 57표, 무효표 2표로 박 후보가 대통령으로 선출됐다(72. 12~78. 12). 자유와 권리를 억압당한 국민들은 민주주의를 회복하기 위한 운동을 전개하였다. 유신헌법을 개정하자는 주장에 많은 국민들이 동조하여 장기 집권이 어려워진 박정희 정부는, 긴급조치를 발동하는 등 여러 가지 강경 정책을 실시하였다.

제9대(78. 12~79. 10) 대통령 선거는 제8대와 마찬가지로 통일주체국민회의에서 이뤄졌다. 1978년 7월 6일 실시된 대통령 선거에서 단독으로 입후보한 박정희 후보는 재적 대의원 2천 5백 81명 중 2천 5백 78명이 참석한 제2대 통일주체국민회의를 통해 총 2천 5백 77표를 얻어 대통령으로 선출됐다. 이런 비민주적인 선거 과정에서 나타나는 불합리한 억압 정책으로 박정희 대통령이 임기 1년도 못 되어 피살되는 10. 26 사태가 발생하였다(1979). 제10대(79. 12~80. 8) 대통령 선거는 박정희 대통령의 서거에 따라 1979년 12월 6일 통일주체국민회의에서 이뤄졌다. 이 선거에는 통일주체국민회의 대의원 8백 27명의 추천을 받아 최규하 대통령 권한대행(79. 10~79. 12)이 단독후보로 출마했다.

통일주체국민회의는 정원 2천 5백 83명, 재적 2천 5백 60명 중 2천 5백 49명이 참석한 가운데 투표를 실시, 개표 결과 단독 입후보한 최규하 후보가 2천 4백 65표를 기록, 제10대 대통령으로 선출됐다. 최규하 대통령은 군부 전두환의 그늘 아래에서 허수아비 역할을 하다가 1년도 못 견디고 압력에 의해 사임하면서 제4공화국의 막을 내리게 된다.

1-2. 유신정권 붕괴의 서곡[2]

1972년 10월 16일 오전 10시, 부산대학교 도서관 앞에서 "유신 철폐", "독재 타도"라는 구호를 외치는 일단의 학생 시위를 시작으로 순식간에 1,000여 명의 학생들이 모여들었고, 시위대가 상당한 규모로 확대되자 학생들은 교문 앞에 진을 치고 있던 경찰 저지선을 돌파하여 오후에는 남포동 등 부산 일대를 누볐다. 부산시민들의 열렬한 환호성과 참여 속에 부산대생 중심의 '유신 반대 시위 대열'은 17일 새벽 1시까지 부산 시내 11개 파출소를 파괴하는 등 마치 대대적인 민중 봉기를 일으키는 듯했다. 17일 부산대에 휴교령이 내리자 이번에는 동아대 학생들이 가두로 진출하여 시위에 합류하였고, 18일 0시를 기하여 부산에 계엄령이 선포된다는 유신정권의 발표에도 불구하고 남포동 일대의 시민, 학생 시위대는 "유신 철폐, 독재 타도"와 함께 "계엄 철폐"를 외치며 밤 늦게까지 야간 시위를 하였다. 유신정권이 최세창 준장 지휘의 3공수여단 병력을 투입하여 무차별적인 진압을 자행함으로써 부산 시위는 일단 수그러졌다.

그러나 1979년 10월 18일 아침, 1960년 4·19 혁명의 도화선이었던 도시 마산에서 경남대생 1,000여 명이 휴교령을 무릅쓰고 교내 시위를 벌인 뒤 오후 5시경 마산 시내로 진출했다. 날이 어두워지면서 수만 명으로 불어난 시민, 학생 시위대는 공화당 경남도지부 사무실을 부수고 이어서 북마산파출소, 유신체제의 핵심 권력자인 청와대 경호실장 박종규의 집과 마산시청, 법원, 마산 MBC 등 유신체제를 유지, 옹호해 온 19개소의 각종 공공건물을 공격했다.

유신정권은 39사단 병력 250여 명과 장갑차를 시위 진압에 투입하였지만 시위는 새벽 2시까지 계속되었다. 다음날인 19일에도 시위가 이어지자 19일 저녁 1,500여 명의 무장 군인이 마산 시내에 투입되고 20일부터는 마산·창원 지역에 '위수령'이 발동됨으로써 4일간의 '부산·마산 민중항쟁'은 막을 내린다. 10월 16일부터 19일까지 4일간의 '부산·마산 민중항쟁'으로 체포된 사람은 모두 1,563명이었는데, 이 중 500여 명은 학생이었고 나머지는 노동자, 노점상, 봉급생활자 등 일반 시민이었다.

1-3. 교수 재임용제도 도입(1976년)

미국 대학에서는 교수 근무 연한 제도의 하나로 교수 재임용제도(tenure)를 사용하고 있다. 이 교육제도는 오늘날 미국의 명문 대학들에서 일반화되고 있으며 학교 발전에 큰 공을 세우고 있다. 유명한 교수, 즉 연구 업적이 있고 강의를 잘하는 교수를 영입해야 좋은 학생이 모여들기 때문이다. 몇 년 동안 시간강사, 전임강사, 조교수로 학교에 근무하면서 Tenure에 통과하지 못하면 다른 학교에 가서 연구 업적을 축적하는 일을 다시 시작해야 한다. 미국의 대부분 대학에서는 자기 대학 졸업생을 임용하지 않고 타교 출신을 교수로 영입한다. 사적인 인정을 피하고 연구 분야가 다른 사람을 수용하기 위함이다.

Tenure[3] 에 합격해야 그 학교의 전임, 즉 부교수, 정교수 등으로 승진할 수 있다. 이 제도 때문에 젊은 박사들은 더욱 열심히 연구 업적을 남겨야 하고 전공 분야의 저서도 출판해야 한다. 이런 미국의 훌륭한 제도를 한국은 유신정권 때 도입하여 대통령의 정권 연장에 악용했다. 그 당시 유신정권에 반기를 들거나 군사 정권에 대항하여 민주화운동을 긍정적으로 보는 교수, 국가 정책에 반하는 주장이나 연구 및 행동을 하는 자들은 요주의 인물이요, 해직 교수의 주대상이 되었다. 따라서 정권에 반하는 교수는 재임용제도 도입에 의해 제일 먼저 제명·해직당하는 사람이 되기 마련이었다. 이 제도의 적용으로 훌륭한 많은 교수들이 해직되었다.

교수 재임용제도를 유신정권 무렵인 1975년 7월 23일에 도입하여 1976년 2월 28일에 전국 각 대학에서 첫 희생자들이 나타났다. 이 제도의 시행으로 유신정권에 반하는 교수들 및 민주화운동가들이 해직을 당하게 되었다. 그리고 이러한 해직 교수는 매년 증가되었다. 명망 있는 교수들이 타의에 의해 강단을 박탈당하고 집에 머물게 되었다.

이렇게 희생당한 많은 교수들이 국민의 정부가 되면서 대부분 복직되었다. 참여정부에서는 과거사 정리 차원에서 5·18광주민주화운동, 제주도 4·3사건 등에 뒤를 이어 해직 교수의 명예 회복을 위한 대학교원 기간임용제 탈락자 구제를 위한 특별법을 교육인적자원부에서 2005년 7월 18일 제정했다. 사립학교법 및 교육공무원법에 의해 임명권자가 임명하였으나, 1975년 교수 재임용제도법의 시행으로 교수의 해임과 파면, 면직된 교수들이 나타나기 시작했다.

교육부에서 2005년에 마련한 이 법률의 제정 목적은 국립, 공립 및 사립대학의 대학 교원 기간임용제에서 재임용 탈락된 교원에게 재임용을 위한 재심사 기회를 부여함으로써, 부당하게 재임용에서 탈락된 대학 교원의 권익 보호와 구제 등을 목적으로 함을 명시했다. 이 법을 시행하기 위한 심사위원은 판사, 검사, 또는 변호사의 직에 5년 이상 재직한 자, 대학 전임강사 이상으로 10년 이상 재직한 자, 또는 교육 행정기관의 3급 이상의 공무원 등 이들 중 9명 내외로 심사위원을 선정키로 했다. 또한 이 법에 의하면 재임용 탈락자는 이미 정년이 되었거나 사망자일지라도 재심사를 청구할 수 있다고 되어 있다.

이 법의 심사 기준은 다음과 같다.

① 학생 교육에 관한 사항: 교수가 휴강을 많이 한다든가 교재 준비 부족으로 학생 교육을 등한시하는 경우 문제가 될 수 있다. 또한 정권에 반하거나 정부 비판 교육도 문제가 되리라 본다.

② 학술 연구에 관한 사항: 교수가 연구에 열중하지 않아 연구 논문이나 저서가 없는 경우 문제가 되리라 본다.

③ 학생 지도에 관한 사항: 교수가 학생 지도 직책을 맡지 않거나 직책을 맡고도 수행 능력을 발휘하지 못할 경우 문제가 되리라 본다. 이 조항은 정치적으로 악용할 소지가 있고 확대 해석으로 해직당할 수도 있다.

④ 재임용 관련 학칙 또는 규정에서 정하고 있는 사항: 이 조항의 내용을 학교 당국은 준비하지 못하여 제시하지 못하고 있는 실정이었다. 대학 당국은 규정을 마련하기도 전에 시행에 들어갔다. 그저 정부의 의지를 파악하여 시행할 수밖에 없었다.

이상에서 볼 수 있듯이 한미 간의 교수 임용제도는 시행 방법, 목적 등이 전혀 맞지 않는다. 미국은 실력에 초점을 맞추고 있으나 한국은 정치적으로 정권을 비판하는 자를 해임시키는 데 악용했다. 이런 불합리한 모순 때문에 참여정부에서 새로운 법을 제정하여 많은 해직 교수의 명예를 회복시키는 데 공헌했다. 필자도 해직에서 복권되어 30년의 억울한 한을 풀 수 있는 기회를 얻은 바 있다.

제1장 주

1) 박문규, 《민족의 상처, 민족의 소망》, 은혜기획, 1994.
2) 5·18 광주민중항쟁동지회편, 《부마에서 광주까지》, 1990.
3) 차종환, 《교육철학》, 동양서적, 2013.

제2장

전두환의 등장

2-1. 대통령 살해 사건[1)]

1979년 10월 26일 저녁, 김재규 중앙정보부장이 박정희 대통령을 사살했다. 군사 쿠데타로 정권을 잡은 후 18년 동안이나 권좌에 있으면서 종신 집권이 가능한 1인 독재 체제를 구축하였던 독재자가, 심복 중의 심복이요 공포정치의 전위부대 중앙정보부의 총책인 부하의 손에 비참한 최후를 맞은 것이다. 유신체제와 긴급조치로 상징되는 겨울공화국이 일거에 무너져 내리고, 유신의 철권통치에 가위눌려 숨죽였던 민중의 힘이 역사의 전면으로 분출될 새로운 시대가 도래한 것이다. 유신체제는 민중의 직접적이고 전면적인 공격에 의해 무너진 것이 아니었다. 따라서 박정희라는 최고 권력자가 제거되었음에도 불구하고 유신체제 그 자체를 만들고 떠받쳐 온 유신 잔재의 힘은 그대로 살아남았다.

유신체제는 안보라는 미명 아래 언론·출판·집회·결사·사상·학문·양심의 자유 등 '자유 민주주의'의 본질적 내용인 국민의 기본적 자유와 권리를 말살해 버린 파쇼체제요, 경제 성장을 지상과제로 삼아 노동자·농민·도시서민의 생존권을 유린한 개발독재체제였다. 유신체제와 가장 강력하게 투쟁했고 또 투쟁할 수 있었던 세력은 기층민중이 아니라 대학생 집단이었다. 항일 민족 해방 투쟁(광주학생운동)과 4월 혁명의 전통을 계승한 학생들은, 학생회가 폐지되고 대학 구내에 기동 경찰이 상주하는 살벌한 분위기 속에서도 끊임없이 유신체제의 철폐와 민중의 생존권 보장을 요구하면서 크고 작은 투쟁을 벌여 왔다. 그러나 거의 모든 시위는 원천봉쇄되거나 교내에서 진압되었으며, 그 시위대의 규모는 역시 수백 명을 넘어서기 어려웠다.

유신체제가 중대한 위기에 봉착했다는 뚜렷한 징후는 1978년 12월 12일 실시된 제10대 국회의원 총선에서 충격적으로 드러났다. 이 선거에서 집권 공화당은 엄청난 규모의 금권·관권을 동원하고서도 불과 유효표 31.7%를 얻었다. 반면 신민당은 그보다 1.1% 많은 32.8%를 획득하였으며, 통일당이 7.4 %의 득표율을 기록했다.

박정희 한 사람이 죽을 때까지 대통령을 하도록 만든 헌법과 민중의 생존권을 희생시켜 극소수 특권 재벌만을 살찌우는 불합리한 경제정책에 대해 국민은 엄중한 경고를 내린 것이다. 야당인 신민당은 이를 바탕으로 보다 자신감 있는 대여 투쟁을 할 수 있게 되었다.

1976년 3월 1일 '명동구국선언사건'으로 징역 5년을 선고받아 복역 중이던 김대중 전 신민당 대통령 후보가 1978년 12월 27일 형집행정지로 석방된 것도 이 선거 결과가 유신정권에 유화책을 강요한 때문이었다.

감옥에서 풀려난 김대중 씨는 동교동 자택에 연금당한 상태에서도 윤보선, 함석헌 씨 등과 함께 '민주주의와 민족통일을 위한 국민연합'을 결성함으로써 사실상 정치 활동을 재개했다. 특히 그는 1979년 5월 29일 신민당 전당대회에서 김영삼 씨를 지원하여 총재에 당선시켰다.

보수 야당인 신민당은 유신체제에 대항하여 권력 투쟁을 벌일 수 있었던 유일한 정치 세력이다. 김영삼-김대중의 연합 세력이 신민당의 지도부를 장악한 것은 국민 대중에게 크나큰 희망을 주는 동시에 유신정권에는 심각한 위기의식을 안겨 주었다.

2-2. 대통령 암살의 배경[2)]

김재규가 박정희를 사살하기에 앞서 강경파의 대표적인 차지철 대통령 경호실장을 두고 "이런 버러지 같은 자식을 데리고 정치를 하니 올바로 되겠습니까"라고 일갈하면서 그를 먼저 쏜 것은 당시 지배집단 내부의 갈등을 명확히 보여준 것이었다. 또 이러한 이견과 파벌싸움이 10·26으로 끝나지 않고 12·12 쿠데타를 불러 일으켰다는 사실을 중시할 때, 김재규의 항소심 최후진술은 주목할 만한 가치가 충분하다고 하겠다. 7년이라는 유신체제의 억압이 계속되는 사이에, 유신체제 폭압에 누적된 국민의 항거의식은 전체 국민 사이에 팽배해 있었다.

중앙정보부의 총책답게 김재규는 사태의 본질을 사실 그대로 파악하고 있었다. 그의 말은 유신체제의 지배집단 내부에 국민에게 발포를 해서라도 현 체제를 유지하려는 그룹과 부분적이라도 민주화 조치를 취함으로써 민중의 저항을 무마하자는 그룹 사이의 대립과 충돌이 있었고, 그 결과 10·26 사태가 일어났음을 입증한다.

김재규는 '수많은 생명의 희생을 막기 위해' 박정희와 차지철을 사살했다. 그러나 그는 결과적으로 유신세력과 민중 사이의 대격돌을 막을 수 없었다. 1979년 10월 26일 궁정동 중앙정보부 김재규 안가에서 일어난 박정희의 갑작스러운 죽음은 참으로 우리에게 시사하는 바가 많다. 첫째로, 그는 최측근 인사들 외에, 심지어는 그의 가족들조차 모르게 자신의 딸보다 더 어린 여인들과 향연을 벌이다 죽음을 맞이하였다.

둘째로, 그는 자신의 동향인이며 동창이자 군 동료인 가장 충실했던 부하의 배신에 의해서 암살당했다. 다른 사람이 아니고 김재규가 박정희를 쏘았다는 사실만으로도 박정희에게는 수치였고 비극이었다.

셋째로, 박정희는 가정적으로도 철저하게 비극을 맞았다. 그는 이미 유신 이후에 아내가 자기 대신 암살당하는 것을 보아야 했다.

중앙정보부장 김재규가 박정희를 암살하게 된 심리는 아직도 수수께끼이다. 그의 암살 계획과 그 이후의 사태 수습 방안은 너무나 무계획적이었고 충동적이었다. 그는 그의 직계 박선호 중앙정보부 의전과장과 박홍주 전속부관에게 암살 계획을 불과 몇 시간 전에 말해 주고, 박정희 경호원들을 사살할 것도 지시하였고, 육군참모총장 정승화를 중앙정보부 안가에 불러다 놓았다. 반면에, 실상 박정희를 암살한 뒤 시체를 어떻게 처리할지, 김재규 자신과 친한 김계원 대통령 비서실장에게는 무슨 역할을 시킬지, 정승화를 어떻게 설득 혹은 위협하여 군을 장악할 것인지, 최규하를 비롯한 정부 요인들은 어떻게 다루어야 할지 전혀 생각하지 못하고 있었다. 실제로 암살 이후 그가 남산 중앙정보부로 가야 할지 육군 본부로 가야 할지도 몰랐다니, 믿어지지 않는 일이었다. 그는 육군중장 출신이었고 군단장, 보안사령관, 중앙정보부 차장, 건설부 장관, 그리고 중앙정보부장을 거친 인사였음을 감안할 때 그의 무계획성과 무모함에 더욱 혀를 내두르지 않을 수 없다.

당시 국내 정치 상황을 살펴보자. YH무역의 근로자에게 농성장소를 제공한 신민당사를 경찰이 기습함으로 벌어진 정국의 경색, 신민당 총재 김영삼을 국회의원직과 야당총재직에서 쫓아내려는 정부의 공작에서 비롯된 긴장, 그리고 거기에 저항해서 격렬한 시위를 보였던 마산과 부산에 공수단을 파견한 정부의 강력 진압 등이 복합적으로 만든 정치 위기 상황에서 박정희가 암살당한 것은 사실이다.

그러나 정부는 일단 국민의 저항을 진압하는 데 성공했음이 먼저 지적되어야 한다. 암살을 통해서는 국민이 승리할 수 없다는 사실이 다시 한 번 확인된 것이다. 김재규는 박정희를 암살한 후 그 사실을 숨긴 채 정보요원들을 윽박질러 사태를 관장하려 했지만 실패하고 곧 체포되어 보안사령관 전두환에게 인계되었다. 박정희의 급작스러운 죽음으로 생긴 힘의 공백을 누가, 어떻게 채울 것인가가 국내외의 관심이었다.

대통령 권한대행을 맡은 최규하는 험한 정국을 헤쳐 나갈 아무런 세력 기반도, 또 담력이나 비전도 없는 사람이었다. 그는 원래 일본에서 고등사범학교를 마치고 당시 일본의 괴뢰정부 만주국의 고시에 합격하여 서울사대 교수, 관료생활을 시작한 이래 평생 관료로 지내다가 국무총리까지 올라간 사람이었다. 그는 이 난세에 기껏해야 약간 배짱이 있다고 알려진 또 다른 관료 출신 신현확 부총리에게 의지할 뿐이었다.

김종필이 새롭게 이끌기 시작한 공화당 세력이나 상당한 인기와 추종자들을 갖고 있었던 김영삼, 김대중 세력은 말할 수 없는 신중함으로 사태의 추이를 관망하고 있었고, 학생들도 혹시라도 그들의 성급한 행동이 민주화를 방해하는 세력에게 명분을 줄까 봐 엎드리고 있었다. 그러나 역시 난세에 있어서 결정적인 역할은 무장력을 장악한 군부가 담당하리라는 것이 상식이었다. 10·26 사건은 기본적으로 유신체제의 지배집단과 국민 사이의 대립관계에 의해 야기된 정치적 돌발사태였다.

그렇기 때문에 유신체제에 대한 국민, 특히 지식인층의 불만이 날로 고조되어 1970년대의 사회적 분위기는 변혁이 불가피한 상황이었다. 박정희라는 절대 권력자를 위해 만든 유신헌법과 국민의 기본 생존권을 희생시킨 불합리한 정치체제와 경제정책에 대해 국민은 엄중한 경고를 내린 것이다.

제10대 총선 결과는 유신정권과 유화책을 이끌어 내어 결국 김대중 전 신민당 대통령 후보가 석방된다. 그리고 1979년 5월 29일 신민당 전당대회에서 선명야당을 표방하는 김영삼-김대중의 연합 세력이 신민당의 지도부로 나섬으로써 국민 대중에게 큰 희망을 줌과 동시에 유신정권에게는 심각한 위기를 조성했다. 그리고 이 같은 대중의 희망과 유신정권의 위기 속에 1979년 하반기가 시작되었다.

2-3. 유신 독재 최후와 전두환의 위치

박정희 대통령이 김재규 중앙정보부장의 총탄에 의해 사망했다.[3] 이는 유신체제의 몰락을 의미하는 것이었다. 7년에 걸친 유신체제와 긴급조치로 상징되는 '겨울공화국'이 일거에 무너졌다. 유신체제의 최후는 국민의 직접적이고 전면적인 저항에 의해 역사 속으로 사라진 것이 아니었다. 박정희라는 절대권력자는 사라졌으나 유신체제를 지탱하고 보위하던 유신세력은 그대로 존속되고 있었다. 특히 지배집단의 한 축에서 기득권을 누려온 정치군인, 바로 이들 집단이 유신체제를 탄생시키고 유지해 온 정치권력의 핵심이었으며, 그들의 힘은 엄존하고 있었다. 10·26 사건으로 제주도를 제외한 전국에 계엄령을 선포한 후, 최규하 대통령 권한대행과 정승화 계엄사령관은 10월 27일, 계엄공고 제5호를 통해 합동수사본부를 설치하고 전두환 보안사령관을 합동수사본부장으로 임명하였다. 권력의 핵심이 붕괴된 당시의 상황에서 전두환 소장이 보안사령관직과 합동수사본부장을 겸임함으로써 전두환은 향후 정국을 예의주시하던 국내·외 언론의 주목을 받기 시작하였다. 일본의 산케이 신문은 11월 2일자 보도를 통하여 "전두환 합동수사본부장이 현재 한국을 지배하고 있는 군부 내에서 가장 강력한 인물이라고 보는 견해가 거의 굳어가고 있다"라고 하였다.[4]

전두환 보안사령관은 10·26의 와중에서 출범한 합동수사본부장을 맡고 정보·보안·수사 등 업무를 총괄하는 막강한 직책에 있었다.[5]

2-4. 쿠데타의 시발, 정승화와 전두환의 갈등

정승화 육군참모총장 겸 계엄사령관은 그동안 대통령 경호실, 육군본부 지휘부, 수경사, 특전사 등 군 요직에 있으면서 특혜를 받아오던 '정치장교'들을 배제하는 방향으로 군 인사를 개편하려 하였다. 이는 정승화 총장이 10·26 이후 주장해 오던 군의 정치불개입 입장을 표면상으로는 기정사실화하는 조치였고, 그 이면에는 군의 공식 지휘체계를 실질적으로 장악하기 위함이었다. 그리고 정승화 총장과 전두환 보안사령관 사이에는 향후 정치권력의 구조 개편과 관련하여 화합할 수 없는 이견이 있었다.

10·26 직후부터 정승화 총장은 "유신체제가 어떤 형태로든 변화해야 한다"는 입장을 취한 반면, 전두환 등 소장파 정치장교들은 유

신체제의 유지를 원하고 있었다. 정승화 총장의 계속되는 군의 정치 불개입 선언과 유신체제의 변화 입장에 불만을 토로하려 하던 소장파 정치장교들은 전두환 보안사령관을 타직으로 발령하려는 정승화 총장의 계획을 알게 되었다. 정승화 총장은 김재규의 1심 재판 선고를 앞두고 노재현 국방부장관과 회동, 전두환 보안사령관을 동해안 지구경비사령관으로 전보·발령한다는 정보를 입수한 전두환 소장은 1979년 12월 8일에 노태우 9사단장을 보안사령부로 불러들인다.

전두환 보안사령관은 허화평 비서실장의 브리핑을 통해 다음과 같은 이유를 들어 노태우에게 정승화 육군참모총장에 대한 연행의 당위성을 역설하였다. ① 정승화 총장과 김재규와의 개인적 친분 ② 정승화 총장의 박 대통령 시해 장소 참석 ③ 정승화 총장의 김재규로부터의 자금 수수 ④ 정승화 총장의 김재규 사건 축소 지시 ⑤ 정승화 총장의 김재규 재판의 조속한 종결 지시 등 부당한 압력 행사 ⑥ 군 내부의 소장파 장교들의 정승화 총장에 대한 반발 등이었다. 정승화 총장의 연행에 대하여 동의를 표한 노태우는 D-day를 개각 하루 전인 1979년 12월 12일로 잡은 뒤 전두환 사령관과 함께 하나회 출신 소장파 장교그룹을 설득, 합류시키기로 하였다.

2-5. 정승화 납치 사건 (1979년 12월 12일)

정승화 총장은 자신을 제거하기 위한 쿠데타 음모가 진행 중이라는 사실을 까맣게 모르고 있었다. 그는 12월 12일에도 정상적인 업무를 처리하는 데 몰두했다. 오전 11시경 노재현 국방장관과 함께 군인사 개편안과 장군 진급 심사안을 결재받기 위해 최규하 대통령을 방문했다. 최 대통령은 이를 결재하면서 군부를 의식하여 정 총장에게 새 내각의 내무장관을 추천하여 달라고 부탁했다. 노 국방장관과 정승화는 합참의장 김종환 대장을 내정했다.

　전두환 보안사령관을 동해안 경비사령관으로 좌천시킬 계획도 마련했다. 정 총장은 육군본부의 집무실로 돌아와 참모차장과 육본 인사참모에게 승진 예정자 명단을 발표하도록 지시했다. 이날 오후 정 총장은 전두환 합수부장을 집무실로 불러들였다. 전두환 합수부장은 몹시 긴장했다. 정 총장은 그에게 김재규의 재판 준비와 시국상황에 대해 이것저것 물어 보았다. 그야말로 생사의 한판 승부를 몇 시간 앞두고 적대적인 두 집단의 우두머리가 만나 지극히 사무적인 이야기를 멀쩡하게 주고받은 것이다. 전 합수부장은 정 총장이 쿠데타 계획을 전혀 눈치채지 못하고 있다는 사실을 확인하고 회심의 미소를 지었다. 승패는 여기서 일차적으로 결정된 셈이다. 지휘체계와 정보계통이 완전히 이원화된 상태에서 추진한 군권 일원화 작업이 얼마나 허망한 것인지 정 총장은 미처 깨닫지 못하고 있었다. 반면 전두환 합수부장은 이 만남을 역이용하여 "중요한 보고사항이 있으니 이따 퇴근 후에 보안사 정보차장을 한남동 참모총장 공관에 보내겠다"는 거짓 보고까지 해두었다.

　전두환은 정 총장 연행 책임자로 보안사 인사처장 허삼수 대령과 육군범죄수사단장 겸 합수부 수사 2국장인 우경윤 대령을 선발했다. 우경윤 대령을 선발한 것은 그가 육사 14기이면서도 동기생들에 비해 진급이 3년이나 늦은 편인 데다가, 전날 결정된 장군 승진 심사에서도 탈락한 탓으로 정 총장에게 강한 불만을 품고 있었기 때문이다. 전두환은 또 연행 과정에서 발생할지도 모르는 우발사태에 대비하여 후보 계획을 세웠다. 이 계획에 의해 육군본부 헌병감실 기획과장 성환옥 대령과 대통령 경호실 소속 제33헌병대장 최석립 중령이 무장헌병 1개 소대를 이끌고 연행조의 뒤를 따랐다. 그리고 전두환 자신은 최규하 대통령에게 정 총장 연행을 재가받기 위해 무장한 보안사 대공처장 겸 합수부 수사국 1국장 이학봉 중령을 대동한 채 삼청동 총장 공관으로 들어갔다.

정 총장 연행조와 후보계획조는 이날 저녁 6시 50분경 총장 공관에 도착했다. 허삼수 대령은 보안사 정보과장을 사칭하고 우 대령과 함께 공관 내로 들어갔다. 후보계획조는 재빨리 공관 내부 경비병력을 무장해제시켰다. 연행조는 정 총장의 부관 이재천 소령의 안내를 받아 응접실로 들어섰다. 정 총장은 7시 15분경 뉴스를 보다 말고 응접실로 내려왔다. 여기서 약간의 대화와 언성이 있었고, 총성이 난 후 허삼수 대령은 정 총장을 강제로 차에 실어 총장 공관을 빠져나와 곧장 서빙고 보안사 분실에 감금시켜 버렸다. 그러나 미처 빠져나오지 못한 후보계획조는 공관 외곽을 경비하던 해병대 병력과 충돌하여 격렬한 총격전을 벌였다.[6]

한편 전두환 합수부장은 이미 정 총장을 연행해 놓은 상황에서 최 대통령에게 정 총장 연행을 재가해 달라고 요구하고 있었다. 그러나 최 대통령은 국방장관의 의견을 들어야 한다면서 결재를 거부했다. 전두환은 "국방장관은 나중에 보고만 받으면 되니까 지금은 각하의 정치적 결단이 필요한 때"라며 재가를 강요했지만, 최 대통령은 요지부동 국방장관을 데리고 오라는 말만 되풀이할 뿐이었다.

제2장 주

1) 차종환, 《얼룩진 현대사와 민주 및 통일운동(상)》, 2007, pp.217-219.
2) 차종환, 앞의 책, pp.217-219.
3) 차종환 외, 《미주 동포들의 민주화 및 통일운동》, 나산출판사, 2004.
4) 장도영, 《망향》, 숲속의 꿈, 2001.
5) 차종환 외, 앞의 책.
6) 차종환, 《얼굴진 현대사와 민주 및 통일운동(상)》, pp.222-224, 2007.

제3장

5·18 전주곡

3-1. 서울역 회군

5월 15일 광주에서는 오후 2시 30분 도청 앞 광장에서 학생들의 집회가 열렸다. 그날은 전남대 교수들도 시위에 동참하였다. 맨 앞에 대형 태극기가 서고, 뒤로 50여 명의 교수들이 함께 행진하고, 뒤이어서 학생들이 열을 지었다. 이같이 교수와 학생이 일심동체가 된 민주화 행진은 4·19 교수단 데모 이후 처음 있는 풍경이었다. 전날(5. 14)과 달리 경찰이 학생들의 가두 진출을 적극 제지하지 않았기 때문에 시위는 비교적 평온하게 진행되었다.

이 시각 서울역 광장에는 35개 대학의 학생 10만여 명이 모였다. 13일부터 시작된 서울지역 대학생 시위의 열기가 사흘째 고조되면서 임계점에 다다랐다. 서울은 도심 전체가 마비될 정도로 곳곳에서 매우 격렬하게 학생과 경찰의 충돌이 빚어졌다. 시위대에 의해 경찰차가 불타는 등 시위는 야간까지 계속 가열되었다. 부산, 대구, 인천 등 지방 대도시의 24개 대학에서도 가두시위가 이어졌다.

정부는 전두환이 참석한 각료급 간담회를 열어 최 대통령이 해외 순방 일정을 앞당겨 귀국하도록 조치했다. 신현확 총리는 모든 정치일정을 국회 등과 긴밀히 협의해 가면서 적절히 조정하여 앞당길 수 있는 것은 최대한 앞당김으로써 국민의 여망에 부응토록 하겠다면서 시위 자제를 당부했다.

이날 밤 서울지역 총학생회 대표들이 다시 고려대에 모여 긴급회의를 열었다. 격론 끝에 당분간 시국의 추이를 관망하기로 결론을 내렸다. 학생들의 의사가 정부에 충분히 전달되었고, 이틀간의 대규모 시위에도 정부가 휴교령을 내리지 못한 것으로 보아 언제든 대대적인 시위를 다시 벌일 수도 있으니, 일단 시위를 중단하고 학교로 복귀하자는 결정이었다. 이른바 '서울역 회군'이 결정된 것이다.[1] 이 소식은 지방에도 즉시 알려졌다. 광주를 제외하고, 부산, 대구, 전주 등 대부분의 다른 지방 대학들은 서울지역 대학들의 결정에 따라 가두시위를 중지했다.

3-2. 민주항쟁의 발단

5월 14, 15일에 걸쳐 광주에서는 가두시위가 계속 진행되며 발전했다.

민주화 대행진의 열기로 조선대와 전남대 학생들도 적극적인 가두시위를 시도했다. 14일 오후 1시 전남대 정문에서 학생들과 대치한 기동경찰대는 상당히 완강히 저지했지만 1만여 학생들은 최루탄과 곤봉을 뚫고 교문 밖으로 진출했다. 학교 앞 저지선이 무너지자 시위대는 교문 밖으로 진출했고, 준비한 유인물을 뿌리며 집결지인 도청 앞 분수대를 향하여 각 방면에서 모여들었다. 분수대를 중심으로 광장에 빽빽이 들어선 학생들은 성명서를 낭독하며 궐기대회를 마쳤고 철야 농성으로 학교를 지켜 냈다.

15일 학생 가두 진출은 경찰의 별다른 제지 없이 도청까지 순조롭게 진행되었으며, 경찰은 질서를 지켜 주도록 학생들에게 당부하는 정도였다. 그러나 사실 이미 탄압 병력의 배치·대기 훈련이 시작되었으며 검거자 명단도 작성된 뒤였다. 1만 6천여 명의 학생들의 요구 사항은 비상계엄 해제, 노동 3권 보장이었다. 대회가 끝난 후 교수 50여 명과 학생들이 금남로에서 행진을 했다.

3-3. 광주의 횃불 시위

5월 16일 금요일, 3일째를 맞은 민주화 대성회는 전남도청 앞 광장에 3만여 명의 대학생과 시민들이 운집한 가운데 뜨거운 열기 속에 진행되었다. 광주 지역 학생운동연합 지도부는 이날의 시위를 이전과 달리 '횃불 시위'로 진행하기로 결정했다. 이날이 바로 5·16 쿠데타 기념일이었다.

이날 박관현 전남대 총학생회장은 안병하 전남도경국장을 찾아갔다. 학생들도 자율적으로 질서를 지키겠으니 경찰도 학생 시위를 제지하지 말고 협조해 달라고 요청했다. 안병하 도경국장은 흔쾌히 승낙했고, 시위도 평화적으로 끝났다.

시위를 마치면서 전남대 학생회에서는 만약 휴교령이 내려지면 그다음 날 오전 10시에 전남대 교문 앞에서 집결하기로 의견을 모았다. 학교 앞에서의 집결이라는 첫 번째 가능성이 막힌다면 차선책으로 12시에 도청 앞 분수대에 집결해서 가두투쟁을 하기로 방침을 세우고, 주말이 낀 17일과 18일은 휴식을 취하면서 상황의 추이를 지켜보기로 했다.

3-4. 전군 주요 지휘관 회의

5월 17일 드디어 'D-Day'가 밝았다. 전두환을 비롯한 신군부 주요 인사들은 아침부터 바빴다. 오전 9시 30분 전두환은 보안사 정보처장 권정달을 주영복 국방부 장관에게 보내 비상계엄 전국 확대, 국회 해산, 비상기구 설치 등 세 가지 주요 내용을 담은 '시국수습방안'을 설명하고 군 지휘관들이 지지 결의를 할 수 있도록 하라고 지시했다. 그날 소집한 '전군 주요지휘관 회의'에서 시국 수습 방안을 군부의 의견으로 채택할 계획이었던 것이다. 계엄 확대 조치는 사실 국무회의 의결만 거치면 가능한 사항이었다. 굳이 '전군 주요지휘관 회의'가 필요하지 않았지만, 만약 대통령이 거부할 경우 '군의 일치된 뜻'이라며 압박하기 위한 수단이었다.

오전 10시 전두환은 단독으로 청와대에서 최규하 대통령에게 안보 및 국내 치안 상황을 보고했다. 이때 '시국 수습 방안'과 '소요 배후조종자 및 권력형 부정축재 혐의자 체포·조사 계획'을 추진할 예정이라고 말했다. 전날 밤 중동 순방 도중 급거 귀국한 대통령은 전두환의 보고를 받고, 법에 따라 신중하게 처리하라고 지시했다.

이윽고 오전 11시부터 오후 2시 30분까지 국방부 제1회의실에서 주영복 국방부 장관 주재로 '전군 주요지휘관 회의'가 열렸다. 주요 지휘관 43명이 참석했다. 하루 전인 16일 오후 1시 30분 전두환이 국방부 장관 주영복에게 전화를 걸어 요청한 회의였다. 이날 회의에서는 '시국 수습 방안' 세 가지 가운데 '비상계엄 전국 확대'만 결의했다. '국회 해산'과 '비상기구 설치'는 군의 영역을 벗어난다는 일부

반대 여론을 의식하여 언급되지 않았다.[2]

오후 4시 30분 주영복 장관은 전군 주요지휘관 회의 참석자들이 연명으로 서명한 것을 가지고 이희성 계엄사령관과 함께 신현확 총리를 찾아가 회의에서 논의된 내용을 보고했다. 총리는 계엄 확대 여부는 대통령 결심사항이니 건의해 보자고 했다. 그런데 '국회 해산'과 '비상기구 설치'는 군 지휘관들이 논의할 사항이 아닌 '정치적인 사항'이라며 반대 입장을 분명히 하였다.[3]

곧이어 오후 5시 10분 신현확, 전두환, 주영복, 이희성 등이 함께 청와대로 들어갔다. 대통령은 "그와 같은 상황은 5·16 하나로 족하다. 군의 명예를 위해서도 다시는 헌정 중단 사태가 되풀이되어서는 안 된다"면서 국회 해산, 비상기구 설치는 승낙하지 않았다. 계엄 확대 방안만 수용하기로 결정하고, 총리에게 국무회의 소집을 지시했다. 이때가 오후 7시였다. 최규하 대통령은 16일부터 학생시위가 정부 입장을 지켜보자는 쪽으로 방향을 선회하였기 때문에 한시름 놓고 있던 참이었다. 그러나 신군부는 더욱 강경하게 대통령을 압박했다.

저녁 8시 이희성 계엄사령관은 보안사에서 각본을 짜 계엄사령부에 요청한 대로 비상계엄 전국 확대, 시위 주동자와 배후세력 색출, 정치인 검거를 지시했다. 이 모든 조치들은 비상계엄 전국 확대 안건이 국무회의를 통과하기 전에 취해진 것이었다.

17일까지도 정부는 20일 임시국회 소집을 발표하는 등 낙관적인 태도를 취했고, 민주화운동 지도부들은 이러한 사태 변화를 낙관적으로 받아들이는 것처럼 보였으며, 학생운동권은 더욱 그러했다.

한편 이날 호남고속도로에서는 공수부대 병력이 서울에서 광주 지방으로 숨가쁘게 이동하는 모습이 목격되었고, 오후 광주 상무대 전투교육사령부에는 공수부대 1천여 명이 작전 개시 준비를 마치고 상부의 명령이 하달되기만을 기다리고 있었다.

3-5. 5·18 유언비어 유포와 왜곡

1980년 5·18항쟁 당시는 물론 오늘날 논란이 되고 있는 5·18민주화운동에 대한 다양한 왜곡의 진원지는 신군부다. 전두환, 노태우 등 신군부에 의해 주도된 '12·12 쿠데타'는 세계사적으로 전례를 찾기 힘든 '다단계 쿠데타'였는데, 신군부는 광주항쟁에 대한 강경 진압에 성공함으로써 12·12 쿠데타의 최종 승리를 선언할 수 있었고, 자신들의 집권을 반대하는 정치 세력들을 제거할 수 있었다.

신군부는 성공적인 권력 장악을 위해 북의 남침 위험설을 과장·유포하여 국가적 안보 위기를 조장하고, 5·18항쟁을 불순세력에 의한 난동으로 규정하였다. 더하여 이를 김대중 내란음모사건과 연결시킴으로써 국내의 정치적 반대세력을 제거하는 데 악용했다. 5·18항쟁은 신군부가 쿠데타를 성공시키기 위해 반드시 극복해야만 하는 비상 상황이었고, 집권을 위해 5·18항쟁에 대한 살인 강경 진압의 현실을 은폐한 채 철저히 신군부 집권의 정당성을 선전하는 도구로 활용했다.

신군부는 남북간 대치 상황을 이용하여 북한군의 특별한 움직임이나 남침 징후에 관한 신빙성에 의문이 제기되는 첩보를 바탕으로 북한의 남침이 예상된다면서 심야 국무회의까지 개최했다. 육군본부 정보참모부는 이 첩보들이 신빙성이 없으며 남침설은 근거가 없다고 판단했음에도 불구하고 신군부는 이 첩보를 비상계엄 확대 조치 단행의 근거로 활용했다. 육군본부 작전참모부는 계엄 확대 조치를 예상하며 군대 이동을 단행했다. 보안사는 '시국 수습안'을 작성하고 언론을 통제하며 예비 검속자 명단을 작성했다. 5월 17일 전군 주요지휘관 회의에서는 '국가 위기'라는 명분 아래 비상계엄 전국 확대를 통한 군의 정치 개입이 결정되었다. 주영복 국방부장관과 전두환 중앙정보부장 서리 등은 국무회의 소집을 요구했고, 5월 17일 21시경 열린 국무회의에서는 찬반 토론 없이 비상계엄 전국 확대가 결정되었다.

보안사는 신군부의 5·18민주화운동에 대한 왜곡의 첨병 역할을 수행했다. 시민군이 도청을 장악하고 해방 공동체를 형성한 바로 그 순간, 보안사 특수팀은 도청 근처에 사무실을 차리고 지하정보활동 및 특수임무를 수행했는데, 당시 보안사 특수팀은 시민군 분열 공작, 심리전, 유언비어 유포, 광주의 상황에 대한 왜곡 허위 보도를 통해 5·18 왜곡의 첨병 역할을 수행했다. 보안사는 김녹영, 김대중, 윤보선 등 야당 정치인 집에 전화를 한 사람들의 신원을 파악하고, 어떤 내용의 전화를 했는지까지 파악하여 보고하고 있었다. 다시 말해 보안사는 5·18항쟁 기간 중 광주의 주요 인사들의 동향을 면밀히 감시하고 있었다.

국방부 과거사위의 자료에 따르면, 당시 보안사는 '5·17 비상계엄 전국 확대 조치'에 반대한 광주 지역 학생 시위가 발생한 직후부터 광주 지역의 상황을 파악했다. 과격 진압의 사례 및 5월 21일 전남도청 앞 발포가 있기 전에 이루어졌던 발포, 5월 20일 3공수여단의 실탄 분배와 발포 등에 대한 정보를 구체적으로 파악했다. 또한 광주에서 저항세력들의 움직임을 도청, 감시 등을 통해 면밀히 파악하고 있었음이 국방부 과거사위 자료를 통해 확인되었다.

계엄군과 보안사는 특히 5월 22일부터 편의대를 집중 운영했는데, 국방부 과거사위의 자료에 따르면 약 10개 조의 편의대가 5월 22~23일 양일간 운영되었고, 24~26일에는 그 이상의 규모로 편의대가 운영되었음이 확인된다. 편의대원의 활동은 비밀적 성격을 띠므로 첩보 보고를 하기 위해서는 군중으로부터 이탈하여 보고서를 작성하거나 기타 통신수단이 보장되는 장소를 찾아 보고한다. 보안사 홍성률 대령이 지하정보활동을 시작한 것이 5월 21일부터이고, 5월 22일부터 편의대가 시위 군중 속에 투입되어 활동하기 시작했다는 점은 시사하는 바가 크다. 편의대가 단순히 시위 군중의 첩보를 수집하는 활동에만 그친 것은 아닐 것이기 때문이다.

보안사를 비롯한 계엄군은 광주에서 2인 1조로 구성된 다수의 편의대를 구성하여 운영했다. 편의대는 도청 및 5·18 주요 현장에서 시민군과 수습대책위원회 등의 정보를 수집하고, 계엄군의 진압 작전을 지원하는 임무를 수행했던 것으로 추정된다. 이와 관련하여 도청에서 발생한 독침 사건과 다이너마이트 뇌관 제거 작업에도 보안사 요원들이 개입했음을 추정할 수 있는 여러 증언들이 나오고 있다.

또한 보안사는 관공서를 중심으로 여론조사반을 투입·운영하여 유언비어의 유포 상황을 주도면밀하게 관리하고 있었다. 이들은 편의대와 함께 광주 지역에서 심리전의 일환으로 시위 상황을 악화시키거나, 시민들의 분열을 유도하는 유언비어를 조직적으로 유포했던 것으로 추정된다.

신군부와 보안사는 김대중 내란음모사건과 관련하여 5·18항쟁 기간 중인 5월 21일 담화문에서는 단순히 학생시위를 배후에서 조종했다고 발표함으로써 5·18항쟁과 김대중 내란음모사건을 직접 연결시키지는 않았다. 그러나 7월 31일 작성된 문건에서 보안사는 전남 합수단에게 정동년의 피의자 신문조서에 전남대 학생운동의 목표는 대규모 폭력 사태 유발 및 전국적 민중봉기로 현 정부를 퇴진시키고 김대중을 추대해 새로운 체제를 구축하는것, 1980년 5월 5일 김대중 집에서 김대중에게 자금을 요청한 사실, 김대중으로부터 500만 원 수수 및 정동년의 지시에 따라 박관현이 전남대 시위를 주동했다는 것 등을 삽입할 것을 지시하고, 이 지시에 따라 예비검속 대상자들에 대한 조서를 다시 작성하고, 5·18항쟁과 김대중 내란음모사건을 직접 연결시키는 등 사건의 내용을 신군부의 집권 의도에 맞게 재구성하는 역할을 담당했다.

 신군부와 보안사에 의해 자행된 5·18항쟁에 대한 왜곡은 체계적이고 조직적이며 광범위한 것이었다. 이러한 신군부와 보안사의 5·18 왜곡 실태 사례를 수집하고, 정리하고, 대응하는 것이야말로 5·18민주화운동 왜곡에 대한 대응 작업의 핵심이라고 할 수 있다.

제3장 주

1) '서울역 회군'은 뒤이은 5·17 비상계엄 전국 확대 상황을 맞아 '광주'를 타 지역으로부터 완전히 고립시키는 결과로 이어졌다.
2) 안종훈 군수기지사령관은 이날 회의에서 참석자 가운데 유일하게 '군의 정치 개입'에 문제를 제기하는 발언을 하였다가 1980년 8월 20일 강제 전역하게 되었다. 《전군 주요지휘관 회의록》; 국방부 과거사진상규명위원회 엮음 《12·12, 5·17, 5·18사건조사결과 보고서》, pp.52, 103.)
3) 대한민국재향군인회 엮음, 《12·12, 5·18실록》, P.229.

제4장

10일간의 5·18항쟁 진행

4-1. 첫째 날(5월 18일)

1) 산발적인 저항과 그 도화선

본서 제4장은 《죽음을 넘어 시대의 어둠을 넘어》에서 발췌한 것이 많다.

18일 아침은 약간 쌀쌀했으나 낮에는 포근했다. 그러나 광주 시내 분위기는 을씨년스러웠다. 거리마다 침묵과 긴장이 감돌았다. 전남의 시와 군 지역 파출소나 지서에서 차출되어 올라온 나이 많은 사복경찰들이 주요 지점마다 짝지어 서 있는 게 보였다. 사람들은 근심스럽고 암담한 표정으로 골목에 나와서 머리를 맞대고 수근거렸다.

아침 7시경 도서관에 가기 위해 전남대 정문을 들어가려던 학생들이 교문에서 공수대원들에게 구타를 당했다. 9시경 학생 숫자가 50명 정도로 불어나 있었다. 학생들은 대열을 짜더니 "계엄 해제" 구호를 외치면서 군인들이 막고 있는 정문을 돌파하려고 시도했다. 그러나 여의치 않자 구호를 외치며 정문 앞을 빙빙 맴돌았다. 10시쯤 되자 학생 숫자가 1백여 명으로 불어났고 주변에서 구경하던 주민들도 점차 많아졌다. 장교가 직접 메가폰을 들고 해산을 종용했다. 학생들은 다리 부근에 모여 앉아 노래를 부르고 구호를 외치며 농성을 시작했다. 어느덧 학생 숫자가 2~3백 명 정도로 더 불었다. "계엄령 해제하라", "전두환 물러가라", "계엄군 물러가라", "휴교령 철회하라" 등의 구호들이 격렬하게 튀어나왔다.

전남대에 진주한 공수부대 최고 책임자인 권승만 중령은 사태가 심상치 않아 보이자 직접 앞으로 나와서 "만약 즉시 해산하지 않으면 무력으로 해산시키겠다"고 위협했다.

"돌격 앞으로!"

짧고 굵은 목소리로 명령이 떨어졌다. 공수대원들이 '으악' 소리를 내지르며 위협적으로 학생들 사이로 파고들어 곤봉으로 마구 후려치기 시작했다. 10시 30분쯤 학생들과 공수부대원들이 밀고 밀리기를 수차례 반복하고 있을 때 김한중(20세)이 "여러분, 여기에서 승산 없는 싸움을 계속할 것이 아니라 도청으로 갑시다"라고 외쳤다. 그러자 모두들 시내로 방향을 돌렸다.

전남대 후문에서도 공수대원들이 위압적으로 폭력을 행사하는 상황이 벌어졌다. 정문에서는 대학생들이 무리를 지어 항의했지만 후문에서는 그런 움직임이 전혀 없었다. 공수대원들은 그럼에도 불구하고 대학생이 아니라 근처를 지나가는 평범한 젊은 청년들에게까지 무차별 폭력을 가하고 무조건 연행하였다. 심지어 승객을 내려 주기 위해 잠시 멈춘 시내버스에까지 올라가서 젊게 보이는 사람들을 마구 끌어내려 구타했다.

2) 도심지 투쟁

전남대 정문 앞에서 공수대원들에게 쫓기며 삼삼오오 저항하던 학생들은 서로에게 "광주역에서 재집결하자"고 외쳤다. 흩어진 학생들은 두세 명씩 짝을 지어 1킬로미터 남짓 떨어진 광주역 광장에 도착해 전열을 가다듬었다. 학생들은 "비상계엄 해제하라", "김대중 석방하라", "휴교령 철회하라", "전두환 물러가라", "계엄군 물러가라" 등의 구호를 목청껏 외치며 뛰어갔다.

경찰의 진압방식은 그제 밤 횃불 시위 때의 우호적인 태도와 전혀 다르게 난폭하게 변했다. 도로 양쪽에서 지켜보던 시민들이 경찰에게 야유를 하거나 욕설을 퍼부었다. 경찰 병력이 학생 시위대보다 압도적으로 숫자가 많았다. 여러 명이 체포되어 연행됐지만 학생들은 흩어졌다 모이기를 집요하게 되풀이했다.

금남로와 도청 앞 분수대는 서울의 광화문이나 시청 앞 광장과 마찬가지로 광주에서 가장 상징적인 대중 집회를 하기 좋은 장소이다.

3) 시위대를 쫓아다니는 헬리콥터

시간이 흐를수록 상황은 학생들에게 불리해졌다. 시민들은 분노했으나 감히 동참하지 못했다. 학생들은 금남로에서 차츰 밀려났다. 그러자 경찰과의 무모한 싸움을 피하고, 금남로 주변을 돌아다니며 흩어진 학생들을 모으는 쪽으로 바뀌었다. 다른 방향에서 서로가 열심히 싸우고 있는 것을 발견하자 두 시위대는 거의 동시에 탄성을 내질렀다. 시위대의 사기는 다시 올라갔다. 헬리콥터가 시위대를 추격하기 시작했다. 시위 진압에 헬기까지 동원된 것은 과거에는 없었던 일이다. 헬기에서 경찰 진압 부대에 무전으로 시위대의 위치를 알리는 게 분명했다. 상공에서는 헬리콥터가 학생 시위대의 주력을 찾기 위해 계속 선회하고 있었다.

4) 시위의 두 번째 도화선

헬기의 추격으로 시위대가 분산되면서 그 세력도 눈에 띄게 약해졌다. 어쩌면 시위가 더 이상 확산되지 않고 끝나 버릴 수도 있는 상황이었다. 유신 시절 간간이 발생한 학생 시위는 대부분 이 정도면 끝나곤 했다.

시내 중심가의 상가는 셔터를 내리고 대부분 철시하였다. 학생들은 오후부터 시내 중심가와 광주공원 앞 광장으로 다시 모여들었다. 오후 3시가 되자 5백 명으로 불어났다. 학생들은 이 시각 광주공원 광장 시위대와 함께 학생회관 골목으로 몰려갔다.[1] 1천여 명으로 불어난 시위대는 슬그머니 경찰의 허술한 경계망 쪽으로 돌입해 들어갔다. 충장로 학생회관 정문 앞에는 20~30명의 경찰들이 지프와 가스차 주위에서 긴장을 풀고 있었다. 학생들이 그곳을 급습해 퍼붓듯이 돌을 던지자 전투경찰이 혼비백산하여 달아났다. 시위대는 경찰이 남기고 간 차량과 장비들을 모두 부숴 버렸다. 가스차 의자 시트에 불을 붙이고 힘을 합쳐 차체를 옆으로 넘어뜨렸다.

시위대는 학생회관 앞 공격이 성공하자 크게 사기가 올랐고 더욱 과감해지고 있었다. 오전에 경찰들과의 치열한 추격전 속에서 몇 번이나 흩어진 시위대는 기동성을 터득한 것이다. 맨 선두에 지휘자 한 사람이 앞장서고, 그 뒤에 태극기를 치켜든 사람과 이어서 스크럼을 짠 십여 명의 학생들이 노래를 부르며 앞으로 나아가면, 흩어져 있던 시위 군중들은 신속하고도 자연스럽게 대열에 합세했다. 이런 방법은 오후 내내 이어진 가두투쟁에서 계속 응용되었다.

그렇다고 공수부대가 투입되어야 할 정도로 시위가 위력적이지는 않았다.[2] 계엄사령부와 제2군사령부 상황 일지도 이때까지의 시위 현장의 분위기는 급박하지 않은 것으로 기록하고 있다.[3] 2군사령관의 지시에 따라 윤흥정 사령관은 정웅 31사단장에게 7공수여단을 투입해 시위를 진압하라고 하달했다.

정웅 31사단장은 '작전명령 제1호'를 발령, 전남대와 조선대에 주둔한 7공수여단 병력 가운데 학교 경계에 필요한 최소인원만 남기고 시내로 출동할 준비태세를 갖추라고 지시했다.[4]

정웅 31사단장은 공수부대 투입 명령을 받았을 때 곧바로 출동시키지는 않았다. '경찰력만으로도 진압할 수 있는 정도'라고 판단했다. 그러나 정웅 사단장은 결국 상부의 강력한 명령을 거역할 수 없어서 공수부대를 투입하였다.[5] 공수대원들은 남자든 여자든 가리지 않았다. 무조건 닥치는 대로 서너 명씩 달려들어 곤봉으로 패고 군홧발로 아무 데나 차고 짓밟았다. 공수부대는 마치 '살인면허'를 받은 것처럼 잔인했다. 전남도청 부근 금남로 1가에 인접한 관광호텔에서 이발관을 운영하던 사람은 '경찰'이 공수대원에게 구타당하는 장면을 목격했다.[6]

4-2. 둘째 날(5월 19일)

1) 적극적인 공세로 전환

시민들은 날이 밝자 시내 상황이 어떻게 되어 가는지 궁금해 밖으로 몰려나오기 시작했다. 학생이나 젊은이가 있는 집안에서는 걱정이 태산 같았다. 어젯밤 집에 돌아오지 않은 학생의 부모는 밤새 잠을 이룰 수가 없었다. 아직 별 탈이 없는 집안에서도 부모들은 공수부대의 무차별적인 살육을 피하여 시골로 피신할 것을 자식들에게 강하게 권했다. 상당수의 학생들은 시골로 떠나기도 했고, 아직 광주에 남아 있는 학생들은 온 가족이 붙잡고 밖에 나가지 못하게 말렸다.

대학을 제외한 초·중·고등학교는 이날 오전까지 정상 수업을 계속했고, 시내 중심가의 상가들은 대부분 철시했지만 관공서나 일반 기업체 공장 등은 대체로 정상 근무를 하고 있었다. 이른 새벽부터 군인과 경찰이 시가지 전역에 걸쳐 삼엄한 경비를 서고 있었으며, 금남로는 차량이 전혀 통행할 수 없었다. 시민들의 왕래가 잦은 곳도 대개 계엄군 일개 소대 병력 정도가 주둔하여 지나가는 사람들 가운데 젊은이들과 차량의 통행을 통제했다. 특히 공단지대 광천동 부근에서는 모든 차량을 검문했다. 시장에서는 사람들이 봇짐을 펴지도 않은 채 끼리끼리 모여서 어제 목격한 일들을 주고받았다.

도시 전체에 무거운 긴장이 감돌았다. 공포심과 더불어 분노의 불길이 이글이글 타오르기 시작했다.

"김대중이를 잡아 죽이고 광주 시민도 모두 때려잡으려나 봐."
"공수부대가 경상도 군인들이라던데…."
"전라도 사람은 몰살시켜도 좋다고 한다면서?"

골목마다 서로 모르는 사람들끼리 어제의 충격을 되살리면서 이야기가 꼬리를 물고 번져 나갔다. 사람들은 이야기를 하면서 서로 분노에 공감하기 시작했다. 시민들은 그냥 이러고 있을 게 아니라 시내로 나가 어떻게 돌아가는지 살펴보자며 금남로를 향하여 사방에서 몰려들기 시작했다.

경찰은 금남로 교통을 완전히 차단하였다. 기동경찰대가 도청 앞에 바리케이드를 치고 계엄군이 시내 요소요소에 배치되었다. 아침 9시가 되자 금남로에 군중들이 모여들었다. 숫자가 백여 명을 넘어서자 군인과 경찰이 군중들을 쫓기 시작했다. 상무관 골목에서 계엄군에게 쫓기던 청년들을 경찰이 저지하지 않고 그냥 보내자, 공수대원들이 경찰 경위를 구타하는 일이 발생했다. 그 광경을 지켜보던 시민들은 공수대원에게 야유를 보내면서 경찰에게는 박수를 쳐 주었다.[7]

오전 10시가 되자 금남로에 빽빽이 모여든 군중은 3~4천 명으로 불어났다. 시민들은 침묵하며 군경의 저지선을 노려보고 있었다. 사람들이 모여들수록 시민들의 심리적 연대감은 강해지고 있었다. 어제와 달리 청년·학생들보다는 자유업에 종사하는 소상인들, 가게 종업원들, 주민들, 부녀자 등이 훨씬 더 많았다. 수천 명으로 불어난 시민들을 보고 있던 군과 경찰은 확성기와 군 헬기를 동원하여 해산을 종용했다. 그러나 누구 하나 해산하려는 기미는 보이지 않았으며, 시민들은 공중에 떠서 돌아다니는 헬기를 향해 주먹다짐을 하며 욕설을 퍼부었다.

이날 공수부대와 시위대의 첫 충돌은 충장로파출소 앞에서 시작되었다. 새벽에 배치된 11공수여단 61대대 경계지역이었다. 오전 10시 40분부터 경찰은 적극적으로 군중을 해산시키기 위해 최루탄을 쏘기 시작했다. 여기에 맞서 시민들의 투석이 시작되었다. 시민들은 최루탄 가스가 자욱해지면 부근 골목의 주택가나 상가에 숨었다가 잠시 후 다시 몰려들기를 거듭했다. 시민들은 차츰 시위대로 변하면서 격렬해지고 있었다. 도로변의 대형 화분을 넘어뜨리고, 보도 블록을 깨서 투석을 했다. 교통 철책과 공중전화 박스 등으로 닥치는 대로 바리케이드를 치고 싸우기 시작했다.

시위대 가운데 섞여 있던 학생과 청년들은 '애국가', '정의가', '우리의 소원은 통일' 등의 노래를 불렀고, 시위 양상은 차츰 전투적으로 바뀌어 갔다. 청년들이 중앙로 지하상가 공사장에서 각목과 철근, 파이프 따위를 가져다 자체 무장을 시작했다. 이제는 돌, 각목뿐만 아니라 화염병이 시위 군중의 무기로 등장했다.

경찰과 시민의 충돌이 시작된 지 30분쯤 지나자 군용 트럭 30여

대에 나눠 탄 공수부대가 도청에 나타났다. 광주 시내에 병력 배치를 막 끝내고 조선대로 돌아와 세면을 하려던 11공수여단 61대대장은 1지역대장으로부터 "충장로파출소에 배치된 1개 부대가 시위대들에게 포위되어 돌과 화염병으로 맞고 있는 중이니 지원해 달라"는 무전을 받았다. 급히 작전장교와 함께 지휘 차량을 타고 사이렌을 울리면서 현장으로 달려갔다. 시위대가 공수부대를 밀어붙이고 있었다. 즉각 11공수여단 참모장에게 무전으로 병력지원을 요청했다. 잠시 후 양동 복개상가 등 시내에서 무력시위를 마친 62, 63대대가 61대대 지역에 증원되어 진압에 참여했다.

충장로파출소에서 시위대를 몰아낸 다음 공수부대는 금남로의 양쪽 끝에서 시위 군중을 포위·압박하기 시작했다. 공수부대의 진압은 어제보다 더 공격적이었다. 며칠 굶긴 맹수가 먹음직한 고깃덩어리를 발견한 것처럼 시위 군중을 덮쳤다. 공수대원들은 돌멩이가 날아와도 피하지 않고 그대로 맞으면서 돌진했다. 곤봉과 총 개머리판, 대검으로 때리고 휘두르고 찌르면서 시위대의 중심부로 파고든 공수부대는 그들의 위장군복마저 피로 벌겋게 물들였다. 시민들은 수많은 희생자를 도로 위에 남겨 놓은 채 뿔뿔이 흩어졌다 다시 모여들곤 하였다. 잘 훈련된 공수부대의 조직적 폭력에 밀려난 시위대는 골목으로 숨어들어 일반 주택가나 다방, 사무실, 상점 등지로 피신했다. 살육은 어제와 마찬가지 양상으로 되풀이되었다. 공수대원은 아무 집이나 문을 박차고 들어가 젊은 사람이면 남녀를 불문하고 곤봉으로 난타하고 길바닥으로 질질 끌고 나왔다.

공수대원은 3~4명이 1조가 되어 주변 건물들을 이 잡듯이 뒤졌다. 길가로 끌려 나온 '포로'들은 여러 사람들이 보는 앞에서 발가벗겨졌다. 군대 유격훈련장처럼 가혹한 기합이 이어졌다. 공수대원들은 그들을 팬티만 입히고는 알몸으로 화염병 조각과 돌조각이 널려 있는 거리 한복판에서 손이 뒤로 묶인 채 엎드려서 아랫배로만 기어가게 하는 올챙이 포복과 통닭구이, 원산폭격 등 잔인한 방법으로 괴롭혔다. 여자들이 붙잡혀 오면 겉옷은 물론 속옷까지 북북 찢고 군홧발로 차며, 머리카락을 휘어잡아 머리를 담벽에다 쿵쿵 소리가 나도록 찧었다. 그러다 군용 차량이 오면 체포된 사람들을 쓰레기처럼 던져 올렸다. 마치 살육을 즐기는 것 같았다. 성한 포로들은 원산폭격을 시켜 놓고 노래를 부르게 하고, 서로 교대로 트럭에 올라가 두들겨 패다 내려가곤 했다. 폭력 테러가 아니라 생지옥 풍경이었다. 목격자들 중에는 "그들이 결코 같은 국민이라는 생각이 들지 않았다"고 말하는 사람도 있었다. 공수부대 현장 지휘관조차도 당시 상황이 어느 정도 심했는지를 검찰조사에서 간접적으로 시인하고 있다.

"당시 광주 시민의 정서를 생각지 않고 게릴라전을 전문으로 심한 훈련을 받아온 공수부대를 진압 부대로 사용한 것은 군 수뇌부의 잘못이라고 생각되며, 저희로서는 훈련한 대로 시위 진압을 하려 했으나 시위 주동자를 끝까지 추적해 제압하는 과정에서 많은 군중들의 저항을 물리치려다 보니 과격해진 것이 아닌가 합니다."[8]

2) 고교생들의 시위 참여

광주 시내 고등학교들은 오전부터 술렁거리다 12시를 전후하여 교내 시위에 돌입했다. 대동고에서는 학생들이 대열을 지어 운동장을 돌면서 구호를 외치며 시위를 했다. 중앙여고에서는 학생회장 박찬숙 외 6백여 명이 "민주주의가 말살되었다. 학생이 많이 죽었다"라고 외치며 운동장에 모이자 경찰이 교문 앞을 막아섰다. 12시 20분 광주일고에서는 학생 2천여 명이 교내 시위를 시도했다. 오후 2시경 송정리의 광산여고 학생회장 3학년 김영란(18세)은 정광고 학생회장과 점심시간에 만나 5교시가 끝나면 거리로 뛰쳐나가자고 약속하고 반장 5명을 소집하여 행동 통일을 하자고 결의하였다. 그러나 교문에 경찰이 진주하여 무장한 채 가로막아 그들의 시내 진출은 좌절되었다.

교내 시위가 일어나자 대부분의 고등학교는 오후 3시경 휴교령을 내리고 학생들은 귀가하도록 조치하였다. 하지만 교문을 빠져나온 고등학생들은 20명씩 또는 30명씩 짝을 지어 시위대에 가담하기 시작했다. 시위에 가담한 고교생들은 물불을 가리지 않는 10대 특유의 열정 때문에 과감하고 격렬했다. 공수부대의 전면에 자신의 몸을 던졌다. 고등학생의 희생이 이어질수록 시민들은 안타까워했고, 시민들의 감정은 비통함을 넘어 비장함으로 바뀌고 있었다. 결국 광주 시내 고등학교 37개교에 다음날인 20일에도 휴교령이 내려졌다. 그 휴교 상태는 항쟁이 끝나는 27일까지 계속되었다.

4-3. 셋째 날(5월 20일)

1) 항쟁의 징후와 첫 발포[9]

시민들은 이른 아침부터 비를 맞으며 변두리 지역에서부터 시내 중심가로 몰려들고 있었다. 시내에는 여전히 공수부대가 지키고 있고, 시민들은 어제 공수부대 만행으로 보아 오늘은 더 무서운 일이 벌어질 것 같은 예감이 들었다. 시위대와 공수부대의 접전은 아직 일어나지 않았다. 공수부대는 어제와 좀 다른 데가 있었다. 그들은 M16 소총에다 대검을 착검하지도 않았고, 말씨도 공손했다. 술 냄새를 풍기거나 눈이 벌겋게 충혈된 사람도 보이지 않았다.

20일 오전은 긴장감이 감도는 가운데 별다른 사건 없이 대체로 소강 상태를 이루면서 지나갔다. 그러다가 점심시간이 지나면서 광주시

가지는 다시 팽팽한 대치 국면으로 접어들었다. 어림잡아도 10만이 넘는 인파가 금남로를 뒤덮었다. 이제는 시장의 상인들까지 장사를 치우고 시위에 나서기 시작했다. 시내의 도처에는 〈투사회보〉라는 지하유인물이 수천 매씩 뿌려지고 있었다. 〈투사회보〉는 윤상원이 중심이 된 광주 지역의 사회운동 진영에서 관제언론과 정부의 거짓된 신문 방송을 이겨 내기 위하여 발행한 것이었다.

  오후 3시, 금남로의 시위대는 수만 명으로 불어났으며, 그 수는 점점 늘어나고 있었다. 드디어 경찰이 최루탄을 터트리기 시작했다. 금남로의 시위군중과 경찰 사이에 공방전이 시작되었고, 시민들은 잠시 물러났다가 다시 몰려드는 상황이 반복되었다. 시민들의 숫자는 엄청나게 불어났으며, 도망치거나 방관하는 사람은 한 명도 없었다. 모두들 결사적이었다. 도청 앞 광장으로 통하는 모든 도로에는 시민들의 대열이 밀물처럼 밀어닥쳤다. 공수부대의 만행에 흥분한 택시운전사들까지 시민들의 투쟁 대열에 동참할 것을 결의했다. 200여 대의 자동차가 일제히 헤드라이트를 켠 채 무등경기장을 출발하여 저녁 7시쯤 금남로에 들이닥쳤다. 이 엄청난 자동차 시위 행렬은 일시적 소강 상태에 빠져 있던 시위 군중들의 전의에 다시 새로운 불을 질렀다. 차량행렬이 금남로에 이르자, 어찌할 바를 모르고 저지선 앞에서 대치 중이던 군중들은 환호성을 지르며 열광했다.

  이날 저녁 도청 앞 금남로는 시위대와 계엄군의 공방전으로 지옥이 되었다. 공수부대원들은 개머리판으로 차량의 헤드라이트를 부수며 전진하였고, 운전기사들을 닥치는 대로 끌어내 두들겨 팼다. 그러나 잠시 물러나던 시위대는 공용터미널에서 버스를 타고 온 또 다른 시위대와 합류하여 계엄군을 압박하였고, 계엄군 저지선은 금남로 1가 전일빌딩 앞까지 후퇴하였다.

  7시 30분이 되면서 금남로에는 전체적인 형세로 보아 시위대가 계엄군을 포위하고 계속해서 압박을 가하고 있었다. 도청 앞 분수대를 중심으로 시위대와 계엄군 사이에 혈전이 계속되었다. 이날 밤 광주 지역의 시위대는 시간이 지나도 흩어지지 않았으며, 밤이 깊어 갈수록 쌍방의 공방전은 고조되었다. 이윽고 MBC와 KBS 방송국이 불타기 시작했다. 당시 기독교방송국 기술사로 근무했던 김인철(남가주 호남향우 이사장)의 증언에 의하면, 방송은 중단되었으나 다행히 건물의 화재는 면했다고 한다. 광주에서 자행되고 있는 공수부대의 만행을 사실대로 보도하지 않고 정부의 발표만을 일방적으로 보도하는 태도에 극도로 흥분한 시민들이 방송국에 불을 지른 것이다.

시내 곳곳에서는 시민들의 자발적인 시위대가 형성되었고, 그 속에서 다소 경험을 가진 몇몇 지휘자들이 나타나기 시작하였다. 이들은 아직 무기를 갖고 있지는 않았지만, 주위에서 무기가 될 만한 것들을 이용하여 계엄군에 저항하고 있었다. 밤 11시경 광주역에서 갑자기 총성이 울렸다. 광주역을 지키고 있던 3공수여단과 시위대의 공방전이 격렬해지고, 시위대가 차량을 앞세워 군의 저지선을 돌파하려 하자 일제히 발포를 하였고, 시위대 맨 앞의 시민들이 총격에 의해 쓰러졌다. 또한 비슷한 시각에 광주세무서 앞과 조선대학교 부근에서도 발포가 있었다. 광주에서의 최초의 발포였다. 광주 시내의 항쟁이 확대·발전됨에 따라 계엄군은 시내 주요 거점만을 장악하고 항쟁이 다른 지역으로 확산되는 것을 막기 위하여 시외로 통하는 교통과 통신을 차단하면서 광주를 고립시키고 있었다.

2) 도청으로 가자

당시 도청을 사수하고 있던 조사익(몰몬교 선교사 2년 봉사 후 사회인 신분)은 어디론가 간다고 지급된 총을 들고 트럭에 탑승하라고 해서 지시에 따랐다. 가는 도중 트럭이 잠시 머물렀던 사이에 잠깐 화장실을 다녀오니 총과 트럭이 사라졌다. 트럭에 계속 있었거나 도청에 남아 있었더라면 계엄군의 총알받이가 되었을 것이라고 했다.

20일 자정이 지나 21일 새벽이 되어도 시민들의 항쟁은 그칠 줄 몰랐다. 새벽 1시에 시민들은 세무서로 몰려가 기물을 부수고 불을 질렀다. 국민들의 삶과 복지를 위하여 쓰라는 세금이 자신들을 죽이고 두들겨 팬 군대와 무기를 만드는 데 사용되었다는 것이 그 이유였다. 시민들은 경찰서나 기타 공공건물은 오히려 보호하는 분위기였으므로 방송국과 세무서 방화는 극히 예외적인 일이었다. 초기에 파출소를 공격했던 것과는 그 이유가 질적으로 달랐다.

항쟁 4일째로 접어든 21일 아침, 지난 새벽 광주역에서 사망한 시민의 시신 2구가 시민들의 손에 들려왔다. 시민들은 손수레에 시신을 싣고 대형 태극기로 덮어 천천히 시내로 나아갔다.

시위대의 식사는 자원봉사로 나선 동네 아주머니들이 준비하였다. 시장 주변에서는 쌀과 반찬을 모아 지나가는 시위대에게 제공하였으며, 그외에도 각종 음료수와 부식 등이 지나가는 시위대에게 전달되었다. 오전 10시경, 금남로를 메운 10만여 명의 인파 속에는 쇠파이프나 몽둥이로 원시적인 무장을 한 사람들이 많았다.[10]

3) 택시기사들의 봉기

저녁 7시쯤 갑자기 유동 쪽에서부터 수많은 차량이 일제히 전조등을 켜고 경적을 울리면서 도청을 향해 돌진해 왔다. 맨 선두에는 짐을 가득 실은 대한통운 소속 12톤 대형 트럭과 고속버스, 시외버스 11대가 잇따랐고, 그 뒤로 2백여 대의 영업용 택시가 금남로를 가득 메운 채 따라왔다. 선두 트럭 위에는 20여 명의 청년들이 올라서서 태극기를 흔들었으며, 버스 속에는 태극기를 든 청년, 각목을 든 아가씨들도 타고 있었다. 차량 행렬은 어마어마한 지진해일처럼 밀려왔다. 응축된 민중적 투쟁 역량이 한꺼번에 분출되어 나왔다. 오후 내내 치열한 공방전에 지쳐 있던 금남로 시위 군중들에게 이 격랑은 새로운 힘이 되었다.

바로 이때가 항쟁의 결정적인 비약이 이루어지는 두 번째 계기였다. 첫 번째는 19일 점심 무렵 금남로 가톨릭센터 앞에서였다. 그때는 시위 군중들의 분노가 집단적으로 폭발했지만 즉흥적이고 비조직적이었다. 그러나 두 번째는 달랐다. 20일 저녁의 대규모 차량 시위는 조직적이었다. 자발적이고 즉흥적으로 이루어진 시위였지만 운수노동자들의 강력하고 일체화된 행동에는 강한 폭발력이 응축되어 있었다.

4-4. 넷째 날(5월 21일)

1) 시민군 탄생과 공수부대 철수

이 무렵 계엄사령관 이희성은 정부 당국으로서는 처음으로 '광주사태 담화문'을 발표했다. 그의 담화문은 '광주사태를 불순분자 및 간첩들의 파괴·방화·선동에 기인한 것'이라고 단정하고, 계엄군의 자위권을 강조함으로써 발포 명령이 이미 내려졌음을 암시한 셈이다. 그날 오전 10시 10분경에는 도청 광장에 있던 공수부대에 벌써 실탄이 지급되었다고 한다.

21일 아침부터 금남로에 모인 수많은 시민들과 계엄군은 일정한 간격을 두고 대치하고 있었다. 오후 1시 정각, 도청 건물 옥상에 설치된 스피커를 통해 애국가가 울려 퍼지기 시작했다. 그 애국가에 맞춰 일제히 요란한 총성이 터져 나왔다. 공수부대원들이 '엎드려 쏴' 자세로 시민들을 향해 무차별 집단 발포를 시작한 것이다. 전일빌딩, 상무관, 도청, 수협 전남도지부 건물 옥상에서 저격병들이 시위대열의 선두에 있는 시민들을 겨냥하여 사격을 실시했다. 사격은 메가폰으로 '사격 중지 명령'을 내릴 때까지 약 10분간 계속되었다.

　이로써 광주 시민들이 간절하게 품고 있던 소박한 '사태의 평화적 해결의 기대'는 물거품처럼 사라졌다. 금남로는 피바다를 이루었다. 시민들로 가득 찼던 거리는 적막에 빠졌고, 죽은이들의 피와 부상자들의 신음만이 금남로를 울리고 있을 뿐이었다. 수많은 사람들이 피를 흘리며 쓰러져 갔고, 도저히 믿을 수 없는 사태 앞에 시민들은 넋을 잃고 분노와 공포감으로 치를 떨었다. 이 집단 발포로 몇 명의 시민이 살상당했는지 아직도 정확히 밝혀지지 않고 있다. 그러나 군의 발표와 1988년 이후 피해자 신고서 내용을 종합해 볼 때, 이곳에서 최소한 54명 이상이 숨지고 500명 이상이 총상을 입은 것으로 전해지고 있다.

　이렇게 계엄군에 의해 시민 데모대에 사상자가 발생하자 시민들은 무장을 서둘렀다. 계엄군의 총격에 대항하기 위해서는 시민들도 총이 필요했다. 총을 확보하기 위하여 시위대 중 일부는 광주 근교의 화순, 나주, 영산포, 장성, 영광, 담양 등지로 달려갔다. 화순 탄광에서는 광부들의 도움으로 다량의 다이너마이트와 뇌관이 확보되었고, 그외 각 지역의 지서와 예비군 무기창고에서는 카빈 소총 등이 노획되었다. 노획된 무기들은 즉시 광주 시내로 반입되어 청년들에게 분배되었다. 이들 무장시위대는 광주 시민들에 의해 자연스럽게 '시민군'으로 불렸고, 계엄군에 맞서 싸우는 '아군'으로 간주되었다. 무장한 시민군은 주로 광주공원에 있는 시민회관을 본부로 삼았다. 시민군들은 계엄군의 정식 발포가 시작된 지 2시간 20분 정도가 지난 21일 오후 3시 20분경부터 응사를 시작하였다. 시가전은 도청을 중심으로 전남대 의대 근방, 노동청 근방, 공원 근방, 금남로 등지에서 벌어지고 있었다.

특수훈련을 받은 정예 공수부대와 비조직적인 시민군이 전투를 벌임에 따라 다수의 사상자가 발생하기 시작하였다. 시민군들 사이에 자발적으로 전투지도부가 형성되기 시작했고, 이들 지도부들은 무기를 소지한 사람들을 10여 명씩 조를 나누어 편성하였다. 이들은 각각 조별로 지도부의 지시에 따라 광주 시내 주요지점으로 배치되었다. 무장한 시민들이 도청으로 끊임없이 압박해 들어가자 계엄군은 오후 5시 30분 총 퇴각이 결정되었다. 시민군들에게 완전히 포위당한 계엄군은 길 양옆으로 M60 기관총을 난사하면서 퇴각하기 시작하였다. 계엄군은 도청 뒷담을 넘어 철수했으므로 철수하고 한참이 지나도록 시민군들은 그 사실을 알지 못했다. 그러다가 저녁 8시경 시민군 일부가 총을 쏘면서 도청 안으로 뛰어들면서 드디어 시민군은 교도소를 제외한 광주시의 전 지역에서 계엄군을 몰아내고 승리를 쟁취하게 되었다.

이날의 총격전으로 광주 시내의 모든 병원들은 총상 환자로 만원이었다. 버스나 소형 차량들은 주로 부상자나 시체들을 병원으로 실어날랐다. 의약품이나 일손도 태부족이었다. 의사와 간호사들은 정신없이 뛰어다니며 한 사람이라도 더 살려내려고 온 힘을 쏟았다. 또한 병원 앞에는 시위 대열에 적극적으로 가담하지 못한 가정주부, 아주머니, 아가씨들이 헌혈을 하기 위하여 몰려들었고, 어린이까지도 팔을 걷고 달려왔다. 적십자병원 앞에는 인근 술집 아가씨들이 "우리도 깨끗한 피를 가졌다"고 절규하며 헌혈을 간청하고 있었다.

이날부터 전개된 새로운 사태의 하나는 항쟁이 더 이상 광주 지역에만 국한되지 않고 목포를 비롯한 전남 지역으로 광범위하고도 급속하게 확산되기 시작했다는 것이다. 한편 이날 광주 시내에 거주하던 미국인 약 200명은 미리 송정리로 빠져 나가서 군용 비행기를 이용하여 서울로 피신하였으며, 송정리 공군기지에 주둔해 있던 미

공군은 그곳의 모든 비행기를 군산과 오산 비행장으로 이동하였다. 5월 21일 계엄군 퇴각은 한편으로는 광주 시민들의 투쟁의 결과였지만, 다른 한편으로는 계엄군의 전술적인 작전이기도 했다. 계엄군은 이미 '광주 지역의 봉쇄-내부 교란-최종 진압'이라는 단계적 작전 개념을 수립하고 있었다. 한편 시내의 모든 질서는 '시민군'에 의해 자체적으로 유지되고 있었다.

2) 광주교도소 습격건

"당시 시위대가 광주교도소를 6회에 걸쳐 공격했다는 전두환의 주장은 조직적이고 체계적으로 위조·변조된 군 자료에 근거한 허위사실이다. 특전사 〈전투상보〉 등 군 자료가 위조·변조돼, 1996~7년 당시 5·18 수사와 재판에서는 시민들이 광주교도소를 습격했다는 주장이 허위라는 점을 규명하지 못했다."

전남경찰청은 '5·18민주화운동 과정 전남 경찰 역할 보고서'에서 "시민군 공격의 무모함과 비현실성뿐만 아니라 교도소 공격이 없었다는 당시 교도소장 등 관계자의 증언, 담양경찰서의 피해가 경미한 점 등을 종합해 보면 시민군의 광주교도소 지속 공격은 오인, 과장되었거나 왜곡된 것으로 보인다"고 결론을 내렸다. 또 2018년 2월 발표된 국방부 특별조사위원회 조사결과 보고서를 통해 군 자료의 위조·변조와 조직적 은폐가 사실로 확인되었다.

육군본부가 특전사 등의 〈전투상보〉를 기초로 최종적으로 발표한 광주교도소 습격 문건은, 5·18을 불순분자의 소행으로 몰고 가기 위해 조작했을 가능성이 매우 크다. 이 사건은 불순한 목적을 가지고 광주교도소를 탈취할 계획을 세운 시민들의 공격으로 촉발된 교전이 아니라, 광주교도소 인근 국도와 고속도로를 오가는 시위대와 광주 외곽을 봉쇄하려던 계엄군간의 산발적 충돌이었다.

광주교도소는 18일부터 31사단 96연대 제2대대가 지키고 있다가 21일 오후 5시 30분 전남대에서 철수한 3공수여단으로 교체되었다. 광주교도소 부근 민간인 희생자는 대부분 3공수여단이 이곳에 머무르는 동안에 집중적으로 발생하였다. 3공수여단은 21일 오후부터 24일 오전까지 이곳에 주둔하다 그 이후에는 상무충정작전 준비를 위해 20사단 62연대와 임무를 교대하였다. 3공수여단은 교도소 도착 즉시 담양, 곡성 방면으로 가는 고속도로와 국도 입구를 차단하고 시위 차량은 물론 무장하지 않은 민간인 차량에까지 총격을 가했다.

21일 오후 8시경 담양 대덕면 한 마을 주민 4명이 픽업 차를 타고 광주에 들어갔다 돌아오는 도중 교도소 뒤 고속도로에서 계엄군의 집중 사격을 받고 2명이 죽고 2명이 부상당했다. 계엄군은 죽은 2명을 교도소 앞 고랑에다 묻었다. 죽은 사람은 마을 이장이자 새마을 지도자인 고규석(39세)과 축산업을 하는 임은택(35세),[11] 부상자는 박만천(21세), 이승을(40세)이었다. 생존자 이승을은 "모두 담양에 사는 사람들로 경운기 부속과 벽지를 사기 위해 픽업 차를 타고 광주에 다녀오는 도중에 교도소 길목에 바리케이드가 있어서 이것을 치우고 오는데 갑자기 공수부대가 총을 쏘았다"고 증언했다.[12]

22일 오전 10시경 트럭에 채소를 싣고 다니며 행상을 하던 김성수(46세)는 아내 김춘화(43세)와 막내딸 김내향(5세)을 자신의 트럭에 태우고 진도의 집에 가기 위해 광주교도소 근처 진입로로 빠져나가려다가 호남고속도로 검문소에서 계엄군의 정지 신호를 받았다. 계엄군이 가지 못하게 막자 광주 방향으로 되돌아가려는 순간 뒤쪽에서 총탄이 쏟아졌다. 막내딸은 총에 맞아 하반신 불수가 되고 부인은 뇌수술을 세 번이나 받았다.[13]

교도소 앞에는 버스와 트럭으로 바리케이드가 쳐져 있었다. 그들은 서라는 신호를 보냈다. 나는 그들 앞에 섰다. 아내는 사정을 하였다. 계엄군들 중 한 명이 어디론가 전화를 걸었다. 그러더니 아내를 발길로 걷어차며 안 된다고 돌아가라고 하였다. '야! 돌아가지 않으면 죽여 버려!' 하며 총을 겨누었다. 나는 어쩔 수없이 차를 돌렸다. 그 순간 총소리가 들렸다. 내 차의 여기저기를 총탄이 때리는 소리가 들렸다. 이곳을 벗어나야 한다고 차량의 속도를 높였을 팬 차 안이 피범벅이 되어 있었다. 다섯 살밖에 안 된 내 딸 내향이의 허리에서 피가 솟구치고 있었다. 아내는 어느 곳이랄 것 없이 여기저기서 피가 나왔다. 나의 옆구리에서도 피가 시트로 흘러 흥건하였다. 3백여 미터를 간 나는 정신을 잃어버렸다.[14]

교도소 근처에서 피해를 입은 시민들 가운데 누구한테서도 교도소 공격을 목표로 했다는 증언은 나오지 않았다. 담양 혹은 진도 등지로 귀가하기 위해서, 또는 광주의 피해 상황을 다른 지역에 알리면서, 무기를 획득하고 지원자를 모집하기 위해 호남고속도로에 진입하려다 총격을 당했다는 증언이 대부분이다.[15]
계엄 당국은 5·18을 불순분자의 소행으로 몰기 위해 광주교도소 습격 기도 사건을 조작했다. 유영선이 5·18 기간 중에 시위 군중과 함께 교도소 습격을 기도했다는 것이다. 그러나 보안사의 이런 주장은 터무니없는 조작이었음이 국방부 과거사진상규명위원회 조사(2007)에 의해 밝혀졌다.

3) 주남마을
21일 오후 도청에서 철수한 7, 11공수여단은 지원동 주남마을 뒷산에 주둔하면서 22일부터 본격적으로 광주-화순 간 도로를 봉쇄하였다. 22일 새벽 6시경 11공수여단은 소태동(현재 광주 제2외곽순환도로와 교차하는 소태교 부근)에서부터 주남마을 앞까지 화순 방향 국도 주변에 61, 62, 63대대를 차례로 배치하고, 7공수여단 35대대 11지역대는 화순 쪽 너릿재 터널에 배치하여 도로를 차단했다. 이날 오후 6시 30분경 7공수여단은 화순에서 광주로 넘어오던 2.5톤 트럭 1대를 너릿재 터널에서 총을 쏴 정차시킨 후 터널로 밀어넣고 불태워 버렸다.[16] 터널이 막히자 이때부터 화순과 광주 사이의 차량 통행이 불가능하게 되었다.

방림동 주민 최병호(30세)는 23일 아침 6시경 봉쇄 지역과 가까운 지원동 동산에 올라갔다가 계엄군 총격으로 오른쪽 다리에 부상을 입었다. 아침 9시 가정주부 강해중(45세)도 지원동에서 가족과 함께 화순 쪽으로 걸어가다 총탄에 맞아 실명하였다. 두 아들을 화순으로 피신시키기 위해 너릿재까지 데려다주려고 딸과 함께 그 길을 걸어가고 있었다. 그때 강해중 앞으로 시민군을 태운 버스가 지나갔다. 잠시 후 길 양쪽에 매복한 계엄군이 버스를 향해 사격을 했다. 그때 그녀가 총에 맞은 것이다.

오후 2시경 봉쇄 지역과 인접한 용산동에서 이 마을 농부 전정일(39세)이 집으로 돌아가던 중 마을 앞 바랑산 기슭에 잠복 중이던 11공수 병력으로부터 총격을 당해 하복부 관통상을 입었다. 오후 4시경에는 지원동 무등중학교 근처 도로를 걸어가던 김삼중(25세)이 3백여 미터 앞 바랑산에서 매복 중이던 계엄군의 총탄에 부상을 입었다.[17]

4) 발포 명령

21일 도청 앞 발포는 누가 명령했는가? 지금까지도 밝혀지지 않았다. 도청 앞 현장의 가장 중심에 서 있던 11공수여단 61대대장 안부웅 중령은 "통제가 불가능한 상황에서 사격이 이뤄졌다"고 말했다. "사격 지시를 내린 사람도, 받은 사람도 없었다"는 것이다. 또 그는 "집단 발포 후 상부에 보고하지 않았다"고 말했다.[18] 11공수여단과 7공수여단의 〈전투상보〉에는 당연히 기록돼 있어야 할 '계엄군의 집단 발포에 대한 기록'을 전혀 찾아볼 수 없다.[19]

61대대장 주장대로 '통제할 수 없는 우발적인 상황'에서 첫 발포가 있었다고 하더라도, 그 이후 건물 옥상에서 저격병들이 비무장으로 있던 시민들에게 조준사격을 한 것도 '통제할 수 없는 우발적인 상황'이라고 할 수 있을까? 만약 발포 명령이 없는 상태에서 지속적으로 시민을 향해 조준사격을 했다면, 그 군인은 발포하지 말라는 명령을 어긴 것이다. 따라서 군법회의에 회부되어 처벌되었어야 마땅하다. 그러나 그런 이유로 처벌된 군인은 없었다. '윗선' 누군가로부터 분명히 발포 명령이 있었다는 방증이다.

그렇다면 '윗선'에서는 정말 도청 앞 집단 발포 여부에 대해 전혀 몰랐을까? 그렇지 않다. 특전사령관 정호용이 1989년 5월 모 월간지 기자에게 한 말이다.

"사태가 악화되자 발포 여부를 묻는 급전이 날아와서, 나는 지휘 계통 안에 서 있지 않았지만 '절대 발포 불가 명령'을 내렸다."[20]

'발포 명령'이건 '발포 불가 명령'이건 정호용이 자신의 휘하 공수부대에게 '명령'을 내렸다는 점은 틀림없는 사실이다.[21]

'12·12, 5·18 재판'에서 사법 당국은 이날 계엄군의 집단 발포 행위가 어떤 이유로도 정당화될 수 없다는 것을 분명히 했다. 대법원 (1997)은 "광주 시민들의 시위는 헌정질서를 수호하기 위한 정당한 행위"이고, 신군부가 "공수부대 병력을 동원하여 난폭한 방법으로 분쇄한 것"은 '국헌문란'이라고 판시하였다.[22]

5·18민주화운동 당시 신군부가 광주에 투입된 계엄군에게 발포

명령을 하달했다는 내용이 담긴 문건이 처음으로 나왔다. 군은 그동안 계엄군이 자위권 행사 차원에서 시민들에게 발포한 적은 있지만 발포 명령을 내린 적은 없다고 주장해 왔다.

5·18 기념재단은 24일 이 같은 내용이 담긴 '광주 소요 사태(21~57)' 문건 1장을 공개했다. 5·18 당시 광주에 주둔했던 505 보안부대가 작성한 것으로 보이는 첩보 상황 일지 형태의 이 문건엔 '23:15 전교사(전투병과교육사령부) 및 전남대 주둔 병력에 실탄 장전 및 유사시 발포 명령 하달(1인당 20발)'이라는 내용을 담고 있다. 또 별 표시와 함께 "광주 소요가 전날 전 지역으로 확대됨에 따라 마산 주둔 해병 1사단 1개 대대를 목포로 이동 예정"이라는 상황도 기록하고 있다. 이 문건의 맨 마지막 줄엔 '(80. 5. 21 0:20 505)'라는 숫자가 적혀 있다.

기념재단 측은 이를 근거로 이 문건이 작성된 시점은 1980년 5월 21일 0시 20분(80. 5.21 0:20 505)이고, 문건 내용도 5월 20일 상황을 적어 놓은 것일 개연성이 높다고 분석했다. 1980년 5월 21일 계엄군의 전남도청 앞 집단 발포가 자행되기 하루 전날 이미 집단 발포 결정이 이뤄졌다는 해석이 가능하다는 것이다.

5) '자위권 발동'이라는 면죄부

'발포 명령'과 표리관계에 있는 것이 '자위권 발동'이다.[23] 발포 명령이 발포 행위에 대한 구체적인 지시라면, 자위권 발동 주장은 '윗선'에서 포괄적으로 발포 명령을 가능하게 하는 여건을 마련해 주는 행위이다. 집단 발포로 무고한 광주 시민들을 사살한 가해자들은 '발포 명령'을 은폐하기 위해 '자위권'이라는 명분을 앞세웠다.

20일 밤 10시 30분경 최세창 3공수여단장은 광주역 앞 공수대원들에게 실탄을 지급할 것을 지시했다. 이로 인하여 밤 11시경 광주역 앞에서 3공수여단의 발포로 광주 시민 김재화 등이 사망했다.

전교 사령관 윤흥정은 심야에 들려오는 집단 발포 총성을 듣고 사실 확인을 했으나 최세창 등은 발포 사실을 숨겼다. 2군사령부는 11시 20분경 예하 부대(전교사와 공수여단)에 '발포 금지, 실탄 통제' 지시를 내린다.[24] 그뒤 21일 새벽 4시 30분 계엄사령관실에서 긴급대책회의가 열려 처음으로 '자위권 발동' 문제가 본격적으로 논의됐다.[25] 새벽 회의 내용은 오전 9시경 '계엄사 대책회의'를 통해 다시 한 번 확인됐으며,[26] 이에 따라 오전 10시 49분 계엄사령관 이희성은 계엄군의 '자위권 보유'를 재확인했다.[27]

이날 오전 2군사령관 진종채는 작전참모 김준봉과 함께 광주에서 헬기를 타고 계엄사로 가서 '자위권 발동'(자료에는 '소탕 계획')을 건의했다. 그러자 계엄사령관 이희성은 "자위권 발동은 대단히 주요한 문제"라면서 "장관에게 직접 보고하자"며 함께 국방부장관실로 갔다.[28]

오후 2시경 국방부장관실에서 장관 주영복, 한미연합사 부사령관 유병현, 보안사령관 전두환, 수경사령관 노태우, 육사 교장 차규헌, 특전사령관 정호용 등이 참석한 가운데 회의가 열렸다. 2군사령관의 광주 현지 상황에 대한 보고에 이어 계엄사령관이 자위권 발동의 기본 요건에 대해 언급했다. 보안사령관 전두환은 '자위권 발동'을 주장했다. 이 회의에서 '자위권 발동, 5월 23일 이후 폭도 소탕 작전 실시' 등이 최종 확정되었다.[29]

오후 4시 30분 또다시 국방부 장관실에서 회의가 열렸으며, 이 회의에서 군의 자위권 보유를 천명하는 담화문을 발표하기로 결정되었다.[30] 계엄사령관 이희성은 보안사가 작성한 초안을 바탕으로 계엄사에서 약간 수정하도록 한 다음, 오후 7시 30분 텔레비전과 라디오를 통해 '자위권 보유'를 천명하는 계엄사령관 경고문을 발표했다.[31] 군이 텔레비전과 라디오를 통해 생중계로 자위권 보유를 천명한 것은, 광주 시민들에 대한 경고이자 항쟁을 결단코 진압하겠다는 신군부 스스로의 강력한 결의의 표명이었다.[32] 광주 현지에 출동한 지휘관들은 '자위권 발동' 지시를 '발포 명령'으로 받아들였다. 신군부가 무장한 시위대를 폭도로 규정한 이상 진압 과정에서 발포 행위로 인해 많은 희생자가 발생하는 것은 필연적이었다.[33]

'자위권 발동' 지시(계엄훈령 제11호)가 예하 부대로 하달된 시각은 각기 달랐다. 오후 6시에는 11공수여단 양대인 참모장에게 최웅 여단장으로부터 '사격 유효 명령', 즉 공식적인 '자위권 발동' 지시가 내려왔다. 그러나 정식 지휘계통인 2군사령부는 이보다 2시간 반이나 더 지난 저녁 8시 30분에야 31사단장에게 자위권 발동 명령을 하달했다.

6) 지휘체계 이원화

'발포 명령'에 대한 혼선은 '지휘체계의 이원화'와 연결되어 있다. 작전 지휘체계가 형식적으로만 '계엄사령부-2군사령부-전투병과교육사령부-31사단-3, 7, 11공수여단' 등으로 잡혀 있었다. 공식적인 지휘체계와 달리 각기 보안사령관과 특전사령관인 '전두환-정호용'으로 이어지는 별도의 지휘체계가 작동하면서 부대가 운용되었다는 '지휘체계 이원화'에 대한 지적이 끊이지 않았다.

공식적인 지휘체계가 작동했다면 31사단과 전투병과교육사령부 작전 참모를 통해 발포 명령이 전달되어야 한다. 그러나 5월 20일 밤의 광주역 발포와 21일 오후 1시경의 도청 앞 집단 발포는 그렇지 않았다. 20일 밤 10시 30분경 3공수여단장 최세창이 실탄 분배를 지시했고, 11시경 광주역에서 집단 발포가 발생했지만, 상급자인 31사단장 정웅이나 전교사령관 윤흥정에게 이 사실을 보고하지 않았다. 21일 오후 1시경 도청 앞 집단 발포 사실도 11공수여단장 최웅은

31사단장과 전교사령관에게 보고하지 않았다.

전교사 작전참모 백남이 대령은 "공수부대의 과잉 진압 사실에 대한 보고가 전혀 없어 자신이 직접 부하들을 사복으로 갈아입혀 시내에 보낸 뒤 상황 보고를 받고서야 알았고, 21일 도청 앞 집단 발포 사실도 그렇게 알았다"고 말했다.[34]

'12·12, 5·18' 재판에서 사법 당국(1997년)은 특전사령관 정호용이 작전통제권자인 전교사령관의 자문에 응하거나 그에게 조언하는 데 그치지 않고, 공수부대 증파 결정, 전교사령관 교체 등 중요한 결정에 직접 관여하고, 수시로 광주에 내려가 3개 공수부대 여단장들과 접촉하면서 진압 대책을 논의하고 작전 지휘에 개입했으며, '상무충정작전' 시행 때 중요 물품 조달과 주요 지점별 특공조 선정 등 주도적인 역할을 수행했다고 확인했다.[35]

5월 20일 11시경 광주역 앞에서 3공수여단의 발포가 이루어지자 2군사령부는 11시 20분 실탄 통제를 지시했다. 그러나 이 지시는 하급부대인 공수부대에 제대로 전달되지 않았고, 오히려 이 지시가 내려간 뒤인 20일 자정 무렵에도 도청 앞에서 작전 중이던 11공수여단에서는 실탄이 중대장급 간부들에게까지 분배되었다.[36] 그 밖에 24일 송암동과 호남고속도로 톨게이트 부근에서 계엄군 간의 '오인 전투'에 의해 발생한 군인들의 많은 희생도 '지휘체계의 이원화'에서 비롯된 대표적인 사례로 지적된다.

7) 헬기 기총소사

21일 오후 도청 앞 집단 발포가 있던 무렵 계엄군이 헬기에서 시민들에게 기관총 사격을 했다는 주장이 여러 목격자들에 의해 제기되면서 논란이 되었다. 오후 2시 승려 신분으로 부상자 구호활동을 하던 이광영(27세)은 월산동 로터리에서 헬기가 총을 쏘는 것을 목격하였다. 그가 탄 차가 월산동 로터리에서 백운동 쪽으로 달리는데 도청 쪽에서 헬기가 날아오면서 총을 쏘았다. 그 순간 총에 맞은 듯 여학생 한 명이 가로수 아래 픽 쓰러졌다. 급히 차에서 내려 상처를 지혈하고 학생을 차에 태워 적십자병원으로 옮겼다.[37] 또 다른 사람인 박금희(전남여상 3학년)는 이날 오후 기독병원에서 헌혈을 마치고 나오다 헬기에서 쏜 총탄에 맞아 사망했다.[38]

조비오 신부는 도청 쪽에서 사직공원 쪽으로 이동하는 헬기에서 지축을 울리는 기관총 소리와 함께 번쩍이는 불빛을 봤다. 헬기는 지상 130미터 정도의 높이로 날아갔다. 헬기의 기총소사 소리를 듣고 조 신부를 포함해 호남동 성당에 모인 신부들은 계엄군과 시민들 사이에서 평화적인 중재를 하려던 계획을 완전히 포기하고 뿔뿔이 헤어졌다.[39]

미국인으로 광주 양림동에서 사목 활동을 하던 개신교 목사 아놀드 A. 피터슨도 헬기의 기총소사를 목격했다. 21일 점심 이후 광주기독병원에서 양림동 집으로 돌아온 뒤, 그는 옥상에 있는 발코니로 올라갔다. 거기서 광주 상공을 날아다니는 헬리콥터의 밑면에서 불빛이 번쩍이는 모습을 사진에 담았다.[40] 이들 세 사람의 성직자만이 아니고 훨씬 더 많은 사람들이 비슷한 시각 헬기의 기총소사를 목격했다고 검찰에 증언 기록을 제출했다.[41]

또한 도청 앞 전일빌딩 10층에서 한꺼번에 많은 총탄 흔적이 발견되었는데, 2016년 말 이루어진 국립과학수사연구소 감식 결과 헬기의 기총소사 흔적으로 밝혀져 관심을 끌고 있다. 만약 기총소사가 확실하다면 계엄 당국의 '자위권' 주장은 정당성을 잃게 된다. 헬기에서 사격하는 것은 누가 뭐래도 의도적인 발포이지, '자위권'을 앞세워 발포 상황을 합리화할 수 있는 '위급한 상황'과는 거리가 멀기 때문이다.[42] 다시 환언하면 5월 21일 오후에 전남도청 인근과 광주천을 중심으로 헬기 사격이 이루어진 것이 8곳에서 목격되었고, 5월 27일 새벽에는 전남도청과 전일빌딩을 중심으로 헬기 사격이 이루어진 것이 6곳에서 목격되었다.

전일빌딩 10층 내부에서 2016년 12월 13일 150개의 탄흔이 발견되었고, 국립과학수사연구원은 2017년 1월 12일 위 탄흔은 UH-1H에 장착된 M60 기관총이나 개인화기 M16 사격에 의해 발생한 것으로 감정하였다. 전일빌딩 내부에 남아 있는 탄흔의 직경과 방사형으로 펼쳐진 탄착군의 모양을 기초로 총기의 종류를 진단해 볼 때 5.56밀리미터 실탄을 사용하는 M16 소총일 가능성이 높고, 7.62밀리미터 탄을 사용하는 M60 기관총일 가능성도 있다는 결론을 내린 것이다.

5월 21일 헬기 사격과 5월 27일 헬기 사격은 그 의미가 완전히 다르다. 5월 21일의 헬기 사격은 전남도청 인근과 광주천을 중심으로 이루어졌는데, 시위 군중을 강제로 해산시키는 한편, 전남도청 앞에 있던 공수부대와 새로 광주에 투입된 20사단 병력을 교체하려는 과정에서 비무장 상태의 시민들에게 가한 사격이었다.

계엄군은 5월 21일 헬기를 이용하여 일반 시민에게 위협 사격을 가하였다. 이러한 5월 21일 헬기 사격은 무차별적이고 비인도적인 것으로 계엄군의 진압 작전의 야만성과 잔학성, 그리고 범죄성을 드러내는 증거이다. 특히 시민들과 물리적 충돌 과정에서 실시되었던 지상군의 사격과 달리 헬기 사격은 계획적·공세적 성격을 띠는 것이다.

계엄군은 지금까지 5월 21일 집단 발포에 대해서 무장시위대에 대한 자위권적 차원의 조치였다고 주장해 왔으나, 계엄군의 5월 21일 비무장 시민에게 가한 헬기 사격은 계엄군의 이러한 주장을 뒤집는 증거로서, 민주화를 요구하는 광주 시민을 상대로 한 비인도적이고 적극적인 살상 행위로 재평가되어야 한다(신동아 1985년 7월호). 대량 살상 능력을 갖춘 무장 헬기까지 동원하여 사격을 하고 시민을 살상하는 행위는 집단 살해 내지 양민 학살이라는 의미를 갖는다.

5·18 때 시민에게 헬기 사격으로 많은 사람이 사망한 사실을 5·18 특별조사위원회 위원장이었던 이건리 변호사도 위와 같은 내용의 조사 결과를 발표했다.

8) 인간이기를 포기한 자들의 광란

오후 1시 40분 군용 헬기 1대가 도청 앞 광장에 착륙하여 31사단 소속 계엄군 9명을 태우고 떠났다. 군용기와 경찰 헬기가 부상당한 공수대원과 중요문서를 여러 차례 이송했다.

오후 2시 헬기에서 전단이 뿌려지고 있었다. 공중에서 떨어지는 전단을 주워서 읽은 시민들은 더욱 분노하여 헬기에다 대고 공중에다 주먹질을 하였다. 전남북 계엄분소장 명의로 뿌려진 전단은 "어젯밤 시위 군중의 난동으로 10명의 군경이 사상당하고, 경찰서를 비롯한 일부 관공서와 3개 방송국이 파괴 방화"되었다며, 질서 회복을 위해 "즉시 귀가하라"는 내용이었다. 피해 시민들에 대한 대책, 연행자 처리 등에 관해서는 한마디도 언급되어 있지 않았다. 시민들은 분노와 공포에 치를 떨었다.

오후 2시 35분 공수대원들은 분수대에서 금남로쪽으로 70미터쯤 떨어진 곳에 소형 트럭과 버스로 바리케이드를 쳤다. 시민들은 거기서 3~4백 미터 정도 멀찌감치 떨어진 곳에서 웅성거리다 다시 가톨릭센터 앞까지 접근했다. 그리고 아시아자동차 공장에서 끌고 나온 군용 트럭에 불을 질렀다.

2시 55분 도청 별관과 수협 전남지부 옥상, 도심빌딩 위에 배치된 공수부대 저격병들은 먹잇감을 찾는 맹수처럼 몸을 숨긴 채 골목을 노려보았다. 행인이 얼씬거리면 조준사격을 퍼부었다. 광주 대동고 3년생 전영진(18세)이 노동청 부근에서 저격병의 M16 총탄에 머리를 맞고 숨졌다.[43] 구 시청 사거리에서도 5~6명의 청년이 총에 맞아 신음하고 있었다. 부상자를 구하기 위해 접근하는 사람들에게도 공수대원들은 총을 난사했다. 이광영이 지프를 타고 부상당한 이에게 손을 뻗는 순간 총탄이 그의 허리를 관통했다. 같은 차에 탔던 5명 중 2명이 현장에서 즉사했고, 2명은 부상당했으며, 운전하던 사람만 무사했다.[44] 동구청 미화원이던 김광영(29세)은 장동 로터리 MBC에서 노동청 방향으로 길을 걷다 곁에 있던 두 사람이 총에 맞아 쓰러지는 것을 목격했다. 한 명은 즉사했고, 부상당한 다른 한 명은 병원으로 옮겨졌다.[45]

　5·18 광주민주화운동 당시 계엄군이 시위 진압 과정에서 소총에 대검을 장착했던 것이 군 내부 문건을 통해 처음으로 확인되었다. 군은 1988년 이런 사실을 내부조사에서 확인하고도 지난 38년간 공식적으로 부인해 왔다.

　무소속 손금주 의원이 2018년 5월 17일 공개한 국방부 대외비 문건에서 국방부는 5·18민주화운동이 발생한 지 8년 뒤인 1988년 5월 당시 대검에 의한 인명피해가 있었는지 자체 조사했다. 조사는 '(군인이) 대검으로 여성의 신체를 도려냈다'는 내용의 소문이 사실인지 확인하고자 이뤄진 것이다. 국방부는 해당 소문이 '악성 유언비어'라는 결론을 내렸다. 다만 이 과정에서 국방부는 계엄군으로 광주에 투입된 한 군인이 "계엄군의 최초 '위력 시위' 당시 대검을 휴대하거나 착검했으나 시민의 항의로 즉시 착검을 해제했다"고 한 증언 등을 조사 결과에 포함했다.

　광주에 투입된 공수부대가 대검을 사용한 정황은 그동안 다수의 목격자 증언과 기록을 통해 기정사실로 여겨 왔지만 군은 지금까지 이를 공식 부인해 왔다. 그렇지만 계엄군의 증언 등을 바탕으로 국방부가 작성한 대외비 문건에서 1980년 5월 18~20일 공수부대 10개 대대가 차례로 광주에 출동하면서 소총에 대검을 장착한 사실 자체는 인정했다. 소문을 부인하는 과정에서 '시위 진압 도중 대검을 사용한 적은 있다'는 사실을 스스로 시인한 셈이다.

손 의원은 "5·18 당시 민간인 사망자 자료에서 칼같이 날카로운 물체에 찔린 '자상'이 최고 11명으로, 계엄군이 진압에 대검을 사용한 것과 무관치 않을 수 있다"고 주장했다.

9) 피신하는 민주인사들

도청과 직선으로 3백여 미터 거리에 있던 녹두서점에도 21일 오후 1시 콩 볶는 듯한 총소리가 들려왔다. 서점 안에 있던 사람들은 바짝 긴장했다. '설마' 했는데 최악의 상황이 벌어진 것이다. 녹두서점에 모여든 사람들은 서점이 정보기관에 노출돼 위험하기 때문에 불로동 광주천 옆에 있는 '보성건설' 사무소로 옮기기로 했다.[46] 오후 3시경 20명 정도의 대학생과 청년들은 보성건설 사무소에서 이 상황에 어떻게 대처할지 머리를 맞대고 논의하였다. 하지만 별 뾰족한 수가 없었다. 그때 전화벨이 울렸다. "군용 트럭 20여 대가 화정동 잿등을 넘어 광주 시내로 들어가고 있다"는 소식을 정상용의 부인이 다급하게 알려왔다. 이 자리에 있던 청년·학생들은 대규모 군인이 투입된 진압 작전의 신호탄이라고 판단하고 당장 각자 피신하기로 의견을 모았다. 유신정권 아래서 민주화운동 등 시국 사건에 연루된 이력 때문에 자신들이 가장 먼저 체포될 것이라고 예상한 것이다. 비장한 마음으로 "살아서 다시 만나자"며 서로 꽉 껴안은 다음 헤어졌다.

이양현과 정상용은 고향인 함평으로 빠져나갔다. 녹두서점 주인

정현애는 시동생 김상집과 함께 시내를 벗어나 친척집으로 피신할 요량이었다. 오후 3시 30분경 김상집과 정현애는 시외로 빠져나가기 위해 양림교를 건너던 중 나주 쪽에서 시내로 들어오는 무장 시민군의 트럭을 목격하였다. 불과 30여 분 만에 1백여 대의 차량이 무기를 싣고 광주공원 방향으로 모여들었다. 그 시각 광주공원에서는 김원갑(20세, 재수생), 김화성(21세), 문장우, 박남선 등 청년들이 시위대에게 무기를 분배하기 시작했다. 정현애, 김상집 등은 시민들이 무장하는 모습을 지켜보면서 발걸음을 돌려 다시 녹두서점으로 돌아갔다. 죽더라도 시민들과 함께 죽어야겠다고 생각한 것이다.[47]

10) 무기 필요성 때문에 각 지역 방문

오후 1시경 전남도청 앞에서 공수부대가 시민을 향해 집단 발포를 시작했다. 오후 1시 30분경 도청 옆 골목 '진내과병원' 부근에서 한 청년이 시민들을 향해 큰 소리로 외쳤다.

"여러분, 저는 학운동 예비군 중대장 문장우입니다. 지금 공수들이 무차별 발포를 하고 있는데 우리는 돌멩이나 각목 따위로 싸울 수 없지 않습니까? 우리 모두 무기를 가져옵시다."

20~30명의 청년들이 그 주위로 모여들었다. 시위대는 무기가 있을 법한 나주, 화순, 전남방직 등으로 몇 명씩 조를 짜서 빠져나갔다. 총을 가져온 후에는 곧바로 광주공원에서 모이자고 했다.[48]

계엄군의 도청 앞 집단 발포 소식은 빠르게 전파되었다. 광주 상황을 알리고 합세할 사람을 모으기 위하여 오전 일찍부터 차를 타고 시외로 빠져나간 시위대에게 집단 발포 소식이 전달되었다. 나주, 화순 등지에서 그 소식을 접한 시위대는 곧바로 가까이에 있는 경찰서나 예비군 무기고로 방향을 틀었다.

● 나주

 오후 2시경 광주에서 내려온 시위대가 격앙된 어조로 계엄군의 발포 사실을 전했다. 계엄군으로부터 광주 시민을 보호하기 위해서는 무기가 필요하다고 역설했다. 이 자리에 모여 있던 나주 지역 시위대 가운데 젊은이들이 경찰서와 각면의 지서로 무기를 찾아나서기 시작했다.

 최인영(17세, 용접공)은 도청 앞 발포를 목격한 후 화니백화점 앞에서 경찰이 사용하던 가스차를 타고 15명 가량의 청년들과 함께 숨가쁘게 남평으로 향했다. 점심시간이 약간 지난 오후 2시 20분경 남평지서에 도착했다. 지서는 텅 비어 있었다. 지서 건물 뒤에 '무기고'라고 팻말이 붙어 있는 창고가 있었다. 시위대를 본 주민들은 무기고 문을 열라며 도끼를 가져다줬다. 시위대는 도끼로 문을 부수고 들어가 카빈총 20여 정과 실탄 7~8상자를 가지고 나왔다. 남평에서 아무런 제지를 받지 않고 무기를 획득한 시위대는 구호를 외치면서 광주로 돌아왔다.[49]

 김봉수(27세, 자동차정비공)는 이때 광주에서 시위에 참여하던 중 삼양 시내버스를 타고 시위대 30여 명 가운데 섞여 나주로 갔다.[50] 그 주위에서 구경하던 박윤선(23세), 유재홍(24세), 최재식(24세) 등도 합세하였다.[51] 나주 시민들이 순식간에 5백여 명으로 불어났다. 시위대는 나주 사람들의 안내로 총을 구하기 위해 인근 경찰서와 예비군 무기고를 찾아 나섰다. 김봉수는 뒤따르던 차량 20여 대와 5백여 명의 나주 시민과 함께 가까운 나주읍 성북동 소재 나주경찰서로 갔다. 군용 레커차 후미로 나주경찰서 무기고를 부수고 카빈 소총, 권총, 공기총 등을 꺼내 광주로 가져왔다.[52] 계속해서 시위 차량은 영산포읍으로 내달려 영산동지서에 진입해 탄약 2상자를 획득했다.[53]

고등학생 김성수(17세)는 군용 트럭을 후진해 나주 금성동파출소 무기고 문을 밀어붙였다. 문이 뚫리자 그곳에서 권총과 공기총 등을 가지고 나왔다. 그 차에 탄 20여 명의 청년과 5명의 여자들은 남평 지서를 거쳐 광주로 들어온 뒤 일신방직 무기고로 향했다.

나주에 살면서 광주 송정리 공군비행장까지 출퇴근하며 방위병으로 군 복무를 하던 최성무(22세, 방위병)는 '부처님 오신 날'이라 이재권(21세, 방위병), 박창남(23세), 임채호(23세) 등 친구들과 함께 근처 '갑오사'에 놀러 갔다. 점심 무렵 집으로 돌아오던 중 '난리가 났다'는 말을 듣고 급히 나주 시내로 들어갔다. 광주에서 온 2대의 타이탄 트럭과 버스에 젊은 사람들이 가득 타 있었고, 시신 1구도 함께 실려 있는 것을 목격했다. 청년 한 명이 차 주위로 몰려든 사람들을 향해 "여러분, 광주에서는 지금 공수대원들이 시민들을 무자비하게 죽이고 있습니다. 보십시오! 이렇게 사람들을 죽였습니다. 우리 모두 힘을 합쳐 우리의 부모형제를 지킵시다!"라고 외쳤다. 최성무는 자신의 눈으로 시신을 직접 확인하자 피가 거꾸로 치솟는 기분이었다. 주저 없이 시위 차량에 올라탔다. 총을 들고 공수부대와 싸워야 한다는 생각이었다.[54]

이들 시위대는 나주군 노안면, 산포면 일대를 돌아다니다 곧바로 무기를 싣고 광주로 돌아오거나 혹은 그 주변 농촌 지역을 돌며 광주 소식을 알렸다. 나주에서 광주로 올라온 시위대는 전남대병원 로터리 근처에서 광주의 시민군과 합류했다. 여기서 일부는 광주 외곽 지역 방위에 참가하고 나머지는 다시 나주로 돌아갔는데, 이재권은 친구 임채호와 함께 농성동 지역방위대에 편성돼 활동하였다.[55]

나주 행정기관들은 자체적으로 비상상황에 대응해 보려 안간힘을 썼다. 하지만 이미 18일부터 경찰서와 각 지서, 파출소의 경찰들이 대부분 광주의 시위 진압에 차출된 상태였다. 경찰이라고 해봐야 각 경찰관서에 겨우 1~3명 정도씩만 남아 있었기 때문에 이들이 시위대를 막을 수는 없었다. 나주군청 직원들은 시위대가 무기를 찾으러 다닌다는 소식을 접하고 행정차량과 무기 일부를 한국화학 나주비료 공장 숲속에다 숨겨두었다. 또 카빈 소총 68정은 재무과장 관사 벽장에 숨기고, 실탄 360여 발은 군청 내 땅속에 묻었다. 나주경찰서도 무기 방출을 막기 위해 실탄 회수 조치를 취했으나 일부 파출소는 이미 시위 차량이 거쳐간 뒤였다.[56)]

한편 나주에 도착한 시위대 가운데 일부는 도로를 따라 두세 갈래로 나뉘어서 전남 각 지역 읍면 단위의 경찰서와 지서의 무기고를 훑으며 돌아다녔다. 나주는 목포, 완도, 강진, 진도까지 이어지는 전남 서남부의 관문으로 10여 개의 시·군과 연결되는 교통의 요충지다. 시위대의 한 갈래는 나주-함평사거리-무안-목포 방면으로 움직였고, 다른 한 갈래는 영암-해남-완도-진도까지 내려갔으며, 일부는 도중에 영암-강진-장흥-보성까지 진출하였다. 나주에서의 시위는 23일 이후 소강 상태에 들어갔다.[57)]

시위대가 최초로 무기고를 습격한 것은 21일 오전 8시경으로 나주군 반남지서에서 카빈 3정과 실탄 270발을 탈취했다고 전남도경 〈상황일지〉에 적혀 있다.[58)] 이 기록은 당시의 여러 정황에 비추어볼 때 신빙성이 매우 낮아 보인다.[59)] 1980년 6월 3일경 나주경찰서가 작성하여 전남도경에 보고한 원자료 〈나주경찰서 관내 총기 및 탄약류 피탈 조사보고〉에는 나주 반남지서 습격 시각이 '오전 8시'가 아닌 '오후 5시 30분'으로 나타나 있기 때문이다.[60)] 여러 정황이나 증언으로 볼 때 오후 1시경 금남로에서 계엄군이 집단 발포를 한 이후 나주 지역에서 시민들의 무기 획득이 시작된 것이 분명하다.

● 화순

화순에서도 나주와 비슷한 상황이 벌어졌다. 오후 2시가 넘자 광주에서 계엄군의 발포가 시작되었다는 소식을 가지고 시위대가 숨가쁘게 너릿재를 넘어왔다.

"지금 광주에서는 계엄군의 발포로 시민들이 다 죽어 가고 있습니다. 청년들은 모두 광주로 가서 함께 싸웁시다."

차에 탄 교복 입은 여고생이 울부짖듯이 외쳤다. 주위에 있던 청년들이 앞다투어 차에 올랐다. 연이어 광주에서 시위 차량 수십 대가 화순에 도착했다. 시위대는 흥분한 목소리로 광주 소식을 전하면서 가까이에 있는 무기고의 위치를 물었다. 일부는 화약을 구해야 한다면서 화순광업소 위치를 물었고, 또 몇 대는 보성 쪽으로 출발했다.

화순 지역에서는 예비군 중대장과 경찰이 일부 지역 유지들과 함께 시위대의 무기 획득을 저지하려는 움직임도 있었다. 일부는 예비군과 지역 청년 1백여 명을 소집하여 총기를 미리 나누어주었다.

● 영암

5월 21일 점심 무렵, 영암군 신북삼거리에는 각목을 든 시위대를 가득 실은 시외버스 1대와 스피커를 단 지프가 도착했다. 광주에서 출발하여 나주를 거쳐 영암까지 내려온 시위 차량이었다. 지프 앞좌석에서 여고생이 애절한 목소리로 광주 상황을 알리며 동참을 호소하였다. 영암 지역 주민들은 빵과 음료수를 가져다주는 등 적극 동조하였다. 이때까지만 해도 시위대는 아직 무장하지 않았다.

오후 2시쯤 강덕진(23세, 운전사)은 여고생의 호소를 듣고 신북 지역 청년 30여 명을 규합하여 광주로 가기 위해 나주를 향해 출발하였다.[61] 나주로 가는 도중 광주에서 내려오던 시위 차량으로부터 금남로에서의 공수부대 집단 발포 소식을 듣고는 총을 가지고 가기 위해 영암 쪽으로 방향을 돌렸다. 영암과 영산포를 오가다 버스 2대와 승용차 1대가 합세했는데, 오후 6시경 나주 다시면 지서 무기고의 자물쇠를 총으로 부수고 카빈, M1, 캘리버50과 실탄을 가지고 나왔다.

오후 4시경 트럭을 타고 광주에서 온 시위대 20여 명이 영암경찰서로 가서 20여 정의 총기를 가지고 나갔다. 시위대가 들이닥쳤을 때 경찰서는 텅 비어 있었다. 시위대가 영암으로 몰려온다는 소식을 듣고 영암경찰서 직원들은 무기고에 있던 실탄을 강진군 성전의 기동대로 미리 빼돌렸다.

● 강진·해남·완도

21일 오후 4시경 3대의 버스에 탑승한 광주 시위대가 강진읍에 도착하여 구호를 외치며 시가지를 행진하자 수많은 강진읍 주민들이 나와 환호하였다. 강진 농고생들은 교복을 뒤집어 입고 시가행진에 참여했다고 한다. 시위대는 오후 5시경 강진경찰서 무기고에서 총기 100여 정을 획득한 후 차량 5대에 나누어 타고 저녁 7시까지 광주로 돌아가기 위해 강진을 떠났다.[62] 그 후 저녁 8시 55분에도 다른 시위대가 성전면 지서 무기고에서 무기를 가지고 나왔다.[63]

21일 정오 무렵 광주에서 출발한 시위 차량이 해남읍에 도착하였다. 차 앞의 여고생이 태극기를 들고 애절한 목소리로 급박한 상황을 설명하며 군민의 지원을 호소하였다. 해남읍민들이 모여들어 박수를 치면서 격려했다. '광주에 난리가 났다'는 소식이 퍼지자 사람들이 구름처럼 읍내로 몰려들었다.

오후 3시경 광주에서 온 시위대와 약 3천여 명의 군중이 해남읍 성내리 소재 교육청 앞 광장에 모여 성토대회를 열고 시가행진에 들어갔다. 해남읍교회에서는 목사를 필두로 신도들이 적극적으로 지원 활동을 하였다.

여신도 회원들은 김밥 등 먹을 것을 준비하고 청년회와 남신도 등 교인들은 민주화운동의 연장선에서 시가행진에 참여하였다. 약국이나 가게에서는 음료수를, 유리 가게에서는 스프레이를 시위대에게 건네줬다.

오후 5시경 광주에서 또다시 시위 차량이 대거 해남으로 밀려왔다. 군용 지프 1대, 군용 트럭 2대, 버스 2대, 트럭 1대가 청년·학생 등 5백여 명을 싣고 광주로 향했다. 해남경찰서는 텅텅 비었고 주요 관공서는 주민들이 자체 경비에 들어갔다. 오후 6시 30분경 해남 주민 시위대 약 2백 명 정도가 4대의 버스에 타고 해남읍에 주둔한 군 부대 31사단 93연대 2대대 주둔지를 찾아갔다. 얼굴을 복면으로 가리고 카빈 소총으로 공포탄을 쏘면서 위병소에 접근했다. 대대장 장○○ 중령은 시위대 대표 3명을 만나 "해남을 지키기 위해 나와 있는데 여러분과 싸울 일이 없지 않느냐"고 설득하자 그대로 돌아갔다. 그들은 평소 서로 알고 지내는 사이였다.

오후 7시에는 해남·옥천·용동에 숨겨져 있던 광주고속버스를 해남청년회의소 회원들이 끌어오고 대한통운 트럭도 동원하였다. 저녁 8시 해남읍 중·고생들이 뒤따르고 대학생들로 보이는 청년들이 앞장서서 터미널-교육청-해남중·고교-고도리를 돌면서 시위를 이어갔다. 맨 앞에서 선동하는 학생은 공포탄을 쏘면서 분위기를 고양시켰고, 지서들은 유리창이 모두 깨져버렸다. 경찰들은 사복 차림

5·18 민중항쟁사적

으로 시위 상황을 관망했다. 저녁 8시 50분 2백여 명의 시위대가 차량 25대를 앞세우고 해남읍-현산면-송지면을 경유하여 밤 10시 완도읍에서 시가행진을 하였다.[64] 그중 일부는 한밤중인 22일 새벽 1시 50분 해남 쪽으로 이동하여 대흥사, 유선회관, 안흥여관 등에 들어가 잠을 자면서 시위 계획을 세웠다. 새벽 6시부터 시위대는 해남읍-마산면-황산면-문래면-화원면을 돌며 시위를 벌였다.[65]

● 장흥·보성

장흥에 시위대의 모습이 나타난 것은 22일 오전이었다. 광주에서 온 시위 차량은 강진에서 21일 하룻밤 머문 뒤 장흥에 들른 것이다. 이들은 구호를 외치며 장흥읍 을 돌고 나서 보성으로 갔다가 다시 장흥으로 돌아온 뒤 강진으로 출발했다. 장흥에서도 일부 사람들이 시위에 동참하는 등 주민들이 시위대를 열렬히 환영했다.[66] 23일에는 1백여 명의 시위대가 장흥군 장동면 지서를 공격하였고, 2백여 명이 장흥을 출발하여 보성에 도착했다가 다시 순천으로 이동하였다.[67] 장흥고교생을 중심으로 한 4백여 명의 시위대가 이들을 환영했으며, 관산면에서도 버스 1대와 함께 시위대가 합류하였다.

보성 지역에 시위대가 처음 나타난 시각은 21일 저녁 8시였다. 총이 아니라 각목을 든 시위대가 택시 2대와 트럭 10대에 나누어 타고 80명은 장흥 쪽으로 30명은 보성역 방향으로 이동했는데, 이들은 보성에서 시위를 전개하다 일부가 트럭 3대, 택시 2대로 벌교 쪽으로 이동하였다.[68]

● 함평·영광·무안

21일 오후 1시경 고속버스, 트럭 등 10여 대에 분승한 광주의 시위대가 함평읍에 도착하자 함평읍 주민들은 대대적인 환영을 하며 시위를 벌였다. 유신체제 아래서 농민운동의 전환점을 마련한 '함평 고구마 투쟁'(1978) 승리의 열기가 채 가시지 않은 함평 지역은 가톨릭농민회의 강력한 거점이었다. 함평 주민들이 함평에서 시위를 하는 동안 그중 일부는 차량 3대로 목포 쪽으로 이동했다. 오후 5시경 시위대는 함평경찰서 무기고를 부쉈으며, 그 후 시위 차량 3대는 함평으로, 버스 5대는 영광으로 이동하였다.[69]

영광에도 시위대가 다녀갔지만 별다른 활동은 없었다. 군 기록에는 "21일 밤 11시 15분경 영광읍에서 시위대 20~30명 가량이 군부대에 접근 중"이라는 보고와 "21일 밤 11시 34분경 송정리에서 온 25명의 시위대가 버스터미널에서 시위"한다는 보고가 있었다.[70]

21일 오후 2시경 광주에서 시위대 30여 명이 3대의 버스에 탑승하고 무안읍에 도착했다. 무안 지역 주민들은 시위대와 합세하여 구호를 외치며 무안군 일대를 돌아다녔다. 이들 중 일부는 목포로 가고, 나머지는 무안군 내에서 무기를 찾아다니다 광주로의 진입을 시도하였다. 광주 진입에 실패한 시위대는 송정리를 통해 영광으로 갔다가 다시 영암으로 가는 등 나주, 영광, 영암, 함평, 목포 등 인근 지역으로 돌아다니면서 계속해서 차량 시위를 이어갔다.[71]

● 목포

21일 오후 2시 15분경 광주에서 빠져나온 시위대 2백여 명이 각목 등으로 무장한 채 4대의 버스와 택시 1대에 분승하여 나주, 함평, 무안을 거쳐 목포에 도착하였다. 이들은 광주에서처럼 시가지를 차량으로 행진하며 광주 시민의 피해 상황과 계엄군의 만행을 알리는 가두방송을 하였다. "계엄 해제", "살인마 전두환 물러가라", "김대중을 석방하라", "구속 시민·학생을 석방하라"는 등의 구호를 외치며 목포 시민들의 궐기를 호소하였다. 광주에서 일어난 시위 소식을 들은 목포 시민들은 시위대를 열렬히 환영했으니, 삽시간에 1만여 명이 목포역 광장에 운집하였다.[72] 일부 시민은 광주에서 온 시위 차량에 "비상계엄 해제", "김대중 석방" 등의 현수막을 만들어서 달아 주기도 했으며, 시위대에게 음료수와 빵을 실어 줬다.

오후 4시부터는 목포 시민들이 자체적으로 조달한 목포의 태원여객 시내버스 3대와 용달차, 승용차에 분승하여 가두시위를 시작했다. 경찰은 시위를 제지하기 위해 최루탄을 쏘았지만 이미 불붙기 시작한 시민들의 분노 앞에 위험을 느끼고 사복으로 갈아입은 채 경찰서와 파출소를 비우고 피신해 버렸다.

군중들은 유달산에 위치한 KBS 방송국에 들어가 대민 방송을 시도했으나 여의치 않자 다시 나왔다. 광주에서 온 시위 차량은 상당수의 목포 청년들을 싣고 다시 광주 방향으로 빠져나갔다. 오후 7시 20분쯤 군용 헬기 1대가 10여 분 동안 목포 상공에서 시위대의 동태를 정찰한 후 돌아갔다. 이때부터 그동안 시가지를 누비기만 하던 시위 행렬은 시청 등 관공서를 공격하며 유리창을 파손하기 시작했다. 연동파출소와 항동파출소 무기고를 부수고 무기를 꺼낸 다음, 경찰 트럭 1대, 호송차 1대를 불태웠다. 9시 20분부터 세 차례에 걸쳐 KBS와 MBC에 들어가 유리와 기물을 부쉈다. 20여 대 이상의 차량이 시위에 지속적으로 동원되면서 시위대의 열기는 점차 더해갔고, 밤이 깊어가면서 그 숫자가 크게 불어났다.

21일 오후 8시 목포와 무안의 경계지점에 위치한 지산 군부대 앞에서는 광주로 빠져나가던 버스 2대를 향하여 군인들이 약 15분 동안 총격을 가하여 부상자가 발생하였다. 21일 밤 12시를 지나자 목포 시내에서 부녀자나 노인, 어린이는 집으로 돌아갔고 시위는 학생들과 청장년층 중심으로 새벽까지 이어졌다. 22일 새벽 2시 시위대는 중앙정보부 목포 분실, 항동파출소, 세무서, 해안경찰대 등을 파

괴하고 무기를 꺼내 무장하였다. 새벽 3시에는 남양어망 공장도 파괴되었다.[73]

● 광주·담양

담양경찰서도 이날 낮 시위대의 공격을 받았다.[74] 10대의 차량에 탑승한 50여 명의 시위대는 미리 준비해 간 쇠파이프로 경찰서 유리창을 부수고 무전기와 무기를 획득했다.[75] 오후 4시경 시위대는 삼륜차, 버스, 트럭 등 약 30~40대에 이르는 차량 대열에 합류하여 담양경찰서로 갔다. 서울대, 고려대 학생들이 광주를 지원하려고 왔다가 담양경찰서에 붙잡혀 있다는 소문을 듣고 그들을 구출하기 위해서였다. 시위대는 벽돌 깨진 것, 타이어 등을 차에 매달고 출발했는데 교도소를 수비하던 계엄군과 충돌은 없었다. 그들이 도착했을 때 담양경찰서에는 경찰도 없고 무기도 없었다.[76]

광주 시내에서도 몇몇 예비군 무기고나 민간기업 일부에는 군인들이 미처 옮기지 못한 약간의 총기가 남아 있었다. 21일 오후 광주 효덕파출소에서는 6명의 젊은이가 망치로 무기고를 부수고 카빈총을 가져갔다. 시위대는 그밖에도 광주 임동에 있는 전남방직, 일신방직, 연초제조 창고 등에서 직장예비군용 칼빈을, 광주 지원동 석산 화약고에서는 TNT 등을 가져와 도청으로 옮겼다.[77]

4-5. 다섯째 날(5월 22일)

1) 시민 공동체 세상[78]

지난 저녁에 그토록 날뛰던 계엄군들이 물러나고 시민군들이 도청을 장악하자, 시민들은 그러한 현실을 눈으로 확인하고자 도청 앞 광장으로 몰려들었다. 광주 시민의 계엄군에 대한 초기 저항은 수세적이고 자연발생적인 것이었으며, 생존권이 위협받는 상황에서 그에 대한 자기방어였다. 그러나 실제로 그들의 항전이 담고 있는 역사적인 내용은 훨씬 더 깊은 의미를 함축하고 있었다. 시민들은 모두 승리감을 만끽하며 높은 시민정신을 보여주었다. 그들은 그동안의 혼란 속에서 길거리에 흩어져 있던 잔해들을 치워 내고 시내를 깨끗이 청소하였다. 선진국 사회들에서도 찾아보기 어려운 모습이었다. 광주공원에는 지난밤의 지역 방어 전투에 참가했던 '시민군'들이 모여들어 시민군의 재편성 작업이 진행되고 있었다. 이후부터 '시민군'이 해야 할 일은 자체 조직과 병력을 통제하며 계엄군의 반격에 대비하면서 시내의 치안을 유지하는 일이었다.

아침 일찍 다시 도청을 접수한 '시민군'은 우선 계엄군이 버리고 간 물건들로 어수선한 구내를 정돈한 다음, 도청을 본부로 정하고 1층 서무과를 작전 상황실로 사용했다. 상황실에서는 차량통행증과 시내 주유소의 유류를 보급받기 위한 유류보급증, 상황실 출입증 등을 발부하는 한편, 외곽 지대에서 자체 방위를 맡고 있던 시민군들과 연락을 취하면서 그들을 지원하기 위해 기동타격대를 편성, 출동하기도 했다. 당시 계엄군은 탱크와 장갑차를 동원하여 외부에서 광주 시내로 들어오는 진입로 7개 지점을 차단, 봉쇄하고 있었으며, 시 외곽의 야산을 근거지로 매복하여 시민군이 통과하려 하면 사격을 가하였다.

2) 무기 회수를 둘러싼 분열 조짐

계엄군과 협상하고 온 수습대책위원회는 보고대회에서 일부 시민들의 반발이 있었음에도 불구하고 '무기 회수'를 결정했다. 더 이상 피를 흘리지 않기 위해서는 가능한 한 빨리 계엄군에게 총기를 반납하는 것이 최선의 수습책이라고 생각했다.

도청과 광주공원에 무기 접수처를 설치하고 총기 회수를 설득했다. 시민군 일부가 총기를 반납하기 시작했다. 그들은 "이제 수습위원회가 구성되었으니 그 지시에 따라 질서 있게 행동하자"며 무기 회수에 긍정적인 반응을 보였다. 그러나 무장 시민군 가운데 상당수는 무조건적인 무기 회수에 당혹스러워했다. 이들은 수습대책위원회가 계엄군과의 협상 결과에 아무런 진척도 없는데 왜 무기를 서둘러 회수하려는지 납득할 수 없다며 일단 무기 회수를 유보했다. 대부분 외곽지역 경비를 담당하는 시민군들이었다. '무기 회수'를 둘러싸고 시민들 내부에서 분열의 싹이 트기 시작했고 뭉쳐진 역량이 분산될 조짐을 보였다.

3) 암매장 시신들

22일 아침 일찍 학교에 나간 전남대 학생과장은 직원들과 함께 학교를 둘러보았다. 계엄군이 지휘본부로 사용한 이학부, 가정관의 강의실에는 허리띠 5백여 개, 신발 1백여 켤레가 쌓여 있었고, 강의실 바닥은 온통 붉은 페인트로 두껍게 칠한 것처럼 피로 물들어 있었다. 소나무로 뒤덮인 야트막한 교내 뒷동산에서 솔잎이 유난히 많이 쌓여 있는 곳이 그의 눈에 띄어 발로 밟아 보니 쑥 들어갔다. 그곳에서 고등학생 시신 1구가 나왔다. 밀가루 부대자루에 상반신만 덮어씌워져서 땅속에 묻혀 있었다. 시신에서는 칼에 찔린 자국과 구타당한 흔적이 눈에 띄었다. 그 시신의 주인공은 광주상고 2학년 이성귀(16세)로 밝혀졌다.

기동 순찰대원 김태찬(19세)도 전남대 교정에서 여고생 시신을 발견했다. 그의 팀이 전남대에 순찰을 갔을 때 학교 출판사 쪽 보도블록 깔린 곳을 주위 민가에서 모여든 개들이 자꾸 헤집길래 수상하게 여겨 그곳을 파보니 여고생이 매장되어 있었다. 허벅지에 대검으로 두 군데 찔렸는데, 시신은 눈을 부릅뜬 채였고, 벌어진 입 사이엔 흙이 차 있었다. 그는 시체를 도청으로 옮겼다.

희생자들의 시신들이 곳곳에서 발견되었다. 광주 주변 야산에서 발견된 시신들이 많았는데, 31사단 뒤 오치의 야산에 희생자가 묻힌 근처에는 계엄군이 다른 시신도 묻으려다가 시간이 부족했던지 파다가 만 구덩이도 보였다.

4) 미국의 진압 동의

22일 미 국방성 대변인은 "존 위컴 주한 유엔군 및 한미연합사 사령관이 자신의 작전지휘권 아래 있는 한국군을 시위 군중 진압에 사용할 수 있게 해달라는 한국 정부의 요청을 받고 이에 동의했다"고 밝혔다. 또한 로스 대변인은 "지금까지 북한군이 한국의 현 상황을 이용하려 한다는 움직임이나 증거는 발견하지 못했다"고 덧붙였다. 북한의 위협도 없는데 순전히 국내의 시위 진압을 위해 정규군을 투입하는 데 동의한 것이다. 군사반란세력 입장에서는 미국의 협력을 끌어낸 광주 무력 진압의 정당성을 확보하는 데 성공한 셈이다. 호딩 카터 미 국무성 대변인은 "광주 소요 사태에 대하여 깊은 우려를 표명"하면서 "폭력 사태가 가열된다면 외부 세력이 오판을 할 위험성"이 있는데, 이럴 경우 "미국 정부는 한미상호방위조약 의무에 의거, 강력히 대처"할 것임을 강조하였다.

이날 미국 정부는 일본 오키나와에 있는 조기경보기 두 대와 필리핀의 수빅 만에 정박 중인 항공모함 '코럴시' 호를 한국 근해에 긴급 출동시키기로 결정했다. 미 행정부로서는 북한의 남침에 대비, 한국의 안전에 관한 조치를 먼저 취한 후, 한국의 국내 정치 문제에 관해서도 후속조치를 마련할 것이라고 했다. '인권'보다 '안정'을 더 우선시하겠다는 입장을 공개적으로 천명한 것이다.

미국의 항공모함이 부산항에 입항한다는 소식이 알려지자 광주 시민들은 미국이 전두환을 견제하러 오는가 보다라고 생각하고 기대를 걸었다. 하지만 위컴 한미연합사령관은 이미 5월 16일 한국의 국방부 장관과 육군참모총장이 한미연합사령부에 속한 20사단의 작전통제권을 해제하여 달라고 한 요청을 '승인'한 상태였다. 20일 다시 한국 정부가 20사단을 원래의 수도권 시위 소요 사태 진압 목적과 달리 "광주로 목적지를 변경해서 투입해도 되겠느냐"고 문의하자 글라이스틴 대사와 위컴 사령관은 '워싱턴에 있는 미국 정부의 고위관리들과 협의한 후' 그 요청에 동의했다.[79]

데이비드 밀러 공사는 광주 미국문화원장인데, 5월 19일부터 21일까지 광주 금남로에 위치한 관광호텔에 체류하면서 광주 현지 상황을 글라이스틴 대사에게 매일 보고했다.[80]

4-6. 여섯째 날(5월 23일)

1) 두 개의 수습대책위원회 구성

한편 금남로와 도청 주변에 모여든 수많은 시민들은 도청 앞에 모여 무엇인가 만족할 만한 조치가 발표되기를 기다리고 있었다. 이윽고 23일 낮 12시 30분경 신부, 목사, 변호사, 교수, 정치인 등 20여 명으로 '5·18수습대책위원회'가 구성되었다. 이어서 오후 9시경 학생들을 중심으로 '학생수습대책위원회'가 구성되었다. 유지급 인사들의 '일반수습위'는 주로 계엄사 측과의 협상 활동을 했으며, '학생수습위'는 실질적인 대민업무를 맡아 보게 되었다. 학생수습위는 장례반, 홍보반, 차량통제반, 무기수거반으로 나누어 당일 계엄사에 요구한 7개항의 요구조건을 홍보하고, 무질서하게 돌아다니는 차량을 통제했으며, 엉겁결에 들었다가 버린 총이나 총을 반납하고자 하는 사람들한테서 총을 받아 300여 정을 수거했다.

두 수습위는 이날까지는 혼연일체가 되어 활동했으나, 계엄사가 수습위의 요구조건을 수락하지 않고 먼저 시민군들의 무장 해제를 요구하는 데서부터 두 수습위 모두 강온으로 대립하기 시작하였다. 시민 수습위의 온건파(사실상 투항파)는 축출되고, 학생수습위는 24일 저녁부터 강경파(투쟁파)가 주도권을 장악했다.

2) 제1차 민주수호범시민궐기대회

수습대책위원회와 별도로 도청 상황실에서 활동하던 청년 몇 사람은 시민군을 조직하는 일에 열중하고 있었다. 그들은 계엄 당국과의 협상력을 높이기 위해서 신속하게 방어태세를 갖춰야 한다고 생각했다. 계엄군의 포위로 광주가 외부세계와 완전히 고립되어 있는 상태에서 이른 시간 내에 내부 질서를 회복하고 방어태세를 갖추지 못하면 자칫 협상을 해보지도 못한 상태에서 계엄군의 공격에 쉽게 무너져 버리고 말 것이라고 보았다. 계엄 당국과의 협상을 유리하게 이끌기 위해서는 무엇보다 시민들의 높은 단결력을 보여주는 것이 필요했다.

그들은 시민군을 조직화하면서 고립된 도시의 불리한 점들을 깨달았다. 방어를 지속하기 위해서는 전투장비의 철저한 관리와 실탄 확보, 유류 낭비 통제, 대전차 방어선 구축, 식량 확보, 조직체계 정비 등이 시급했다.

오후 3시에 제1차 시민궐기대회를 개최하기로 결정했다. 윤상원은 도청에 들어가 학생수습위원장 김창길을 만나 시민궐기대회와 가두방송, 홍보전단 제작 등 홍보 활동을 맡겠다고 협의한 후 도청을 나왔다.

점심시간이 지나자 도청 앞 광장에 시민들이 구름처럼 모여들기 시작했다. 도청 수습대책위원회에서는 아직 의견 통일이 이루어지지 않아 토의가 난항을 거듭하고 있었다. 일부 수습위원들은 대중집회가 열린다는 점을 부담스러워했다. 도청 수습위에서 집회장에 앰프와 스피커를 제공하기로 하였으나 방송장비는 준비되지 않았다. 궐기대회 준비팀은 전남대 스쿨버스에 설치된 가두방송용 앰프를 떼어 분수대 위에 설치했다. 그들이 작동법을 몰라 시간이 지체되자 시민들 중에 전파사를 운영하는 사람 두 명이 분수대 무대 위로 올라와서 방송장비를 가동시켰다.

오후 3시까지 15만 명에 이를 만큼 시민들 숫자가 엄청나게 불어났다. 확성기가 울리자 시민들이 분수대를 중심으로 빙 둘러 모였다. 김태종과 이현주가 분수대 위 연단에 올라가 사회를 봤다. 15만여 명의 시선이 두 명에게 향했다. 김태종이 마이크를 잡고 "저는 전남대학교 학생입니다" 하고 말하자 순식간에 도청 앞 광장이 조용해졌다. 그 한마디에 모든 시민들의 신뢰와 믿음이 모아졌다. 22일 같은 장소에서 열린 첫 협상보고대회가 산만하게 이루어진 것과 달리 23일 궐기 대회는 격식을 갖추어 진행되었다. 항쟁 기간 중 목숨을 잃은 민주영령에 대한 묵념과 애국가로부터 시작되었다. 이어서 노동자, 농민, 시민, 학생, 교사, 주부 등 각계각층의 사람들이 차례로 분수대 위에 올라갔다. 발언자들은 대부분 자신의 신분을 밝히고 현 사태에 대해 의견을 말하거나 개인적인 억울함을 호소하였다. 시민 대표로 홍희윤(34세, 주부)이 차분한 목소리로 계엄군의 만행을 성토하자 많은 사람들이 박수를 치며 호응했다.

시민들이 흩어질 무렵, 헬리콥터가 시내 전역에 계엄사의 전단을 뿌렸다. 전단에는 '경고문'이라는 붉은 글씨와 함께 '소요는 고정간첩, 불순분자, 깡패의 소행이고, 총기와 탄약과 폭발물을 탈취한 폭도들의 행패는 계속 가열되고 있으므로 계엄 당국은 곧 소탕하겠다'는 계엄사령관의 엄포가 적혀 있었다. 전단을 주워 읽은 시민들은 이를 갈기갈기 찢어서 버리고는 그도 시원치 않았는지 발로 짓뭉개 버렸다. "우리 모두가 간첩이고 불순분자란 말이냐?"라는 울분에 찬 거친 목소리가 곳곳에서 터져 나왔다. 궐기대회가 끝나고 시민들이 흩어진 후 무장한 시민군들만 시내의 요소요소와 외곽지역을 방어하며 밤을 지새웠다. 도청을 제외한 시내 전역에 소등이 실시되어 온 시가지가 캄캄했고, 변두리에서는 가끔씩 총성이 들려왔다.

3) 광주시 장악[81]

시민들이 광주시 전역을 장악한 지 이틀째인 23일, 시 외곽지역에서는 간헐적으로 총성이 들려왔지만 아직 시내는 승리의 여운이 채 가시지 않은 분위기였다. 시민들은 이날도 자발적으로 길거리를 청소했으며, 시장 주변 길가에서는 아침 일찍부터 길가에 솥을 걸고 밥을 지었고, 밤새워 경계근무를 하던 시민군들에게 앞다투어 식사를 제공했다. 이날부터는 상가들도 띄엄띄엄 문을 열기 시작했다.

모여든 시민들로 오전 10시경 도청 앞 광장은 거의 5만여 명의 인파가 운집해 있었다. 도청 앞 광장 맞은편 상무관에는 시체를 담은 관들이 가지런히 놓여 있었고, 관이 부족하여 아직 입관하지 못한 시체들은 무명천에 덮여 있었다. 입구에는 분향대가 설치되어 향이 피워졌고, 수많은 시민들이 줄을 지어 분향하고 있었다. 한편 지난 밤에 구성된 학생 수습대책위원회는 일반 시민 수습대책위원들이 모두 귀가한 상태에서 밤을 새워 대민질서, 홍보, 장례, 무기 회수 문제 등을 토의했다. 이들은 다른 여러 가지 문제에 대해서는 의견의 일치를 보았지만 무기 반납 문제에서는 팽팽한 대립을 보였다. 무기를 일부 반납하여 그것을 조건으로 시민 요구사항을 협상하자는 문제를 놓고 두 세력 사이에 갈등이 나타나기도 했다.

4-7. 일곱째 날 (5월 24일)

1) 수습위의 내부 갈등

수습대책위원회 내부에서의 갈등, 시민군과 수습대책위원회의 갈등, 이렇게 상이한 의견들이 끝내 화해할 수 없는 길로 들어선 것은 항쟁 7일째인 5월 24일이었다. 오후 1시경 도청 상황실에서 열린 '학생 수습위'에서는 강경한 주장이 관철되어 다음과 같은 요구사항이 결의되었다.

첫째, 금번 광주사태에 대하여 일부 불순분자들과 폭도들의 난동으로 보도되고 있는데, 현재의 광주항쟁은 전 시민의 의지였으므로 폭도로 규정한 점을 해명, 사과하라. 둘째, 이번 사태로 사망한 사람들의 장례식을 시민장으로 하라. 셋째, 5·18 사태로 구속된 학생·시민 전원을 석방하라. 넷째, 금번 사태로 인한 피해보상을 전 시민이 납득할 수 있는 내에서 시행하라.

이로써 학생수습위는 강경파(투쟁파)가 주도권을 장악하기 시작했고 온건파(협상파)가 한걸음 물러섰으며, 무기를 무조건 반납하자는 시민수습위의 온건파(투항파)는 이미 전날 축출을 당했다. 당시 시민수습위에서는 시민들의 신망을 전혀 받지 못하는 인사들이 끼여 있었고 그들의 태도는 종잡을 수 없었다. 이날도 각국 외신 기자들의 취재가 활발하게 진행되고 있었다. 시민들은 사실 보도를 전혀 하지 않는다는 이유로 국내 기자들의 취재를 못마땅하게 여기고 있었지만 사실 보도를 하는 외신 기자들에게는 협조해 주어야 한다는 분위기였다. 따라서 국내 기자의 도청 출입은 상당한 통제를 받았지만 외신 기자들의 취재 영역은 훨씬 자유롭게 개방되었다. 23일 이후 광주 시내는 수습대책위원회 내부의 의견 대립으로 지도력이 흔들리고 있었고, 계엄사 정보요원들이 잠입하여 교란 작전을 편 관계로 커다란 혼란에 휩싸여 있었다. 이로 인해 도청 안에 간첩이 침투했다는 소문이 나돌기도 했지만, 후일 이 사건은 정보 당국의 교란 작전이었다는 것으로 판명되었다.[82]

2) 항쟁 지도부의 조직

제2차 궐기대회는 10만 명 이상의 시민들이 자발적으로 참여하여 성황을 이뤘다. 학생수습위원장 김창길과 일반 수습위원 장세균 목사가 시민들을 흥분시키지 말라고 정상용에게 요구했다. 수습위 대표들이 계엄군과의 협상에서 이미 "무기 회수와 자체 수습에 대한 약속을 했다"는 것이 이유였다. 정상용이 말했다.

"현재 수습위와 같은 협상은 시민들이 원하지 않는다. 궐기대회를 통해 시민들의 강한 의지를 보여줘야 한다. 그래야 정부측과의 협상을 유리하게 이끌 수 있다. 만약 그렇게 할 자신이 없다면 그 자리에서 물러나라."

그날 2차 궐기대회 평가회의에서는 네 가지 행동지침이 설정되었다. 첫째, 재야 민주인사들에게 연락하여 항쟁 과정에 적극 참여시킨다. 둘째, 시민들이 궐기대회에 참여할 수 있도록 적극 홍보한다. 셋째, 도청 내 수습대책위원회의 투항주의적 노선을 투쟁노선으로 바꿔 나간다. 이를 위해서는 도청 내의 일부 투쟁지도부와 연대한다. 넷째, 〈투사회보〉, 차량 방송과 궐기대회를 통해 투쟁에 동참할 청년·학생들을 모아 도청에 파견한 다음 시민군으로 재편성한다. 그리고 궐기대회를 지속적으로 추진하기 위해 역할을 좀 더 세부적으로 나누었다.[83]

당면 문제들도 토의했다. 우선 정부, 국민, 국군, 서울 시민, 언론, 광주 시민 등 각계각층에 보내는 글을 작성하여 궐기대회에서 낭독하고, 전국적인 연대를 호소하기로 했다. 둘째, 적십자사를 통해 전국적으로 헌혈운동을 벌여 광주의 유혈 사태가 어느 정도인지를 알리고, 사망자와 행방불명자 처리 문제, 식량 공급과 생필품 보급 등도 적십자사의 도움을 받기로 했다. 셋째, 청년·학생들을 조직하여 도청에 들여보내 지도부를 새롭게 구성할 계획을 세웠다. 이를 위해 다음날 YWCA로 대학생들을 집결시키기로 하였다.

3) 무기 반납을 둘러싼 이견

밤 9시 도청 상황실에서 또다시 학생수습위원회가 열렸다. 무기 반납을 둘러싸고 찬반 양측이 더욱 팽팽하게 맞섰다. 김창길이 말했다. "만약 우리가 무기를 자진 반납하지 않으면 계엄군이 무력으로 진압하겠다고 공식적으로 내게 이야기했다. 계엄군이 시내로 들어오면 광주 시민 전체가 몰살당하여 피바다가 될 것이다. 한시라도 빨리 무기를 반납하자." 김종배도 격한 음성으로 말했다. "우리의 요구 사항이 전혀 받아들여지지 않은 상태에서 무기를 반납한다는 것은 절대 안 된다." 상당수의 학생들이 무기 반납에 동의하는 쪽으로 분위기가 기울었다. "이런 식으로 그냥 무기를 반납하자고 주장한다면 차라리 도청을 폭파하고 자폭하겠다"며 무조건적인 무기 반납에 완강하게 반대했다. 회의는 자정을 넘어서까지 계속되었다.

25일 새벽 1시경 학생수습위원들 가운데 일부가 의견 충돌로 빠져나가면서 분위기는 더욱 뒤숭숭해졌다. 학생들은 엄청난 규모의 이 사태를 전적으로 자신들이 책임지고 수습한다는 것은 힘들다고 생각하였다. 이에 따라 이날 밤 황금선, 박남선, 김화성 등 일반인까지 포함하여 새로이 학생수습위원회 기구를 보강·개편하였다.

4) 국내 언론들의 진실 외면

5월 24일 계엄 당국은 '광주'의 실상을 보여준다는 명목으로 서울의 각 언론사 사회부장들을 군 비행기에 태워 광주로 데려왔다. 그들에게 상무대의 전남북계엄분소에서 브리핑한 뒤 시민군이 바리케이드를 치고 계엄군의 진입을 막고 있는 화정동 고갯길에서 광주를 바라보게 한 후 서울로 그들을 데리고 돌아갔다. 정부가 광주 상황에 대해 언론에 최초로 언급한 것은 20일 오전 10시 치안본부의 발표였다. 그 이튿날 오전 계엄사가 석간부터 보도 금지를 해제하면서 "광주 폭동이 통제를 벗어났다"고 공식 보도자료를 냈다. 사태가 걷잡을 수 없이 커지자 이를 숨겨두고 있을 수만은 없다고 판단한 계엄 당국이 보도 통제를 부분적으로 풀면서 제한된 정보만을 공급한 것이다.

광주에서 15만여 명이 무기와 탄약, 장갑차 등을 탈취해서 계엄군을 공격했고, 그 결과 "군인과 경찰 5명, 시민 1명이 사망했다"고 밝혔다. 21일부터 광주 소식을 보도하기 시작한 중앙 신문들은 광주를 "폭도의 도시"로 묘사했다. "유언비어와 지역감정이 사태를 악화"시켰고, "공공건물과 차량이 파손되었다"고 강조하면서, 계엄군이 오히려 피해자인 양 보도했다.

〈조선일보〉는 25일자 사설에서 "남파간첩들이 지역감정을 촉발시키는 등 갖은 유언비어를 퍼뜨렸다"면서 계엄 당국의 주장을 그대로 되풀이했다. 〈동아일보〉, 〈중앙일보〉 등의 논조도 모두 비슷했다. 이들 신문은 광주를 폭도에 의해 장악된 무법천지의 무정부 상태로 묘사했다.

제도언론의 외면 속에 광주 사람에 의해서 '광주 알리기'가 치열하게 전개되었다. 5월 23일 서울 일부 지역에 '전두환 살육작전'이라는 제목의 8절지 크기의 유인물이 뿌려지기 시작했다. "아! 하늘은 어찌 이리도 무심하단 말인가?"라는 문구로 시작되는 이 유인물은 외부에 뿌려진 최초의 광주 소식이었다.[84]

5) 외국 기자들의 눈

광주의 진실을 전세계에 알린 건 '외신 기자들'이었다. 광주의 참상이 텔레비전 전파를 타고 유럽, 미국, 일본 등에 알려지자 군부에 비판적인 전세계인들의 여론이 쏟아졌다.

5월 22일 광주의 참상을 담은 생생한 영상이 독일은 물론 위성을 통해 유럽과 미국에까지 톱뉴스로 방영되었다. 광주항쟁의 생생한 현장이 전파를 타고 세계인들에게 알려진 최초의 순간이었다.

독일 공영방송(NDR) 아시아 특파원 위르겐 힌츠페터가 "계엄령 하의 광주에서 시민과 계엄군 충돌"이라는 짤막한 뉴스를 일본 도쿄에서 접한 시각은 5월 19일이었다. 그는 곧바로 한국행 비행기에 올라 20일 오전 광주에 도착했다. 대부분의 외신 기자들이 21일에야 광주로 향했다는 점을 고려할 때 힌츠페터의 육감은 남달랐다. 당시 외국 기자가 국내에서 취재하려면 국가홍보원에 신고해야 했지만, 그는 광주 취재 허가를 받는 것이 불가능할 것으로 예상해 아예 신고를 하지 않고 광주로 잠입했다. 20일 항쟁이 절정으로 치닫고 있을 때 광주 시민들은 계엄군의 삼엄한 봉쇄망을 뚫고 들어온 외신 기자 힌츠페터를 뜨겁게 환영했다.

그는 학살 현장과 병원을 찾아다니며 비디오로 촬영했다. 베트남전쟁에서 종군기자로 활동했지만 이렇듯 비참한 광경은 처음 보았다. 가슴이 꽉 막히고 흐르는 눈물 때문에 가끔씩 촬영을 중단할 수밖에 없었다. 21일 집단 발포 현장의 총성도 담았다. 그는 필름을 독일 함부르크에 있는 본사에 보내기 위해 21일 오후 광주에서 서울을 경유하여 비행기로 일본 도쿄까지 직접 가지고 갔다. 검문을 뚫고 가는데 무려 22시간이나 걸렸다. 도쿄 공항에서 필름만 넘겨주고 곧장 광주로 되돌아왔다. 23일부터 그는 해방 공간의 시민군 활동과 궐기대회 등 여러 장면을 찍었다. 항쟁 이후 흔히 접할 수 있던

광주항쟁과 현장 동영상 장면은 대부분 이때 힌츠페터가 찍은 영상들이다.[85]

서울에 상주하고 있던 외신 기자들은 21일부터 위험을 감수하고 광주에 들어왔다. 21일 새벽 5시 프랑스 〈르몽드〉(Le Monde) 지 기자 필리쁘 뽕스(Philippe Pons)와 〈뉴욕타임스〉(The New York Times) 서울주재 기자 심재훈은 렌터카를 타고 서울을 출발, 오전 9시 무렵 서광주 톨게이트에 들어섰다. 그들은 마치 개선장군처럼 시민들로부터 환영을 받았다. "무질서와 폭력이 난무하는 '폭동'(violence)이 일어난 곳이 아니라 여자, 노약자, 어린이 가리지 않고 김밥과 과일 등 음식물을 차에다 올려주는 '봉기(insurrection)의 도시'였다."[86] 이들은 시민들의 안내를 받으며 도청 일대와 병원 영안실 등을 취재하고 순천에 가서 서울지국으로 원고를 보냈다. 그 기사가 23일 〈뉴욕타임스〉와 프랑스 〈르몽드〉 지에 보도되었다. 미주와 유럽 대륙에서 가장 큰 영향력을 자랑하는 두 매체에 광주 소식이 보도되자 전세계 여론이 발칵 뒤집어졌다. 그 후 텔레비전·라디오·신문·잡지 등 외신 특파원이 물밀 듯 광주로 밀어닥쳤다.

21일 해질 무렵 'AP통신' 테리 앤더슨 기자는 〈타임〉(Times) 지 로빈 모이어(Robin Moyer) 사진기자와 함께 광주 외곽 10킬로미터 지점에 도착했다. 피난민 행렬이 이어지는 가운데 걸어서 광주 시내로 들어갔다. 테리 앤더슨은 한눈에 "광주사태가 사실상 군인들에 의한 폭동"이라고 확신했다.[87]

AP통신 샘 제임슨(Sam Jameson) 기자는, 21일 글라이스틴 주한 미국대사가 서울에서 미국 기자들에게 광주 상황을 처음 브리핑한 장면을 취재했다. 글라이스틴은 "광주 시위가 '완전한 폭동'으로 돌변했으며, 전두환의 계엄령 확대 결정이 '크게 잘못됐다'고 말했다." 그럼에도 불구하고 "미국은 질서 회복을 위해 한국군의 군대 사용을

지지한다"고 밝혔다.[88]

〈아시안 월스트리트 저널〉 노먼 소프 기자도 21일 광주에 들어와 병원을 돌아다니며 사망자 숫자를 하나하나 세면서 사진을 찍었다. 정부는 그때까지도 시민들이 단 한 명도 죽지 않았다고 했지만, 그가 직접 확인한 사망자 숫자만 해도 수십 명이었다. 그는 "정부의 가장 중요한 임무는 국민을 보호하는 일인데 자국민을 이렇게 죽이는 것은 학살이고, 거짓말하는 정부는 더욱 부도덕하다"고 생각했다.[89]

뒤이어 속속 미국 〈볼티모어 썬〉(The Baltimore Sun) 특파원 브래들리 마틴(Bradley Martin), 독일 〈쥐트도이체 차이퉁〉(Süddeutsche Zeitung) 특파원 게브하르트 힐셔(Gebhard Hielscher), 〈뉴욕타임스〉 동경지국장 헨리 스콧 스토크스(Henry Scott Stokes), 일본의 〈아사히 신문〉과 〈요미우리 신문〉 기자, 미국 NBC, ABC 기자 등도 현장 취재를 위해 광주로 내려왔다. 외신 기자들이 취재해서 보도한 내용들은 국내 언론 보도와 전혀 다른 시각이었다.

게브하르트 힐셔는 "광주항쟁을 북한으로부터 남파된 간첩, 또는 소위 용공분자들의 소행으로 돌리려고 하는 군부의 시도는 사실의 왜곡일 뿐만 아니라, 정치를 어떠한 희생을 치르더라도 법과 질서만 유지하면 되는 것으로 이해하는 편협한 사고방식과 모종의 저의가 숨겨져 있다"고 썼다.[90]

이때 외신 기자들은 항쟁의 객관적인 관찰자로서 역사의 증인이 되었다. 그런 의미에서 계엄군, 광주 시민, 그리고 외신 기자는 항쟁을 구성하는 3개 주체였다. 만약 외신 기자들의 노력과 기록이 없었다면, 광주 시민의 억울한 희생과 정렬한 투쟁은 '존재하지조차 않은 사건'이 되었을지도 모른다.

4-8. 여덟째 날(5월 25일)

1) 광주 시민의 성숙한 시민의식

　시민들은 어느 정도 질서를 회복해 가고 있었다. 시장과 상점들이 문을 열기 시작했고, 사회복지단체에 의한 식량 공급이나 전기, 수도 등은 관련 공무원들의 지원으로 별다른 어려움 없이 해결되고 있었다. 병원들은 민주화운동 기간 동안에 발생한 수많은 부상자들 때문에 혈액이 부족하여 곤란을 겪기도 했지만, 이 소식을 듣고 달려온 시민들의 헌혈로 혈액원마다 피가 남아돌 지경이었다. 따라서 미국 LA에서 보내려고 한 혈액도 거부했다.

　치안 유지력이 매우 약화된 상황임에도 불구하고 은행이나 신용금고 같은 금융기관에 대한 사고는 단 한 건도 발생하지 않았으며, 금은방 등 일반 상점에서도 별다른 사고가 일어나지 않았다. 선진국들에서도 볼 수 없는 현상이었다. 이 기간 동안에 발생한 범죄율이 오히려 평상시보다 훨씬 낮았다. '수습위'나 시민군들에게 필요한 자금은 시민들의 자발적인 성금으로 해결되었으며, 3~4백여 명에 이르는 시민군과 항쟁 지도부의 식사도 시민들이 자발적으로 지어다준 밥으로 해결되었다. 이 모든 것이 시민들의 도덕성과 자치 능력에 의해 유지되고 있었다.[91]

　그러나 전날에 이어 25일에 이르자 수습위의 온건파는 그날 밤 모두 도청을 빠져나가고 저녁 10시, 드디어 최후까지 투쟁하기를 결의한 항쟁지도부가 탄생하였다. 새로운 지도부는 학생수습위의 일부 투쟁파와 청년운동권, 그리고 그동안의 무장투쟁 국면에서 전면으로 부상한 기층민중 출신으로 구성되었다. 새로운 지도부는 무기 반납을 중단하고 투쟁의 조직적 지도를 위하여 역할을 분담했으며, 도청 내부의 행정체계를 잡고 민중 생활의 정상화를 도모하려고 했다. 그들의 전략은 '일면 투쟁, 일면 협상'이었다.

그들은 한편으로는 자위대를 편성할 계획을 세우면서, 다른 한편으로는 계엄군이 총공격해 오면 도청 무기고에 있는 다이너마이트를 폭파하겠다는 위협적인 협상조건을 계획하였다. 그러나 이들은 그때까지 그 다이너마이트의 뇌관이 제거된 사실을 알지 못했다. 또한 대치 상황이 장기화될 것에 대비하여 모든 시민들의 일상생활을 정상화시키기 위한 여러 가지 사항도 검토되었다. 그러나 이들이 현실적인 전망이나 구체적인 프로그램을 갖고 있었던 것은 아니었다. 당시의 사회 조건 속에서 그들에게 그만한 역량을 기대하는 것 자체가 무리였다.

2) 시민들의 긍지

전라북도에서도 천주교 교단이 중심이 되어 헌혈운동을 벌인 뒤 피를 가지고 왔으나 계엄군의 차단으로 광주 외곽에서 되돌아가는 일이 있었다. 전기와 수도, 시내전화도 이상 없이 공급, 가동되었다. 금융기관 사고는 발생하지 않았다. 325개 기업체들이 은행에 예치하지 않고 가지고 있는 돈도 상당 액수가 있었다. 도청 회계와 사무실 금고에는 직원들의 급여를 지급하기 위해 찾아둔 현금이 보관되어 있었다. 하지만 누구도 이 돈에 손대지 않았다. 만약 은행권의 현찰이 털렸더라면 일대 혼란이 초래될 수 있는 상황이었다. 그러나 당시 광주 시민들은 생사를 넘나드는 상황에서도 금융기관을 습격하거나 절도 행위를 하지 않았다. 항쟁 기간 중 광주 시내 범죄발생률은 평상시 정부의 통제 아래 있을 때보다 훨씬 낮았다.

외국 기자들은 질서정연한 광주 시민들의 생활을 목격하고 놀라워했다. 도청 수습위원회나 YWCA에 모인 청년·학생들에게 각 종교단체와 지역에서 성금이 계속 들어오고 있었다. 도청 안에 있는 시민군과 지도부 3백여 명과 지역방위대 4백여 명의 식사를 위해 시민들이 자발적으로 밥을 지어 나르다가, 항쟁이 장기화할 조짐을 보이자 여러 동네 단위로 식량을 거두어 보내거나 반찬거리를 보내기도 했다.

항쟁이 끝난 후 계엄 당국의 수사기관은 그동안 시민들이 김밥, 빵, 음료수 등을 시민군에게 자발적으로 제공했음에도 이를 '폭도들이 강제로 탈취'했다고 조작했다. 그리고 물품을 제공한 시민들을 연행하여 조사했는데, 일부에게는 고문수사를 자행하기도 했다.

3) YWCA, 청년·학생들의 투쟁본부

전일빌딩 뒤쪽에 자리잡은 YWCA는 해방 기간 동안 청년·학생들의 투쟁본부였다. 항쟁 초기 재야인사와 청년·학생들의 투쟁본부 역할을 하던 녹두서점에 22일 이후 찾아오는 이들이 많아지자 사람들이 넓은 공간을 찾아 이동한 것이다. 대자보와 현수막을 작성하고 궐기대회를 준비하기 위해 넓은 장소를 찾다가 도청과 가까운 YWCA를 사용하기 시작했다.

25일에는 광천동 시민아파트의 들불야학 교실에서 〈투사회보〉를 제작하던 팀이 YWCA로 옮겨왔다. 그동안 〈투사회보〉는 수동식 등사기 두 대로 제작했는데, 이곳으로 옮긴 후에는 YWCA에서 사용하던 타이프용 등사기와 소설가 황석영의 집에 있던 고속 등사기까지 가져왔다. 그때부터 하루에 회보를 수만 장씩 수월하게 찍어낼 수 있게 되었다. 윤상원이 도청에서 보내 준 문안을 가지고 박용준과 공근식이 필경 작업을 하였다. 김성섭 등 야학 교사와 학생들은 인쇄 작업과 종이, 잉크 등 물자 조달, 배포 등을 분담하였다.[92] 궐기대회에서 발표된 원고는 〈투사회보〉로 인쇄되어 즉각 배포되었다.

4) 민주투쟁위원회 출범

25일 밤 10시 최후까지 싸우려는 항쟁지도부가 결성되었다. 도청 내무국장 부속실에서 새로 만들어진 항쟁지도부는 학생수습위원회와 달리 훨씬 조직적인 모습으로 바뀌었다. 명칭도 '학생수습위원회'가 아니라 '민주투쟁위원회'로 하였다.

위원장: 김종배(26세)[93] - 업무 총괄
내무 담당 부위원장: 허규정 (26세) - 도청 내부 문제, 대민, 장례 업무
외무 담당 부위원장: 정상용(30세)[94] - 계엄사 협상 업무
대변인: 윤상원 (29세)[95] - 기자 회견 및 집행부의 공식적인 대외 발표 업무

기타 박남선, 김영철, 이양현, 윤갑옥, 박신, 정해식, 김준복, 구성주 등이 임원직을 맡아 봉사했다.

5) 광주 소탕 작전

항쟁지도부가 전열을 가다듬던 그날 계엄군의 '상무충정작전', 즉 광주 소탕 작전도 확정되었다. 25일 육군회관에서 열린 오찬 회의에서 전두환, 노태우, 주영복, 황영시 등 계엄군 지휘부는 육군본부에서 마련한 '상무충정작전' 지침을 검토한 뒤 작전 개시를 '5월 27일 0시 1분 이후'에 하기로 최종 결정했다.

계엄 당국은 상무충정작전이 항쟁파가 도청에서 투항파를 몰아내고 항쟁지도부를 장악한 이후 수립되었다고 주장하지만, 항쟁파 지도부가 들어선 시각은 25일 밤 10시였다. 계엄군은 21일 광주 도심 퇴각 때 이미 상무충정작전을 23일로 계획했다가 25일로 연기했는데, 그 이유는 미군과의 협조 문제 때문이었다. 이 시각 도청에서 항쟁파는 아직 윤곽도 드러나지도 않았고, 전교사에서 매일 열리던 시민 대표와 계엄 당국의 협상도 24일 아침 계엄군 측이 강경 기류로

돌변하면서 중단된 상태였다. 따라서 상무충정작전은 도청에서 항쟁파 지도부가 등장한 것과 전혀 무관하게 계엄 당국의 자체 계획에 따라 집행된 것이다.

4-9. 아홉째 날(5월 26일)

1) 신군부의 무력 시위

5월 26일 새벽 5시, 농성동에서 계엄군이 탱크를 앞세우고 시내로 진입하고 있다는 소식이 시민군이 탈취했던 계엄군의 무전기를 통해 도청 상황실에 보고되었다. 전 시민군에 비상령이 하달되었으며, 일반 수습위원들 중 이성학 장로, 김성룡 신부 등 수습위원들 중 일부는 농성동으로 달려가 도로 위에 드러눕기도 했다. 계엄군의 탱크는 시민군이 설치한 바리케이트를 깔아뭉개고 1킬로미터쯤 밀고 들어와 한국전력 앞길에 진을 쳤다.

26일 밤 도청 안에서는 계엄군의 진입이 임박한 것을 예상하고 일부 사람들이 도청을 빠져나갔다. 항쟁지도부도 빠져나가는 사람들을 만류하지 않았다. 지도부는 이미 궐기대회에서 사회자를 통해 최후까지 싸울 수 있는 사람만 남아달라는 말을 전했다. 이렇게 해서 YMCA에 모여 도청 항쟁지도부에 합류한 사람들이 150여 명이 되었다. 이중 80여 명은 총기를 다룰 줄 아는 사람들이었고, 60여 명은 고등학생 및 군 경험이 없는 청년들이었으며, 여학생도 10여 명이나 포함되어 있었다. 신군부의 잔인한 무력 진압으로 겁에 질린 광주 시내의 학부모들은 데모에 참여했던 자녀들을 전쟁이라도 일어난 듯 평화지대인 시골의 연고지에 피신시켰다. 피난 가던 중 외곽지대를 포위하고 있던 신군부의 검열에 걸린 김선정(현 LDS Olympic Ward 감독)은 삐라를 주웠다가 계엄군의 총알받이가 될 뻔했다. 또한 시골로 피난 가던 LDS의 김정희, 이선미도 사선을 넘어 피신한 경험담을 쏟아냈다.

필자 에드워드 구는 어느 날 고등학교 수업 중 분위기가 어수선해짐을 느꼈다. 교실 창문 너머로 밖을 쳐다보는 급우들이 소리를 질렀다. 학교 교정에 탱크포가 학생들을 향해 조준되어 있었다. 모두들 학교에서 나가기 시작했고, 필자 역시 걸어서 화정동에서 화순 너릿재를 넘어 피신했다. 하늘에서 삐라가 날리고 아수라장이 된 시내 외곽을 돌아 하루종일 빗속으로 피난길을 걷고 있었다. 그 다음날 너릿재를 경계로 광주 가는 길목을 무장한 계엄군이 차단하고 지켰다. 화순경찰서 무기고에서 무기를 받아든 청년들이 지프를 타고 너릿재를 향했고, 화순에서도 많은 시민들이 시골로 피신하기 시작했다. 악몽이었다.

필자는 미국에 미리 온 가족들의 걱정으로 고등학교를 마치고 그 이듬해 LA로 오게 되었다. 리버사이드에서 햄버거 프랜차이즈를 하고 있는 형 때문에 리버사이드에서 그 당시 막 시작한 조그만 한인교회에 나가게 되었는데, 그곳에서 우연히 그때 광주에서 공수단원으로 있었던 분을 만나게 되었다. 그의 말에 의하면, 그 공수단은 광주로 내려가기 전에 서울 모 학교에서 무력 진압 연습을 한 후 술을 마시고 광주로 향했다고 했다. 이 술꾼 계엄군이 미친듯이 학생 및 민간인을 향해 방아쇠를 마구 당긴 것이다.

5·18 민주운동은 5·17 비상계엄에 따라 준비된 무장 계엄군의 무력 진압에 맞선 민주화운동이다. 수많은 광주 시민의 숭고한 피가 대한민국의 민주화 시대를 열었다. 10일간의 민주 항거는 영원히 광주 시민의 가슴에 남아 있을 것이며, 우리 후손들에게도 광주 민주화운동이 사실대로 전해져 길이 남기를 바라는 마음이다.

도청에서 밤새워 회의를 하던 수습위원들도 즉각 긴급사태를 논의했다. 이성학 장로, 홍남순 변호사, 김성용 신부, 이기홍 변호사, 조비오 신부, 이영생 YMCA 총무, 김천배 YMCA 이사, 윤영규 선생, 장사남 선생 등 17명의 수습위원들이 머리를 맞댔다. 김성용 신부가 말했다.

"우리들이 총알받이가 됩시다. 탱크가 있는 곳으로 걸어갑시다. 광주 시민들이 다 죽어가는데 우리가 먼저 탱크 앞에 가서 죽읍시다."

결연한 분위기에서 '죽음의 행진'이 시작되었다. 발걸음이 무거웠다. 외신 기자들에게 짧게 상황을 설명하는 것을 제외한다면 모두 입을 굳게 다문 채 걸었다. 길거리에서 지켜보던 시민들이 하나둘씩 뒤따르기 시작하더니 어느새 수백 명의 대열이 되었다. 일렬횡대로 줄을 지어 도청에서 출발하여 금남로-돌고개-농촌진흥원 앞까지 약 4킬로미터 구간을 1시간 동안 걸어 계엄군의 전차 앞에 멈추어 섰다.

수습위원들은 그곳을 지키고 있던 계엄군 장교에게 군대를 원래의 위치로 물리라고 하며 책임자를 불러 달라고 하자, 잠시 후 검은 세단을 타고 전교사 부사령관 김기석 소장이 나타났다. 김 소장이 수습위원들에게 상무대에 가서 대화를 나누자고 하자 수습위원들은 먼저 군대를 후퇴시키라고 요구했다. 김 소장이 전차와 군인들을 원래 위치로 후퇴시켰다. 지켜보던 수많은 시민들이 박수를 치며 만세를 불렀다. 그동안 네 차례 협상을 이어가면서 최선을 다해 수습하려 했으나 계엄사령부 입장이 너무 완강해 어찌할 수 없었다.

홍남순, 김성용, 이성학, 이기홍, 김천배, 이영생, 김창길 등 11명의 수습위원들이 전교사로 갔다. 아침 7시부터 4시간 30분 동안 계엄분소 회의실에서 협상을 진행하였다. 김기석 소장이 말했다.

"나는 군인이다. 정치 문제는 모른다. 여러분이 무기를 회수하여 군에 반납하면 경찰로 하여금 치안을 회복하도록 하고 싶다. 시간이 없으니 30분 안에 이야기를 끝내자. 오늘 중으로 무기를 회수하고 시내 질서를 회복하라. 그것을 못한다면 앞으로 나하고 수습대책회의를 할 수도 없고 만날 수도 없다."

시민 대표 측에서는 수습위원회 대변인 김성용 신부가 주로 이야기했다.

"이렇게 엄청난 일을 벌여 놓고 대화하자면서 30분 안에 끝내자는 게 말이 되는가? 방송에다 계속 광주 시민들을 '폭도'라고 하면 되겠나? 왜 폭도라고 하는가? 왜 우리가 폭도인가? 당장 그런 말 쓰지 마라. 광주 시내에 절대로 군인들이 들어오면 안 된다. 수습을 하더라도 경찰이 나서서 하라. 어떻게 주인인 우리 국민들이 사준 총칼을 가지고 이렇게 할 수 있는가?"

그러자 배석한 준장 한 명이 벌떡 일어나 뚜벅뚜벅 앞으로 걸어 나오더니 "더러워서 못 듣겠네!" 하면서 문을 쾅 닫고 나가 버렸다. 분위기가 싸늘해졌다. 그 사람이 나간 후 김 소장은 "그동안 네 차례에 걸쳐 협상을 했고 이번이 마지막이니 제발 무기를 반납하고 시위를 중단하라"고 간절히 요구했다.

그제야 수습위원들은 계엄군이 오늘 중에 '도청 소탕 작전'에 들어간다는 사실을 눈치챘다. 김 소장은 밤 12시까지 수습하지 않으면 군대가 들어갈 수밖에 없다며 최후통첩을 했다. 수습위원들은 5개 항목의 요구조건을 제시했으나 아무것도 받아들여지지 않았다. 김 신부는 이 상황이 절망스러웠다.[96]

신군부 수뇌부는 이미 5월 27일 새벽 0시 1분 이후 '상무충정작전', 즉 유혈 소탕 작전을 결정한 상태였고, 26일 아침 이 방침에 따라 전교사에서는 작전회의가 열렸다. 병력 이동과 장갑차, 헬기 지원 등 구체적인 작전 지시가 내려가고 있었다. 이미 진압 작전이 시작된 상황에서 협상은 의미가 없었다. 김성용 신부는 이날 계엄사와 협상하면서 다음과 같이 비망록을 작성했다.

"상무대를 빠져나오는 수습위원들의 발걸음은 천근만근이었다. 더 이상 할 말도 없었다."

2) 복면 쓴 시민군

26일 새벽 계엄군이 시내로 진입한다는 소식에 기동순찰대 양기남, 임성택, 구성회는 군용 지프를 타고 농성동으로 출동했다. 그들은 21일 전투경찰이 도청에서 철수할 때 버리고 간 군복과 방석모, 그리고 25일 도청에서 지급받은 마스크를 착용한 상태였다. 그들이 농성동 한전 앞에서 계엄군과 대치하고 있을 때 독일인 기자가 다가와 서툰 한국말로 '사진 찍어도 되느냐'고 묻자 '찍어도 좋다'고 허락했다. 외신 기자가 '마스크를 벗어 달라'고 했지만, 그들은 신분 노출을 꺼려 마스크를 벗지는 않았다.

사진의 오른쪽에 앉은 시민군은 왼손을 주먹 쥐듯 약간 구부리고 있다. 그 주인공이 임성택이다. 임성택은 어릴 적 사고로 왼손 새끼손가락을 잃었다. 그 후 잘린 손가락을 보여주기 싫어서 습관적으로 왼손을 주먹을 쥐듯 해서 감추는 습관이 남게 되었다. 그날 외신 기자가 찍은 사진, 짙은 녹색 군복을 입은 채 전투경찰의 방석모를 쓰고, 군용 지프에 올라 카빈총을 내밀고 있는 두 명의 시민군 사진은 5·18을 상징하는 모습의 하나가 되었다. 최근 일부 극우 선동가들은 이 사진의 주인공이 '북한 특수군'이라고 주장하는데, 당사자 임성택은 터무니없는 역사 왜곡에 분연히 맞서겠다는 입장이다.[97]

3) 외신 기자 회견

26일 오후 5시경 외신 기자 회견이 윤상원 대변인 주관으로 도청 본관 2층 대변인실에서 열렸다. 계엄군 진입이 확실시되는 시점인 데다 '수습위원회'에서 '민주투쟁위원회'로 바뀐 항쟁지도부가 공식적으로 가진 첫 기자회견이라 큰 관심을 끌었다. 기자출입증 20여 매가 외신 기자들에게만 발부되어 세계의 이목이 광주로 집중된 상황이었다. 대변인실 앞에는 전남대 학생 김윤기와 안길정, 박종섭(19세)이 카빈 총을 들고 경비를 섰다.[98] 외신 기자만을 대상으로 한 공식적인 기자회견으로는 처음이자 마지막이 되고 말았다. 그 자리에는 〈뉴욕 타임스〉 동경지국장 헨리 스콧 스토크스, 〈뉴욕 타임스〉 서울 특파원 심재훈, AP통신의 테리 앤더슨, 〈요미우리 신문〉의 마츠나가 세이타로, 독일 NDR 방송 힌츠페터, 〈볼티모어 선〉의 브래들리 마틴, 〈쥐트도이체 차이퉁〉의 게브하르트 힐셔 등 10여 명이 참석하였다. 통역은 미국인이면서 순천에서 태어나고 자란 선교사 집안의 인요한(John Linton, 22세, 연대 의대 1학년)이 맡았다.[99] 그는 개인적 호기심에서 '미국대사관 직원'이라고 신분을 속인 채 광주로 들어왔다가 우연히 외신 기자 회견 통역을 맡게 되었다. 헨리 스콧 스토크스 기자는 이때의 도청 분위기를 이렇게 떠올렸다.

"대학생 지도자들은 몹시 지치고 대단히 어려 보이는 젊은이들로, 무기를 어떻게 다루어야 좋을지도 모르고 있었다. 우리가 대변인을 만나러 방으로 가 보니 그들은 카빈 총을 마치 장난감 총이나 되는 듯이 벽에다 기대놓고 있었다. 과연 안전장치는 제대로 해놓은 것일까?"[100]

대변인 윤상원은 새로 구성된 '민주투쟁위원회'의 입장과 계엄분소와의 협상 결과, 피해 상황 등을 간략히 브리핑했다. 외신 기자들에게 특별히 두 가지 사항을 협조해 달라고 요청하였다. 글라이스틴 주한 미국대사와 연결해 달라는 것과 국제 적십자사에 구호를 요청해 달라는 것이었다. 윤상원은 "우리가 오늘 설령 진다고 해도 영원히 패배하지는 않을 것"이라는 말로 회견을 마무리했다. 3시간 동안 통역한 인요한은 자신도 모르게 '눈물'을 흘렸다. 인요한이 그때 느낀 광주 분위기는 '폭도의 도시'가 아니라 '마치 거대한 장례식장' 같았다. 인요한은 윤상원이 그때 한 말을 다음과 같이 생생하게 기억하고 있다.

"북쪽을 향해야 할 군인들의 총이 왜 남쪽을 향하고 있는지 모르겠다. 상황이 어렵다. 식량이 떨어져 가고 있고, 물도 바닥나고…. 우리는 빨갱이가 아니다. 우리는 매일 '반공 구호'를 외치고 시작한다. 그렇게 몰고 가지 마라. 억울하다."

윤상원은 기자회견이 끝난 후 〈뉴욕 타임스〉의 헨리와 심재훈을 별도로 만나자고 했다. 주한 미 대사와의 면담을 주선해 달라는 요청 때문이었다. 그는 "전두환과는 협상하지 않겠다"고 단호히 말했다. 시민군 메신저 역할을 해달라는 윤상원의 제안에 심재훈과 헨리는 난감했다. 인터뷰가 끝난 후 둘은 이 문제를 가지고 토론했다. 기자가 아니라면 글라이스틴을 직접 만나 호소하고 싶은 마음이었지만 그럴 수는 없다고 판단했다.

외신 기자들은 대변인 윤상원에 대해 강렬한 기억을 갖고 있었다. 〈뉴욕 타임스〉 헨리 스콧 스토크스는 그에 대해 "순수한 제퍼슨식 민주주의자"로 보였다고 술회하였다. AP통신 테리 앤더슨은 "열정과 설득력 있는 주장을 편 시민군"으로 기억했다. 미국 〈볼티모어 선〉의 브래들리 마틴이 송고한 5월 28일자 1면 머리기사 제목은 이렇게 시작되었다.

"항쟁자의 눈빛은 차분했다. 그러나 죽음을 예고하고 있었다."

훗날 그는 1994년 월간 〈샘이 깊은 물〉에 당시 상황을 다음과 같이 기고하였다.

"나는 이미 그(윤상원)가 죽을 것임을 예감했다. 그 자신도 그것을 알고 있는 듯했다. 표정에는 부드러움과 친절함이 배어 있었지만,

시시각각 다가오는 죽음의 그림자를 읽을 수 있었다. 지적인 눈매와 강한 광대뼈가 인상적인 그는 '최후의 한 사람까지 싸울 것입니다' (We will fight until the last man)라고 했다." [101]

4) 마지막 회의

오후 6시 도청 부지사실에서 수습위원회의 마지막 회의가 열렸다. 이종기 변호사, 오병문 교수, 김재일, 장세균 목사, 조비오 신부, 조아라 회장, 이애신 총무, 황금선, 구성주, 김화성, 정상용, 김종배, 김창길 등이 모였다. 이 자리에서 김창길이 "오늘 낮에 계엄분소에 다녀왔는데, 계엄군은 오늘 자정까지가 무기 반납 시한이니 빨리 무기를 반납해야 한다"고 말했다. 정상용이 반대 의견을 피력했다.

"지금에 와서 싸움을 멈추자고 하는 것은 너무나 굴욕적이다. 광주 시민의 피를 팔아먹는 행위다. 우리는 매일 궐기대회에서 시민들의 함성을 듣지 않았는가? 목숨이 다할 때까지 싸워야 한다. 계엄사에서 우리의 요구조건을 들어준 것이 무엇이냐? 아무것도 없지 않느냐? 이런 상황에서 어떻게 항복을 한단 말인가? 더구나 미국이 항공모함을 이동시켰다. 이제 며칠만 더 버티면 승리는 우리의 것이다."

김종배도 "지금 총기를 반납하라면 우리보고 전부 죽으란 말이냐. 나는 여태까지 시민들의 의사에 따라 행동하여온 것"이라며 반대했다.

그렇게 옥신각신하던 중 김창길이 계속해서 무기 반납을 주장하자 상황실장 박남선과 기동타격대장 윤석루가 나타나 권총을 뽑아들면서 "싸울 사람만 남고 항복할 사람은 나가라"고 강경하게 요구했다. 그러자 김창길과 황금선 등 무기 반납을 주장하던 사람들이 회의실을 떠났다.

4-10. 열째 날(5월 27일)

1) 계엄군의 도청 진압 작전[102]

공수부대의 특공조는 26일 오후 6시에 도청의 항쟁지도부를 '소탕'하기 위한 예행연습을 완료했다. 이들은 밤 11시경 이동을 시작, 27일 새벽 1시 30분을 전후하여 조선대 뒷산에 집결, 작전 계획을 최종 점검한 후 3시와 3시 30분경에 각기 도청, YWCA, 전일빌딩, 관광 호텔 등 목표지점을 향해 은밀히 침투해 들어갔다.

도청 진압 특공조는 조선대학교 뒷산에서 작전 계획을 최종 점검한 뒤 각기 목표지점을 향해 은밀히 침투해 들어갔고, 다른 공수부대의 지역대들도 시내 주요 지점을 향해 골목길을 타고 침투하기 시작했다. 또한 광주시 외곽에 봉쇄선을 펴고 있던 20사단은 새벽 3시 30분까지 사단의 전 병력이 중심가를 포위한 공격 개시선으로 이동하여 포위망을 압축하였다.

계엄군은 작전이 시작되기 직전 광주시와 전남 일원 사이의 전화를 두절시켰고, 곧이어 시내전화선도 모두 차단해 버렸다. 전화가 끊어지기 전 시민들의 제보로 계엄군의 진입이 시작되었다는 것을 알게 된 항쟁지도부는 도청에 비상령을 내렸고 조용히 최후의 항전을 준비하고 있었다. 홍보부에서는 마지막 순간까지 이 사실을 시민들에게 알려야 한다고 결정했다. 박영순과 이경희가 마지막으로 방송을 했다.

"시민 여러분, 지금 계엄군이 쳐들어오고 있습니다. 사랑하는 우리 형제, 우리 자매들이 계엄군의 총칼에 숨져가고 있습니다. 우리 모두 계엄군과 끝까지 싸웁시다. 우리는 광주를 사수할 것입니다. 우리는 최후까지 싸울 것입니다. 우리를 잊지 말아 주십시오…."

그녀들의 애절한 부르짖음은 그 후 오랫동안 광주 시민의 뇌리를 떠나지 않고 기억 속에 남게 되었다. 상황실에는 시시각각 계엄군의 진입 현황이 보고되어 들어오고 있었다. 새벽 4시가 지나면서 총성이 울리기 시작했다. 도청의 시민군은 도청 전면과 측면에 2~3명씩 1개 조로 담장을 따라 배치되었고, 도청 안에는 1층부터 3층까지 유리창 옆에서 광장을 내려다보고 있었다. 3여단 특공조는 4개 조로 나뉘어 도청을 포위했다. 도청 뒷담을 뛰어 넘어온 특공조가 명렬히 총을 쏘아대자 곧이어 사방에서 총탄이 쏟아졌다. 특공조는 도청 내부로 돌격하여 각 방의 문을 걷어차면서 닥치는 대로 총을 쏘았고 도청은 삽시간에 아비규환을 이루었다.

총소리와 비명이 난무한 가운데 인기척이 나는 곳에 무조건 총격을 가했다. 그야말로 '폭도 소탕 작전', 바로 그것이었다. 동이 터오기 시작하는 27일 오전 5시 10분경 YMCA, YWCA, 계림초등학교, 전일빌딩, 관광호텔 등이 이미 계엄군에 의해 완전히 진압당했고 도청을 마지막으로 최후의 항전은 끝났다. 완전히 소탕했음을 확인한 3공수 특공조는 20사단에게 도청을 인계한 후 광주비행장으로 돌아갔다.

항쟁의 피로 물든 아침이 밝아 왔다. 생존자는 '총기 소지자', '특수 폭도' 등으로 분류되어 군부대로 이송되었다. 계엄군은 작전을 개시한 지 약 1시간 30분 만에 모든 것을 마무리짓고 항쟁을 진압하였다. 이로써 1980년 5월 광주 민중의 열흘간에 걸친 무장투쟁 역사의 막이 내렸다.

2) 마지막 방송

앞에서도 언급했지만, 새벽 3시 50분쯤 도청 옥상의 고성능 스피커에서는 애절한 여성의 목소리가 흘러나왔다. 박영순은 도청 상황실 내 방송실에서 마이크를 잡고 터져 나오는 오열을 삼키며 원고를 읽어 내려갔다.

"시민 여러분, 지금 계엄군이 쳐들어오고 있습니다."

깊은 잠에서 깨어난 시민들은 그녀의 목소리를 듣고서도 밖으로 달려나갈 수 없었다. 죽음이 두렵지 않은 사람은 없었다. 이날 새벽 그 여인의 피맺힌 절규는 광주 사람들의 가슴속에 비수처럼 꽂혔다.

김종배 위원장이 급히 방송실로 와서 계엄군이 쳐들어오고 있다면서 메모지 한 장을 건네주며 그녀에게 방송을 요청했다. 메모지를 받아드는 순간 그녀는 온몸이 사시나무 떨듯 떨렸고 자신도 모르게 눈물이 흘러내렸다. '이제 마지막이구나' 싶은 생각이 들었다.[103] 〈뉴욕 타임스〉 기자 헨리 스콧 스토크스는 도청으로부터 2백 미터 가량 떨어진 여관에서 스피커에서 흘러나오는 그녀의 목소리를 들었다. 무슨 말인지 내용을 구체적으로 알아들을 수는 없었지만 이 외국인 기자에게 그녀의 목소리는 전율스럽게 들렸다.[104]

그녀가 네댓 차례를 반복해서 방송 원고를 읽던 중 갑자기 도청 내부의 전등이 모두 꺼져 버렸다. 그 순간 마지막 방송도 끊겼다. 4시 정각 계엄군의 침투가 확실시되자 민원실 건물 2층 강당에 있던 이양현이 도청 전체의 전원 스위치를 내려 버린 것이다.

3) 도청 뒤쪽에서 기습 공격

새벽 4시 직전 3공수여단 11대대 1지역대 선발대가 전남도청 후문에 도착하였다.[105] 그들은 조선대 운동장을 가로질러 도내기시장-순환도로-철도-기계공고-노동청을 거쳐 도청까지 은밀하게 접근했다. 도청 스피커에서 계엄군의 진입을 알리는 여성의 목소리가 들려왔다. 후문과 좌·우측 담벼락 등 세 방향에서 동시에 기습 침투하되, 정문은 시민군 방어가 견고할 것이라고 예상하여 맨 나중에 공격한다는 계획이었다. 그러나 아직 후미가 완전히 도착하지 않았다. 육○○ 대위가 이끄는 4중대는 뒷담을 넘어 전남도 경찰국 건물을 점령하기로 되어 있었다.[106] 4시 10분경 시민군이 눈치채지 못하게 정문 쪽만 제외하고 도청을 공수부대가 완전히 에워싸면서 공격 개시 준비가 완료되었다.

4) 도청 민원실

윤상원, 김영철, 이양현은 비상이 걸리자 도청 정문 옆 수위실에서 다른 사람들과 마찬가지로 총과 탄환을 지급받은 다음 식당으로 사용되던 북쪽 민원실 2층 강당으로 올라갔다. 이 건물 지하에는 무기고가 있어서 이곳을 지키는 것이 중요하다고 판단했다. 평소 머물던 본관 건물을 떠나 민원실 건물을 방어하기로 작정한 이유다. 계엄군 역시 지하 무기고의 중요성 때문에 3공수여단 11대대 1지역대 가운데서도 최정예 특공대를 민원실 건물에 투입했다.

민원실 2층 강당 앞 복도에서도 모두 정문 방향으로 총을 겨누고 있었다. 후문 쪽에서 총소리가 요란했다. "도청 후문이 무너졌다." 이양현, 김영철, 윤상원은 강당 맞은편을 가로질러 후문 방향 도경으로 연결된 구름다리 쪽으로 이동했다. 강당 뒤편 복도와 경찰청 건물은 손을 내밀면 닿을 듯 가까웠고 2층에서 통로로 연결되어 있었다. 그런데 그때 경찰청 건물에서 불이 번쩍하며 총성이 들려왔다. 그 순간 윤상원이 '아이쿠' 소리를 내며 그 자리에서 픽 쓰러졌다. 김영철과 이양현 둘이서 쓰러진 윤상원을 강당 안쪽 가운데로 옮겨 타일 바닥에 눕혔다. 이양현이 이불로 감싸 주었을 때 윤상원은 이미 의식을 잃은 듯 전혀 미동조차 없었다.

제4장 주

1) 이광호(1959년생), '현사연 1024 증언', 한국현대사사료연구소 엮음,《광주오월민중항쟁사료전집》, 풀빛, 1990.
2) 김영택,《5월 18일 광주》, 역사공간, 2010, p.253.
3) 계엄사령부〈계엄일지〉및 육군 본부 제2군지구 계엄사령부〈계엄상황일지〉1980년 5월 18일 일지.
4) 보안사령부〈광주 소요 사태 진행 상황〉1980년 5월 18일 일지: 국방부 과거사진상규명위원회 엮음,《12·12, 5·17, 5·18사건 조사결과보고서》, p.63.
5) 정웅 증언, 국회〈5·18광주민주화운동진상조사 특별위원회 회의록〉제21호, 1988.
6) 김후식(남, 1941년생), '현사연 3065증언', 한국현대사사료연구소 엮음, 앞의 책.
7) 김결(남, 1937년생, 자영업), '현사연 4015 증언', 앞의 책, 풀빛, 1990.
8) 안부웅, '서울지방검찰청 피의자 신문조서 (4회)', 1995.
9) 차종환, 에드워드 구,《5·18민주화운동 이야기》, 2011, pp.118-120.
10) Tim Shorrock, "Kwangju Diary: The View from Washington", Jae-eui Lee, Kwangju Diary, UCLA 1999, p.160.
11) 고규석의 사인은 '흉부 관통 총상'(광주지방검찰청〈5·18 관련 사망자 검시 내용〉, 1989. 2, No.98)이며, 임은택은 '좌대퇴부, 우측견갑부, 우하퇴부 관통 총상' (광주지검〈5·18 관련 사망자 검시 내용〉, No.96)으로 인해 사망했다.
12) 이승을 증언, 국회〈5·18 광주민주화운동진상조사특별위원회 현장검증소위원회 회의록〉제5호, 1989. 3. 14, pp.8-10.
13) 김성수의 부인 김춘화는 1985 병원에서 딸 김내향의 휠체어를 밀던 중 오토바이 교통사고를 당해 사망했다. 기록에 따라 '김춘아'로 표기된 경우도 있다.
14) 김성수(1934년생, 운수업, 진도) 증언, '5·18 피해자 구술자료 조사, 채록번호 1-099', 5·18 기념재단 1999.
15) 교도소 근처에서 피해를 입은 시민들의 증언에 따르면, 그들은 대부분 교도소를 공격하지도 않았고, 공격할 의도도 없던 것으로 보인다. 단지 고속도로를 이용하여 담양 등 타 지역으로 나가려 한 것인데, 3공수여단이 총격을 가해 사상자가 발생했다. 때문에 3공수여단의 행위는 "교도소를 방어하기 위한 정당행위가 아니다"라는 주장이 제기되었다. 오히려 '광주 외곽 봉쇄' 작전을 수행하는 과정에서 '부당하게 무력을 행사한 과잉 진압 행위'로 보아야 한다는 것이다(검찰 '상고이유서', 1997. 1. 16). 5·18 재판 1심 판결문(1996. 8. 26)에서는 '광주교도소에 접근한 시위대 6명과 교전'을 벌인 것을 계엄군의 '내란 목적 살인'으로 판시하였다. 그러나 항소심(1996. 12. 16)은 이 대목에 대하여 원심을 파기했다. 무장한 시위대가 교도소를 공격한 것은 불법행위이며, 교도소와 같은 국가중요보안시설을 방어하는 계엄군의 행위는 정당하다는 요지였다.
상고심 판결(1997. 4. 17)에서도 항소심의 입장이 유지되었다. 비록 광주 시민의 시위가 '헌법을 수호하기 위하여 결집한 헌법제정권력의 일부'라고 할지라도 이는 헌법수호운동의 한계와 방어 목적을 벗어난 것으로 보았다. 그러나 이 판결은 '무장하지 않은 시민'과 교도소 '공격 의도가 없던 무장시위대'에게까지 계엄군이 무차별 발포한 것을 정당화하지는 못한다. 오로지 '교도소를 공격할 의도'를 가진 무장시위대가 실제로 교도소에 대해 공격 행위를 했다는 사실을 입증할 수 있을 때만 계엄군의 발포가 정당하다. 2심 재판부는 이 점에 대해 계엄군 현장 지휘관의 주장만 일방적으로 받아들였다. 정작 피해 당사자인 광주 시민들의 이야기는 들어보지도 않았다는 한계를 안고 있다.

16) 대한민국재향군인회 엮음, 《12·12, 5·18실록》, 257~58면
17) 서울지방법원 〈12·12, 5·18 1심 선고 판결문〉, 1996. 8. 26.
18) 안부웅 '서울지방검찰청 피의자 신문조서(3회)', 1995.
19) 광주시청이나, 동구청 등 행정관서의 자료에는 분명히 존재하는 상황을 정작 발포 당사자인 군 기록에서는 찾아볼 수 없다. '군 기록의 신빙성'을 의심할 수밖에 없는 이유다. 3공수여단은 20일 밤 광주역에서, 11공수여단은 21일 오후 1시 이후 도청 앞에서 집단 발포를 하였다. 그로 인해 광주 시민 수십 명이 사망하고, 그보다 훨씬 많은 숫자가 총상을 입었다. 그럼에도 불구하고 대부분의 군 기록에서는 발포 사실을 전혀 발견할 수 없다. 신군부가 진실을 은폐하기 위해 벌인 사실 왜곡과 기록 조작을 단적으로 보여주는 사례다. 신군부는 발포의 구체적인 증거를 5공화국 8년 동안 대부분 없애 버렸다. 5·18을 왜곡하는 사람들은 이런 군 기록이 마치 사실인 양 전제하는 오류를 범하고 있는 것이다.
20) 정호용(특전사령관) 증언, 이태원 기자 인터뷰 "정호용, 광주사태 책임을 밝히다", 〈월간 경향〉 1989년 5월호.
21) 발포 명령과 관련, 당시 김기석 전교사 부사령관은 국회 광주 청문회에서 "그 당시에 그 사령관(정호용 특전사령관)은 진압을 위해서 내려온 사람"이라며, 이 과정에서 "사격을 하라는 그런 지시는 실제 작전 부대장한테 있는 것 아니겠느냐"며 사실상 정호용 사령관을 지목했다. 또한 김기석 부사령관은 "절대로 발포하지 말라"고 엄명했으며, 이 지시는 "5월 21일 20:30 계엄사령관의 지시에 의거한 자위권 행사 지시가 있을 때까지 유효한 것"이었다고 진술했다(김기석 '서울지방검찰청 진술조서', 1995).
22) 서울 고등법원 〈12·12, 5·18 항소심 선고 판결문〉, 1996. 12. 16 항소심 판결문은 '범죄 사실'을 1. 군사반란 2. 내란으로 구분하고 있다. 이 가운데 '2. 내란'의 '가. 국헌문란의 목적'의 '③ 헌법제정권력에 대한 강압'에서 "비상계엄을 전국으로 확대하고, 국회를 봉쇄하며, 정치 활동을 금지하고, 주요 정치인들을 구속한 행위에 대하여 이를 강력히 항의하고, 그 시정을 요구하는 광주 시민들의 시위를 피고인들이 공수부대 병력을 동원하여 난폭한 방법으로 분쇄한 행위도 국헌문란에 해당한다"고 판시했다.
대법원(〈12·12, 5·18 상고심 선고 판결문〉, 1997. 4. 17)은 "피고인들이 1980. 5. 17.

24시를 기하여 비상계엄을 전국으로 확대하는 등 헌법기관인 대통령, 국무위원들에 대하여 강압을 가하는 상태에서, 이에 항의하기 위하여 일어난 광주 시민들의 시위는 국헌을 문란하게 하는 내란 행위가 아니라 헌정질서를 수호하기 위한 정당한 행위였음에도 불구하고 이를 난폭하게 진압함으로써, 대통령과 국무위원들에 대하여 보다 강한 위협을 가하여 그들을 외포하게 하였다면, 이 사건 시위 진압 행위는 국헌문란에 해당하고, 이는 피고인들이 국헌문란의 목적을 달성하기 위한 직접적인 수단이었다"고 최종 판결을 내렸다.

23) 자위권이란 '국가의 안전과 국민의 생명 및 재산을 보호함에 있어 급박 부당한 위해를 제거하기 위하여 부득이 실력을 행사하여 방위하는 권리'이다(계엄훈령 제11호, 1980. 5. 22).

24) 육군본부 제2분사령부 〈광주권 충정작전간 군 지시 및 조치사항〉, 1980. 윤흥정의 진술에 따르면, 현장의 최세창 등이 광주역 현장의 발포 사실을 은폐, '공포'라고 둘러댔기 때문에 발포의 진위나 정확한 규모를 알 수 없었다. 그날 밤 발포 금지 등의 지시를 내린 곳은 전교사가 아니고 2군사령부이다.

25) 회의 참석자는 이희성(육군참모총장), 황영시(육군참모차장), 나동원(계엄사 참모총장, 김재명(육본 작전참모부장), 김을곤(계엄사 계엄처장) 등이었다(국방부 과거사진상규명위원회 엮음, 앞의 책 p.83). 이 회의에서 자위권 문제를 본격 거론한 사람은 참모차장 황영시였다. 보안사령관 전두환이 광주역 앞 발포 행위를 사후에 합리화하고 조속한 시위 진압을 위해 참모차장 황영시를 통해 이 회의에서 자위권 발동 방침이 세워지도록 요구하였다(서울지방검찰청·국방부검찰부 〈5·18 관련 사건 수사결과 보고〉, 1995. 7. 18, p.36; 〈자위권 발동 보안사 주도… '12·12 '5·18' 7차 공판〉, 〈한국일보〉 1996년 5월 7일자).

26) 육군본부 전투교육병과사령구 〈소요 진압과 그 교훈〉, 1981, pp.61~62; 김영진 《충정 작전과 광주항쟁》 상, 동광, 1989, p.224 재인용. 5월 21일 상오, 계엄사 대책회의 결정 사항은 "계엄군을 광주 시내로부터 외곽으로 전환 재배치, 자위권의 발동, 1개 연대를 추가 투입, 폭도 소탕 작전은 5월 23일 이후 명에 의해 실시" 등 네 가지 사항이었다.

27) 검찰이 "5월 21일 9시경 육본 계엄사령관실에서 진술인의 주재로 열린 계엄사 대책 회의에서 계엄군을 광주 시내로부터 외곽으로 전환 재배치하고, 1개 연대 추가 투입, 폭도 소탕 작전은 5월 23일 이후 의명 실시하며, (…) 자위권 발동을 하기로 한 인용자 결정에 따라 '오전 10시 49분' 계엄사령관인 진술인이 자위권 보유를 천명한 사실이 있는가요?"라고 묻자, 이희성은 "예"라고 시인했다(서울지법 형사합의 30부 법정에서 열린 12·12, 5·18 7차 공판에서 있었던 검찰의 심문에 대한 이희성의 답변, 〈한국일보〉 1996년 5월 7일자).

28) 육군본부 제2군사령부 〈광주권 충정작전간 군 지시 및 조치사항〉, 1980; 국방부 과거사진상규명위원회 엮음, 앞의 책 83면 재인용. 2군사령관 진종채가 '자위권 발동'을 건의한 것과 달리 정웅 31사단장은 21일 오전 10시경 전교사를 통해 계엄사령

부에 "시위대의 주장 내용이 정치적인 것이므로 물리적인 수습보다는 정치적인 수습이 최선이라는 내용의 사태 수습방안을 건의"했다. 하지만 정웅의 건의는 받아들여지지 않았다(서울지방법원 〈12·12, 5·18 1심 선고 판결문〉, 1996. 8. 26).
29) 육군본부 제2분사령부 〈광주권 충정작전간 군 지시 및 조치사항〉, 1980(이 기록은 보안사령부 엮음 《제5공화국 전사》 4권, 1982, pp.1753~54에 전재됨). 2군사령부가 작성한 이 기록에는 "전 각하(전두환으로 추정됨-인용자): 초병에 대해 난동 시 군인복무 규율에 의거, 자위권 발동 강조"라고 손으로 쓴 글씨가 있다.
이 회의에는 국방부 장관 주영복, 육군참모총장 이희성, 2군사령관 진종채, 합동수사본부장 전두환, 수도경비사령관 노태우, 특전사령관 정호용, 육사 교장 차규헌이 참석하였다(이상 지위, 이름순으로 표기). 회의가 열린 곳은 국방부장관실이며 시간이 명기되어 있지 않은데, 이 수기 메모가 '20일 23:20 작전 지침 추가'(작상전 444호) 옆쪽에, 2군사령관의 21일 일정 앞쪽에 적혀 있는 정황으로 보아, 21일 오전(또는 그 이전)에 작성된 것을 암시하는 게 아닌가 짐작된다.
한편 이 사료에는 진종채의 자위권 발동 건의 시각이 밝혀져 있지 않으며 국방부 장관실에서의 자위권 결정이 21일 오후 2시 30분 이후에야 이루어진 것처럼 기록되어 있다. 광주역과 도청 앞 발포 책임을 호도하기 위해 의도적으로 시각을 삭제했거나, 시민군의 무장 뒤에야 자위권이 수세적으로 발동된 것인 양 꾸미기 위해 군부의 자위권 발동 결정회의가 21일 오후 2시 30분 이후에 이루어진 것으로 나중에 조작한 것이라고 판단된다. 이에 대해서 5·18 사건의 1심 재판부는 21일 새벽 4시 30분 회의에서 전두환이 황영시를 통해 자위권 발동 결정을 얻어내도록 강요했다고 판단하였다(《한국일보》 1996년 5월 7일자). 자위권 발동 결정이 오전에 이루어졌다는 사실은 이상에서 본 이희성의 진술조서에서 명확히 확인할 수 있다.
30) 오후 4시 35분 회의에는 보안사령관 대신 보안사에서 보안처장 정도영이 참석하였다(서울지방법원 〈12·12, 5·18 1심 선고 판결문〉, 1996. 8. 26).
31) 계엄사령관 경고문. 대한민국재향군인회 엮음, 앞의 책, p.286.
32) 서울지방법원 〈12·12, 5·18 1심 선고 판결문〉, 1996. 8. 26.
33) 대한민국재향군인회 엮음, 앞의 책 p.289.
34) 백남이(전교사 작전참모) 증언. "5·18 진상을 캔다", 〈중앙일보〉 1993년 5월 15일자.
35) 대한민국재향군인회 엮음, 앞의 책 pp.272~74.
36) 국방부 과거사진상규명위원회 엮음, 앞의 책 p.101.
37) 이광영(남, 1953년생, 승려) '현사연 5043 증언', 같은 책.
38) "열여덟 살 꽃다운 금희의 죽음", 5·18 민주유공자유족회 엮음 《그해 오월 나는 살고 싶었다》 1권, 2005, p.147.
39) 조비오 신부는 국회 광주청문회(1988)에서 기총소사 목격 사실을 공개적으로 증언했다. 청문회 증언 이후 육군본부와 민정당에서 위증 혐의로 고발까지 하는 등 협박과 공갈이 쏟아졌다. 조 신부는 군은 "무장하지 않은 민간인을 향해 첨단 무기인 헬기로 발포했다는 사실이 불명예라고 여기고 있기 때문에 엄연한 사실을 인정

하지 않고 있다"(조비오 "죽음의 피는 헛되지 않을 것이다", 5·18기념재단 엮음,《구술생애사로 본 5·18의 기억과 역사 5-천주교편》, 2013, p.105)고 말했다.
40) 아놀드 A. 피터슨《5·18 광주사태》, 정동섭 옮김, 풀빛 1995. 피터슨 목사는 "광주민주화운동 10일간 자신이 목격한 모든 사건들 중에서, 군중을 향해 헬리콥터에서 군인들이 발포하는 모습이 가장 잔인해 보였다"고 말했다. 군사 전문가들은 사진에서 보이는 헬기 하단 불빛은 "기관총 사격 때 발생되는 섬광이 아니라 헬기에 부착된 충돌방지등"에서 나온 것이라고 주장했다.
41) 천주교 광주교구 정의평화위원회가 헬기 기총소사와 관련하여 1995년 6월, 서울지방검찰청에 제출한 목격 증언자들은 정낙평(문화재 매매업, 광주경찰서 부근 목격) 외 11명이다(서울지방검찰청·국방부검찰부〈5·18관련 사건 수사결과 보고〉, 1995. 7. 18). 이들에 앞서 허춘섭(23세, 금남로에서 목격) 등 4명 이상이《광주오월민중항쟁사료전집》(한국현대사사료연구소 엮음, 풀빛 1990)에 기총소사 현장을 목격하거나, 혹은 기총소사 소리를 들었다고 증언 기록을 남겼다.
42) 2016년 12월 옛 전남도청 앞 전일빌딩 10층벽과 기둥, 바닥에서 50여 발의 총탄 흔적이 발견되었는데, 국립과학수사연구원 공식 감정보고서에서 "금남로 전일빌딩 외벽과 내부에서 발견된 180여 개의 탄흔은 헬기가 호버링(공중정지) 상태에서 고도만 상하로 변화하면서 사격한 상황이 유력하게 추정된다"(〈국민일보〉2017년 1월 13일자)고 밝혔다. 이와 더불어 벌컨포 기관총 M16 또는 M197 사격 때 사용된 것으로 추정되는 탄피(길이 20밀리미터) 3점도 광주 외곽의 나주로 가는 효천역을 지난 지점인 '한두재'에서 발견되어 공격용 헬기에서 기관총으로 연달아 '기총소사'를 한 게 아니냐는 의구심을 불러일으켰다(정대하 "5·18 진압군 '헬기 기총소사 추정 탄피' 첫발견",〈한겨레〉2017년 2월 16일자).
43) "맑은 오월, 푸른 십대의 죽음", 5·18 민주유공자유족회 엮음,《그해 오월 나는 살고 싶었다》. 전영진의 사인은 '우측 두부 총상'이다.
44) 이광영, '현사연 5043 증언', 한국현대사사료연구소 엮음, 앞의 책. 이광영은 그때 입은 총상으로 반신불수로 살아가며 고통스러움 때문에 수차례 자살을 기도했다.
45) 김광영(남, 1951년생, 동구청 미화원), '현사연 3083증언', 같은 책.
46) 보성건설은 정상용(항쟁지도부의 외무담당 부위원장)이 직원으로 근무하던 회사였다. 이양현과 정상용은 함평으로 가서 숨어 있다 다음날 공수부대가 광주에서 퇴각했다는 소식을 듣고 곧바로 계엄군의 삼엄한 외곽봉쇄선을 뚫고 다시 광주로 들어왔다. 그 후 윤상원 등과 만나 항쟁지도부 구성에 앞장선다.
47) 정현애는 그때부터 민주화운동에 연루된 구속자 가족, 들불야학 노동자들, 여성운동 관계자들과 함께 YWCA에서 시민 궐기대회 준비, 유인물 제작, 식사 제공 등 항쟁에 필요한 일들을 뒷받침했다. 그녀는 27일 아침 녹두서점에서 계엄군에 의해 연행되었다.
48) 문장우(1953년생), '현사연 2025증언', 한국현대사사료연구소 엮음, 앞의 책.
49) 최인영(1963년생), '현사연 2012 증언', 같은 책.

50) 김봉수(1953년생), '현사연 6043 증언', 같은 책.
51) 박윤선, 유재홍, 최재식 등의 〈전교사계엄보통군법회의 판결문〉(1980. 10. 24); 1. 광주광역시 5·18사료편찬위원회 엮음, 《5·18 광주민주화운동자료총서》 45권, 2007, p.182.
52) 김봉수 외 3인의 〈전교사계엄보통군법회의 판결문〉(1980. 10. 24); 같은 책, p.170.
53) 21일 나주경찰서에서는 카빈 소총 94정, 권총 25정, 공기총 151정, 금성동파출소에서는 카빈 780정, M1 235정, 실탄 4만 6,400발, 38구경 권총 12정, 4.5구경 권총 16정을 시위대가 가져갔다(육군본부 합동참모본부 〈상황보고철〉).
54) 최성무(1958년생), '현사연 6043 증언', 한국현대사사료연구소 엮음, 앞의 책.
55) 방위병이던 이재권은 21일부터 26일까지 광주에서 시민군으로 지역 방위에 참여하였다. 26일 계엄군의 진압작전 소식이 알려지자 상황을 살피러 도청에 들렀다가 자신을 찾으러 온 어머니의 손에 이끌려 다시 나주로 되돌아갔다(이재원[1959년생], '현사연 6044증언', 같은 책).
56) 이재권을 비롯 최성무, 박충호 외에도 많은 수의 나주 청년들이 시위에 참여했는데, 27일 이후 그 가운데 신분이 밝혀진 14명이 나주 지역 무기 탈취 혐의로 구속되었다(《광주매일신문》 "정사 5·18", 사회평론 1995, pp.360~62).
57) 계엄군의 광주봉쇄 작전과 발포 소식이 알려지면서 나주 시위대는 광주 진입이 어려워지자 다른 군 지역으로 돌아다니다 23일경 대부분 흩어졌다.
58) 전라남도 경찰국 〈상황일지〉, 1980; 국방부 과거사진상규명위원회 엮음 《12·12, 5·17, 5·18 사건 조사결과보고서》, 2007, p.90에서 재인용.
59) 5·18 기념재단은 '시위대의 무장 시각'에 대한 자료가 조작되었을 가능성에 무게를 두고 있다. 특히 국회 광주청문회를 대비하여 '국방부 511위원회'와 보안사 511분석반'에서 만든 자료(1988년)의 경우, 시민들의 '무장 시점'을 실제보다 앞당겨 '21일 오전'으로 표기했다. '5월 21일 오전 시민들이 카빈 소총 등으로 무장하여 먼저 군을 공격했기 때문에 공수부대가 집단 발포하게 되었다'고 주장하기 위해서다. 그러나 이와 같은 군 문서들은 사후에 조작되었을 가능성이 크다는 지적이다.
60) 전라남도 경찰국 〈나주경찰서 관내 총기 및 탄약류 피탈 조사보고〉, 1980. 6.
61) 강덕진은 이때 차량에 함께 타고 광주로 향한 사람들이 김용열, 양일봉, 노치운(광주에서 총에 맞고 사망), 최한기, 최옥기, 류충열, 장갑동 등과 고등학생 몇 명인 것으로 기억했다(강덕진 [1957년생, 운전사], '현사연 6015증언', 앞의 책).
62) 광주지방검찰청 〈광주사태 당시 학원동향〉, 1980; 최정기·유경남, 앞의 책 p.379.
63) 육군본부 제2군지구 계엄사령부 〈계엄상황일지〉; 같은 책.
64) 22일 새벽 0시에도 완도 경찰서가 파괴되었으나, 그후 시위대가 해남으로 떠난 뒤 더 이상 시위는 이어지지 않았다.
65) 해남에서의 시위는 22일 밤 31사단이 우슬재와 복평리를 차단하면서 해산되었다.
66) 육군본부 합동참모본부 〈상황보고철〉; 최정기·유경남, 앞의 책.
67) 육군본부 제2군지구 계엄사령부 〈계엄상황일지〉; 같은 책.

68) 육군본부 합동참모본부 〈상황보고철〉; 같은 책.
69) 보안사령부 〈광주사태 일일속보철〉; 같은 책.
70) 육군본부 제2군지구 계엄사령부 〈계엄상황일지〉; 같은 책.
71) 무안지역은 23일 오후 1시 30분경, "시위대가 총기 일부를 반납한 후 평온한 상태"라는 보고 이후 시위 상황이 종료되었다(육군본부 합동참모본부 〈상황보고철〉; 같은 책).
72) 같은 책, p.357.
73) 목포에서는 항쟁기간 중 재야인사와 기독교계, 학생들이 중심이 되어 독자적으로 '시민민주화투쟁위원회'를 결성하였고, 광주가 계엄군에 의해 무력으로 진압된 5월 27일까지 매일 '시민궐기대회'를 열었다.
74) 광주지방검찰청 〈광주사태 당시 학원동향〉; 최정기·유경남, 앞의 책, p.355.
75) 강주원(1960년생), '현사연 2007 증언', 한국현대사사료연구소 엮음, 앞의 책.
76) 유석(1963년생), '현사연 3115 증언', 같은 책.
77) 박병준(1963년생), '현사연 3107 증언', 같은 책.
78) 같은 책, pp.100-101, 2012.
79) 한미연합사는 5월 23일 정오, 20사단에 이어 '33사단 1개 대대'의 작전 통제권 이양 요청도 즉각 '승인'했다. 그러나 33사단은 낮 12시 25분 성남비행장에서 광주 투입을 대기하던 중 그냥 원대 복귀하였다.
80) Tim Shorrock, "Kwangju Diary; The View from Washington," Jae-eui Lee, *Kwangju Diary*, UCLA 1999, p.165.
81) 5·18 기념문화센터, 《5·18 민주화운동》, 광주광역시 사료편찬위원회, pp.102-103, 2012.
82) 위와 같은 책, pp.1-3-104, 2012.
83) 제2차 궐기대회 평가회의에서는 각자 담당할 역할을 다음과 같이 분담했다. 사회(김태종, 이현주, 엄태주), 메시지 작성(박효선, 김태종, 홍희윤, 윤기현, 이윤정, 정현애, 정유아, 최인선, 박몽구, 김선출), 모금(정현애, 임영희, 김영희 등 송백회 회원들), 궐기대회 후 가두시위 진행(이현철), 〈투사회보〉 제작(들불야학의 전용호, 박용준, 김성섭, 나명관 등), 도구 준비 및 대자보 작성(김정희, 임영희), 노래 지도(임희숙), 재야 민주 인사 섭외(정상용, 정해직)
84) 이 유인물은 조선대 졸업생 르뽀 작가 김현장(29세)이 5월 20일과 21일 광주 시내에서 자신이 직접 목격한 내용을 격정적인 문투로 작성한 것이다. 이 사건으로 수배된 김현장은 부산미문화원 방화사건(1982) 배후 조종 혐의로 투옥되었다(김현장 《빈첸시오, 살아서 증언하라-부산미문화원 방화사건의 사형수 김현장 육필수기》, 사회평론, 1994).
85) 위르겐 힌츠페터 〈카메라에 담은 5·18 광주현장〉, 한국기자협회·무등일보·시민연대모임 엮음 《5·18 특파원리포트》, 풀빛 1997, pp.119-30. 힌츠페터는 항쟁이 종료된 후 45분짜리 다큐멘터리를 별도로 제작했다. 그 다큐는 1980년대 중반 '광주민중항

쟁의 진실'이란 제목으로 성당과 대학가 등에서 비밀리에 상영되었고, 1987년 6월 항쟁의 기폭제 구실을 했다. 그 영상이 2003년 5·18 특집으로 KBS '일요스페셜'에 공개되면서 비로소 힌츠페터의 이름이 널리 알려졌다. 그는 2016년 1월 독일에서 향년 79세의 나이로 사망했다. 광주광역시는 그에게 명예시민증을 수여하였다.

86) 심재훈, 〈광주사건은 폭동이 아니라 봉기였다〉, 같은 책, pp.59-80.
87) 테리 앤더슨, 〈날아오는 총알을 피하며〉, 같은 책, pp.19-32.
88) 샘 제임슨, 〈항쟁지도부 벽에 새겨졌던 '세계평화'〉, 같은 책, pp.107-118.
89) Norman Thrope(*The Asian Wall Street Journal*), "Let's Live and Meet Again," Henry Scott-Stokes and Lee Jai Eui, eds, *The Kwangju Uprising*, M.E.Sharpe 2000, pp.117-27.
90) 게브하르트 힐셔, "광주의 불길한 징조"(《쥐트도이체 차이퉁》 1980년 5월 30일자 사설), 한국기자협회·무등일보·시민연대모임 엮음, 앞의 책, pp.91-93.
91) 앞과 같은 책, pp.104-106, 2012.
92) 〈투사회보〉 제작과 배포에는 들불야학의 윤상원, 박용준, 전용호, 동근식, 김성섭, 나명관, 윤순호, 김경국, 정재호, 이영주, 박용안, 오경민, 노영란, 조순임 등이 참여했다.
93) 전남 강진에서 출생. 당시 조선대 무역학과 3학년으로 금남로 시위를 구경하다 분노하여 시위에 적극 참여. 계엄군 퇴각 후 도청에 들어가 학생수습위원회 부위원장으로 활동하면서 김창길의 무조건적인 무기 반납 주장에 반대하는 모습이 윤상원의 눈에 띄게 되어 항쟁지도부 대표가 됨. 5월 27일 도청에서 체포되어 사형 선고를 받음, 1996년 제15대 새정치국민회의의 전국구 국회의원 역임.
94) 1971년 3월 전남대 교련 반대 학생시위에 참여하여 무기정학을 당함. 5·18 이후 전남 민주청년운동협의회 의장, 5·18 광주민중항쟁동지회 회장, 제13~14대 국회의원 역임.
95) 본명은 윤개원, 전남 광산군 임곡면 신룡리에서 출생, 전남대 정치외교학과 졸업. 재학 중 1979년 들불야학 강학으로 일반사회를 가르쳤고, 10·26사건 직후 이태복(전 보건복지부장관)이 주도한 전국민주노동자연맹 준비위에 참여. 항쟁 기간 중에는 〈투사회보〉, 〈민주시민회보〉를 발행. 5월 27일 도청에서 사망한 이후, 들불야학에서 함께 활동하다 먼저 고인이 된 박기순과의 영혼결혼식이 치러졌으며, 이들을 추모하기 위한 노래 "임을 위한 행진곡"이 만들어짐.
96) 김성용 신부 증언. 5·18기념재단 엮음, 앞의 책, p.159.
97) 임성택 증언. 정대하, 〈35년 만에 얼굴 드러낸 '복면 시민군'… "5·18 왜곡 맞서 싸울 것"〉, 〈한겨레신문〉 2015년 5월 18일자.
98) 안길정과 김윤기의 〈전교사계엄보통군법회의 판결문〉(1980. 10. 24); 광주광역시 5·18 사료편찬위원회 엮음, 앞의 책 44권, 2004, pp.194-99 및 박종섭 '전남합동수사단 조서'(1980. 5. 31); 같은 책 31권, 2003, pp.14-62.
99) 인요한(현 연세대 의과대학 교수, 세브란스병원 국제진료센터 소장) 증언, 광주

MBC, 2013. 5. 26. 그의 집안은 4대에 걸쳐 광주와 순천지역에서 선교 활동을 했다. 시민군 대변인 통역을 했다는 이유로 5·18 직후 군사정권으로부터 추방 압력을 받았다.

100) 헨리 스콧 스토크스, 〈기자 사명과 외교 요청의 갈등 속에서〉, 한국기자협회·무등일보·시민연대모임 엮음, 《5·18 특파원 리포트》, 풀빛 1997, p.40.
101) 브래들리 마틴, 〈윤상원, 그의 눈길에 담긴 체념과 죽음의 결단〉, 한국기자협회·무등일보·시민연대모임 엮음, 앞의 책, p.131.
102) 앞과 같은 책, p.108, 2012.
103) "가두방송을 듣고 도청을 향하여 집을 뛰쳐나온 젊은이들이 계엄군들의 포위망에 걸렸다. 그들은 어둠 속에서 도청 주위를 맴돌다가 수백 명이 체포되고, 달아나던 사람들은 가차없이 사살되었다"(《죽음을 넘어 시대의 어둠을 넘어》, 초판, p.241)라고 기록되어 있으나 이는 사실과 다른 것으로 확인되었다. 실제로는 이 시각 도청으로 향한 청년들은 거의 없었다는 사실이 이후 각종 증언들을 통해 확인되었다. 마지막 방송에 대하여 "방송 차량으로 시내를 돌아다니며 했다"(이해찬·유시민 외 《기억하는 자의 광주》, 돌베개, 2010, p.404; 대한민국재향군인회 엮음, 앞의 책 p.305)는 기록이 있으나 이것 역시 사실과 다르다. 박영순은 "칠흑 같은 어둠 속에서 군인들이 총을 들고 공격해 오는 상황에서 차를 타고 돌아다니며 방송한다는 것은 엄두도 낼 수 없는 상황이었다"(박영순 증언. 5·18기록관 집담회, 2016. 3)고 증언했다. 그때 도청 본관 건물 옥상에는 동서남북 방향을 향한 스피커가 4개 설치되어 있었다. 민방공훈련 때 사용하는 고성능 스피커였다.
104) "노르웨이 화가 뭉크(Munch)가 그린 유명한 그림 '비명'에 나오는 불가사의한 얼굴과 움푹 파인 입을 머리에 떠올리고, 그 그림이 캄캄한 화실에서 별안간 목청이 생겨나 엄청난 음량으로 소리를 토해낸다고 상상해 보라. 그러면 그 목소리에 담긴 힘이 어떤 것이었는가를 짐작할 수 있으리라"(헨리 스콧 스토크스 〈기자 사명과 외교 요청의 갈등 속에서〉, 한국기자협회·무등일보·시민연대모임 엮음, 앞의 책, p.44).
105) 《죽음을 넘어 시대의 어둠을 넘어》 초판(1985)은 계엄군이 먼저 도청 정문을 향해 공격해 온 것으로 기술되어 있다. 그러나 12·12, 5·18재판(1997)을 계기로 군 관련 자료들이 공개되면서 실제로는 3공수여단 특공대가 뒷담을 넘어 기습하면서 작전이 시작되었다는 것이 밝혀졌다. 이때까지 도청에 있던 시민군은 공수부대의 후방 침투를 전혀 예상치 못했다(윤석루, 박남선 등의 증언).
106) 육ㅇㅇ대위(3공수여단 11대대 1지역대) '국방부보통검찰부 진술조서', 1995.

제5장

5·18과 미주 동포

5-1. LA 지역 동포의 반응

1980년 5월 18일부터 열흘 동안 광주시와 그 주변 일대에서 일어났던 민중항쟁과 대량 학살 사건은 국지전적인 전쟁을 방불케 할 정도로 참혹하였다. 군인들의 총탄에 쓰러져 가는 어린 학생들, 공수부대의 칼끝에 앞가슴을 사정없이 찍히던 여학생들의 참상, 어린아이들이 총탄에 맞아 비 오듯 쏟아지는 피를 낭자하게 흘리며 길바닥에 쓰러지는 일들이 미국의 주요 신문과 텔레비전에 연일 보도되고 있었다. 이 얼마나 기막히고 분통이 터지는 사건이었던가.

당시 최규하 대통령을 앞세운 전두환 등 한국 군부에서는 광주 시민과 학생들이 폭동을 일으켰기 때문에 부득이 계엄령을 선포하고 공수단을 파견하여 진압하고 있다고 주장하였다. 그러나 시시각

각으로 현지 상황을 알리는 미국 매스컴을 접하고 있던 미국인들과 미주 동포들은 그러한 발표를 도저히 믿을 수 없었다. 광주와 호남 일대에서 민주화를 외치며 군인들의 잔인하기 짝이 없는 처사를 규탄하고 나서는 의거가 어찌 폭동이 될 수 있다는 말인가? 공수부대는 미친 들짐승처럼 날뛰고 있었다. 학생들을 포승줄로 꽁꽁 묶어서 줄줄이 끌고 가는 죽음의 행진이 뒤따랐다. 차마 눈 뜨고 볼 수 없는 처절하고 참혹한 현장 보도의 홍수, 그런데 이곳 동포들을 더욱 당혹하고 침울하게 만드는 것은 고국에서 배달되어 오는 신문들과 현지 한글판 신문들의 보도 자세였다.

미국의 언론들이 광주지방의 참상을 생생하게 보도하고 있는 판국에 고국에서 배달되어 오는 일간지들은 한결같이 꿀 먹은 벙어리였다. 신문의 제일 하단, 눈에 잘 띄지도 않는 곳에 광주에서 '약간의 소요'가 있었다고만 기술하고 있었기에 말이다.

차철은 로스앤젤레스에 살던 박환철 선배와 차상열 향우, 가디나에 살던 김수웅 향우에게 연락을 취해 새마을식당(옥동호 향우 경영)에서 만나자고 했다. 5월 23일의 일이었다. 미국에서 동포들이 가장 많이 살고 있는 로스앤젤레스 지역에서 아무런 움직임이 없으니 호남이 고향인 우리들이라도 우선 만나 사태에 대하여 이야기해 보자는 것이었다. 일을 밀고 나가자면 거점으로서 연락 장소가 있어야 했다. 그래서 사무실과 전화번호를 정하고 연락망을 펴기로 한 것이다. 그런데 막상 구하려고 나서 보니 주저하는 눈치들이었다. 하는 수 없이 롱비치에 있던 차철 사업체를 연락장소로 정하고 '호남향우회'라는 단체를 급조하여 그 사무실을 거사의 아지트로 두게 되었다.

맨 처음 거사로 6월 1일(일요일) 오후 3시, 동포들이 가장 많이 모여 사는 한인타운 한복판에 자리잡은 아드모어 공원(서울 국제공원)에서 호남향우회 주최로 광주의거 동참 총궐기대회를 열기로 하였다. 짧은 시일 안에 거사를 짜임새 있게 밀고 나가기 위해 일을 분담하였는데, 김수웅 향우는 주로 자금을 모으고, 광고 문안과 결의문 작성은 이선주 선배(향우로서 당시 〈뿌리〉 지의 발행인)에게 의뢰하기로 하였다. 그리고 만들어진 광고문을 일간신문에 의뢰하는 일을 각각 분담하였는데, 박환철 선배는 〈한국일보〉를, 차상열 향우는 〈중앙일보〉를, 그리고 차철은 〈동아일보〉를 찾아가 게재 의뢰하기로 하였다. 그런데 신문사마다 그들이 만든 광고문을 내줄 수 없다고 했다. 내용이 너무 과격하다는 것이 그 이유였다. 미국에서 발행하고 있는 동포 언론기관일지라도 본국 정부와 중앙정보부의 통제를 엄격히 받고 있음이 분명했다.

궐기대회는 300여 명의 향우들과 일부 동포들이 참석하여 차철의 사회로 진행되었다. 대회장 인사에 박환철, 카터 대통령에게 보내는 메시지 낭독에 이선주, 최규하 대통령에게 보내는 메시지 낭독에 백세현, 궐기사에 은호기, 김옥진, 결의문 채택에 차상열 향우가 수고를 해주었다. 그리고 실천요강으로 재미 동포 5만 명 서명 날인을 받아 카터 대통령과 한국 정부에 보내기로 하였다. 서명의 대부분은 차종환 박사가 도와주었다. 또한 많은 동포들이 미국 적십자사를 통하여 헌혈운동을 전개하여 많은 피를 확보하였지만, 한국 정부에서 받지 않겠다는 통지 때문에 그대로 적십자사에 기증하였다.

1980년 6월 8일에는 호남향우회를 주축으로 하는 범동포구국궐기대회를 갖기로 하였다. 6월 8일 오후 3시, 드디어 미주 한인 사회에서 획기적인 행사를 하였다. 30여 개의 단체가 합동으로 반정부 집회와 데모를 주도해서 1천여 명의 인파가 장장 3시간 동안 참여한 것이다. 이날 대회는 정호영 씨 사회로 진행되어 에스더 김 2세 목사의 개회기도, 박환철 향우의 지휘로 애국가 봉창, 김운하 씨의 광주 진상 보고, 김천애 여사의 조가, 석진영·황갑주 두 시인의 시 낭독, 이원모·패티 장 씨의 한미 대통령에게 보내는 메시지, 차상열 향우의 결의문 채택, 이선주·김옥진 씨의 궐기사에 이어 유족 대표 인사에 차철, 그리고 민선 서울특별시장이었던 김상돈 옹의 만세삼창으로 진행되었다. 궐기사 내용 중에 "…추운 겨울에 어린 손을 호호 불며 국군 아저씨에게 위문편지를 썼던 그 고사리 같은 손으로 '아저씨 제발 목숨만 살려 달라'고 애원을 해도 대검으로 앞가슴을 도려내며 군홧발로 짖이겨 대는 군인은 도대체 어느 나라 사람인가?" 따져 물었을 때는 많은 사람이 눈물을 흘리기도 했다.

대회가 끝난 뒤 많은 조기와 플래카드를 들고 올림픽, 놀만디, 8가와 웨스턴을 거쳐 장장 6마일(약 10.2킬로미터) 구간을 부녀자와 어린아이들까지 합쳐 모두 1천여 명이 대행진을 하였다. 이 대회장에는 미국의 3대 TV채널과 일간지들이 나와 뜨거운 취재열을 보였다. 저녁 6시 뉴스 시간부터 대회 및 데모 현장이 각 TV방송국을 통해 전 미주에 방영되었다. 그리고 그다음 날 〈LA Times〉 메트로 첫 쪽에 차철과의 인터뷰 내용이 데모 현장 사진과 함께 크게 보도되었다. 이런 조국의 민중항쟁을 지원하고, 데모가 끝난 후 그동안 참여했던 향우들을 중심으로 미주에서는 최초로 정식 남가주 호남향우회가 결성되고, 초대 회장에 차종환 박사를 영입했다(차철 글에서 발췌).

5-2. 광주민중항쟁과 시카고 반응

바라던 모국의 민주화 꿈은 다시 군부의 등장으로 송두리째 빼앗기고 말았다. 1979년 12·12 하극상에 성공한 신군부 세력의 등장과 함께 1980년 5월 22일 〈뉴욕 타임스〉와 〈워싱턴 포스트〉 및 미주 각 언론에 비친 광주사태는 그야말로 전쟁을 방불케 하는 혼란과 대참상이었다.

광주항쟁이 알려지자 대도시별로 호남향우회가 주축이 되어 그 어느 때보다 강한 데모가 벌어졌다. 시카고에서도 약 500명이 모여 6월 4일 로렌스 동포 밀집지역 알마니 광장에서 전두환 신군부 세력에 대한 규탄대회를 벌였으며, 당시 시카고의 대학생이던 김해란 양이 성명서를 낭독하여 자리를 숙연케 하였다.

5-3. 광주 민주화운동과 워싱턴

박정희가 중앙정보부장 김재규의 총탄에 쓰러지고 그 혼란을 틈타 전두환 정권이 들어선 이후에도 워싱턴의 민주화운동은 계속되었다. 1980년 5월 22일, 미국 신문의 광주 민주화운동 관련 기사와 사진을 보고 경악한 워싱턴 한인들은 5월 27일 백악관 앞에서 나연수를 비롯한 호남 출신 한인들과 고세곤, 이홍로, 유석희, 강철은, 차절호 등 150여 명의 동포들이 참석한 가운데 시위를 벌였다. 한국대사관 등이 시위는 북한을 돕는 데모라고 주장해 한인들을 분노케 했다.

민주화 인사들은 광주 민주화운동을 미국 조야에 알리기 위해 6월부터 미 국무부 앞에서 그해 말까지 이근팔, 김웅태 등을 중심으로 매일 정오에 시위를 가졌다. 광주에서 일어난 비극은 고향을 방문하고 돌아온 한인들의 입을 통해 더욱더 번져 처참한 실상이 밝혀지면서 한인 사회의 분노가 좀처럼 가라앉지 않았다. 이를 계기로 호남 출신 한인들은 1982년 2월 호남향우회를 결성하고, 나연수를 초대회장으로 선출하고, 매년 광주 민주화운동 희생자 추모행사를 개최하기 시작했다. 광주 민주화운동의 배후 조종자로 지목되어 사형 선고를 받았던 김대중이 1982년 12월 23일 워싱턴으로 망명하면서 워싱턴 한인 사회는 또 다른 조국의 민주화의 전기를 맞았다.

5-4. 광주민중항쟁과 재외 동포 지원

1980년 5월 광주 시민 궐기에 대해 군의 무력 진압 조짐이 보이자 민주학생연합회는 김상돈, 차상달, 국영길, 김운하 등 남가주 국민회의 인사들과 연계하여 〈신한신보〉 사에서 모임을 갖고 시위와 광주에 '피 보내기 운동'을 하기로 하고, 로스엔젤레스 미국 적십자사와 함께 헌혈 캠페인을 대대적으로 전개하였다. 이때 전부터 관계가 있던 양현승이 적십자사와의 연락을 맡았고, 그의 동생 양필승이 다른 학생들과 함께 단식농성을 하였다. 이 사건은 미 주요 언론매체에 크게 보도되어 광주사태의 진상을 세계에 알리는 데 큰 몫을 하였다.

광주 민주화운동 지원 활동은 동부에서도 발생했다. 1980년 한국에서 일어난 군부 쿠데타의 광주 시민 항쟁에 가장 먼저 조직적 대응을 하고 미국사회의 관심을 촉구한 세력은 청년층이었다. 이를 기점으로 뉴욕에서 청년들을 중심으로 하는 조직적인 운동이 일어나게 된다. 이들의 헌신적이고 투철한 활동 정신은 미국 내에서 새롭게 성장하는 많은 2세들과 1.5세들에게 자기 정체성에 대한 심각한 고민을 던져 주었다. 이 시기 민중운동에 대한 이론들이 청년들에게 전파되어 사회 현상에 대한 치열한 고민과 실천의 노력이 중요하게 부각되었고, 이로 인하여 자연스럽게 미국의 흑인 인권운동에 관심을 가지고 미국 내의 진보적인 세력들과 자연스럽게 연결되었다. 하지만 주요 관심사는 역시 한국의 민주화였다고 보인다.

자유민주주의를 위한 LA의 시위는 광주에서 절정을 이루어 80년 5·18민주화운동으로 이어졌다. 군부세력은 자신들의 정권 장악에 유리하도록 헌법을 개정하였다. 즉 국민의 간접 선거로 대통령을 선출하도록 한 것이다. 이에 따라 전두환이 대통령에 취임하였다

(1980년 8월). 사형 언도를 받은 김대중과 김지하, 김재규의 구출을 촉구하며 김상돈이 삭발을 단행하고 저항운동을 전개하였다.

5월 18일을 중심으로 광주에서 민중 대학살 사건이 발생하자 호남인 및 민주·통일운동 인사들은 LA 한인 사회의 대학생, 종교인, 지식인 그룹과 함께 총 궐기 규탄대회를 전개하였다. 5월 21일에는 총영사관 앞에서 대규모 규탄 데모를 실시하였고, 5월 24일에는 국민회의와 대학생 단체가 광주 학살에 대한 대대적 성토대회를 열었다. 6월 2일에는 33개 단체가 연합하여 재미한인조국민주화운동협의회를 발족시켰고, 6월 24일에는 국민연합이 광주학생 만행 총천연화보 1만 매를 제작하여 살포하였다.

연합회도 7월 10일 카터 대통령, 전 각료, 상하 양의원, 50개 주지사들에게 광주 참상 사진을 발송하였다. 7월 23일에는 윌셔 감리교회에서 문동환 목사 초청 강연을 열고, 8월 15일에는 국영길, 김운하 대표위원이 동경에서 개최된 한국 민주화 촉진 및 김대중 구출긴급세계대회에 참석하였고, 9월 24일에는 김대중 긴급구명위원회를 조직하고 공동위원장에 김상돈, 김운하를 추대하였다. 이 무렵 광주민중항쟁 궐기대회에 참여했던 호남인들이 호남향우회를 조직하여(80. 7. 5) 초대회장에 차종환을 선출하면서 조국 민주화운동에 앞장섰다.

10월 4일에는 홀만 교회에서 김대중 구명대회를 개최하고, 12월 6일에는 홍동근, 김상일, 박승화를 중심으로 나성 목요 기도회를 재활시켰다. 12월 7일에는 한민통 민주본주 의장 이재현을 초청하여 영빈관에서 강연회를 개최하고, 12월 10일에는 나성지역 총연합 단식 구국 기도회를 퀘이커 교회에서 개최하였다. 12월 18일에는 민주학생 총연합회 주최로 한인회관에서 개최된 한인 사회 단체장 민주화운동 간담회에 참여하였다.[1]

5-5. 광주민중항쟁에 대한 재미 한인 민주단체 성명

1980년 7월 27일 김대중 선생을 살리기 위한 미주민주국민연합을 중심으로 재미 한인 민주 단체의 성명을 보자.

"민주진영의 지도자 김대중 선생의 생명이 위급해졌다. 민족 반역자 전두환 살인 집단은 애국적인 광주 시민 대량 학살의 연장으로서 김대중 선생을 끝내 죽이고야 말겠다고 서두르고 있다. 김대중 선생 구출운동에 대한 전두환 일당의 모략과 위협을 물리치자. 설마 이번만은 미국이 압력을 가해서 김대중 선생을 살해하기까지야 안 하겠지 하는 환상을 가지고 방관하지 말자. 미국 정부만 믿다가 또 속지 말고, 미국도 결국 어쩔 수 없이 한국의 민중 편에 서지 않을 수 없게 우리 자신이 만들어야 한다. 그리고 최대한 광범하게 세계 각국이 능동적으로 참여하도록 온갖 방법과 통로를 통해서 노력하자. 해외동포가 해야 효과 있게 할 수 있는 일들이 많다. 단결해서 행동하자. 지치지 말고 우리 힘으로 빨리 하자. 가만히 있으면 다 죽는다. 김대중 선생을 반드시 살려내자."

5-6. 전두환 정권에 대한 미국의 태도

1980년 5월, 신군부는 비상계엄령을 해제할 의도가 추호도 없었다. 그 당시 전두환이 중앙정보부장 서리를 겸임하자 잠시 갈등을 겪고 있었다.[2] 글라이스틴은 4월 18일 전두환이 요청한 회동을 보류하였다. 그렇다고 미국 정부가 전두환의 중정부장 겸임 자체를 반대한 것은 아니였다. 다만 그의 중정부장 겸임이 몰고올 정국의 변화, 시민들의 저항과 군부 내의 반발에 대한 판단이 확고하게 서 있지 못한 상태였던 것이다.[3] 그러나 시민들의 저항이 사실상 없었고, 군부도 동요하지 않자, 미국 정부는 글라이스틴과의 회동을 승인하였다.[4] 4월 22일, 전두환이 중정부장 겸임을 발표한 지 8일 만의 일이었다.

신군부는 이제 미국 정부가 전두환의 권력 장악을 인정한 것으로 받아들였다. 따라서 전두환이 4월 30일 기자회견에서 12·12 사태에 대한 미국의 오해는 완전히 풀렸으며, 자신의 중앙정보부장 서리 겸임에 대해 비판하는 것은 한국의 국내 문제에 대한 내정간섭이라고 자신 있게 말할 수 있었다. 이후 미국 정부가 취한 일련의 움직임도 신군부의 판단이 충분한 근거가 있었던 것을 여실히 보여주었다.[5] 그리고 미국 정부는 신군부가 광주항쟁을 무력으로 무참하게 진압하는 동안 E-38조기경보기 2대와 항공모함 코럴시 호를 한국에 출동시킴으로써 신군부에 대한 변함없는 지지를 확인시켜 주었던 것이다.[6]

5월에 접어들면서 대학생들의 시위도 더욱 드세어 갔다.[7] 만약 시민들까지 대학생의 시위에 동참한다면, 신군부의 정치적 운명이 위태로운 것은 불을 보듯 하였다. 마침내, 1980년 5월부터 신군부의 시위 진압이 본격화되기 시작하였다. 시위 진압 작전은 5월 17일 비상계엄령의 전국 확대를 기점으로 더욱 강력히 전개되었다.

글라이스틴의 대사 전문은 당시 미국 정부의 태도를 잘 보여주었다. 먼저, 미국 정부는 학생들의 계엄령 해제 요구가 더 거세질 것이라고 판단하였다. 둘째, 서울과 부산, 대구 등 대도시에서 시위가 격화될 경우 특수부대를 동원하여 진압하는 데 상호 협의하였다. 셋째, 미국 정부는 신군부가 군사적 행동을 하기 전에 그들과 사전 협의할 것을 강력하게 요구하였고, 이 제안은 관철되었다. 결국, 미국 정부는 신군부가 계엄령을 해제할 생각이 추호도 없다는 것을 분명

히 알고 있었으며, 특수부대의 시위 진압을 협의 또는 승인함으로써 신군부를 지지하였다.[8]

그 결과 미국 정부의 신군부에 대한 견제는 상당한 효과를 거두었다. 신군부에서 5월 14일 제3특전여단 병력을 서울대 진압을 목적으로 국립묘지로 이동시킬 것이며[9] 16일에는 20사단 60연대 병력을 양평에서 태능으로 재배치한다고 사전에 한미연합사로 통보하였던 것이다.[10]

미국 정부는 전두환 대통령의 취임식에 특별사절단을 파견하지 않는 것으로 냉담과 유보적 태도를 보이기로 결정했다. 대사는 8월 28일 워싱턴으로부터 귀임했고, 1980년 9월 1일 거행된 취임식에 미국은 다음과 같이 촉구하는 바라고 했다.

"대통령 각하, 끝으로 재차 말씀드리지만 앞으로 몇 개월 이내에 우리 공동의 이해관계를 위해 양국 간의 협력이 증진되기를 기대하는 바입니다"(지미 카터).

5-7. 신군부의 광주항쟁 진압과 미국의 개입

1980년 5월 17일, 신군부는 18일 00:01부로 비상계엄령을 전국으로 확대하였다. 그리고 진압 부대와 장비가 각 지방의 주요도시에 투입되었다. 저항이 발생하면 그곳이 어느 곳이든 무력으로 진압할 태세였다. 사태는 예측하기 어려운 국면으로 접어들었다.

그러나 신군부의 정권을 장악하기 위한 기도는 곧바로 시민들의 강력한 저항에 부딪쳤다. 광주에서 비상계엄령 해제 요구가 불붙기 시작한 것이다. 신군부는 시민들의 민주화 요구에 합리적으로 대응할 생각이 추호도 없었다. 미국 정부는 특전부대의 진압 방법이 사태를 더욱 악화시킨다고 판단하였다. 그래서 공수특전부대를 일단 광주 외곽으로 철수시키고, 보병 제20사단을 시위 진압에 투입하는 방안을 신군부에게 제안하였던 것으로 믿어진다.[11]

21일 공수특전부대가 도청에서 철수하고 계엄사가 시민들과 대화하려는 기색을 내비쳤던 것은 광주항쟁에 대한 미국 정부의 개입이 본격화된 결과로 생각된다. 5월 22일(16:00~17:55)에 워싱턴 백악관 상황실에서 에드먼드 머스키 당시 국무장관의 사회로 '고위 백악관 정책 검토위원회'가 개최되었다.[12] 2시간 정도 진행된 토론의 결과 광주사태에 관한 우선적 과제는 최소한의 병력을 사용해 광주의 질서를 회복하는 것이라는 데 의견이 모아졌다. 그리고 최악의 사태가 발생될 경우에 대비한 국방부의 계획과, 광주를 진압하는 과정에서 많은 인명 손실이 발생할 경우 정책 검토회의를 재소집하여 추후 대책을 논의하기로 결정하였다.

고위 백악관 회의의 내용이 신군부에게 전달되었는지는 알려져 있지 않다. 그러나 5월 24일 유병현 장군이 위컴에 무력으로 광주를 재탈환하기 위한 작전을 완성하였다고 전달하였다.[13] 다음날 한국 외무부는 모든 외국인들에게 광주를 떠나도록 요청하였다. 주한미국대사관과 기타 대사관들은 아직 광주를 떠나지 않은 자국 국민들의 명단을 작성하였다.

한편, 5월 26일자 〈뉴욕타임스〉[14]는 광주 봉기의 학생 지도자들이 윌리엄 글라이스틴 대사로 하여금 휴전을 주선하여 유혈 사태를 중단할 수 있게 할 것을 미국에 요청했지만 글라이스틴이 중재 요청을 거절하였다고 보도하였다.

5-8. 전두환이 갈구한 미국의 승인

주한 미국 대사관 측이 미국의 정책 추진을 위해 강력한 군사적 혹은 경제적 제재 수단을 동원할 수 없었고 그렇게 할 의사도 없었으나, 이런 제재 수단으로 인해 제약을 받긴 했지만 대사관 측은 완전 합법 정부로 인정받고자 하는 전두환 정권의 열망을 이용해 어느 정도 성공을 거두었다. 전두환은 한국의 동맹으로부터 승인을 받으면 국내의 지지 획득과 국제사회의 인정 및 북한과의 경쟁이 훨씬 쉬워진다는 것을 알았다. 그것 없이도 존속할 수는 있겠지만 큰 좌절과 냉대를 감수할 수밖에 없었다. 전두환의 입장에서 이상적인 성공의 상징은 미국 대통령과의 성공적인 정상회담이었다. 그러나 그와 그의 일파는 우선 각료급 인사들의 통상적인 교류의 재개를 열렬히 원했다. 군부로서는 오랜 시간 연기되어 온 안보협의회의를 미국이 추진할 용의가 있는가가 시금석이었다. 카터 행정부는 이런 승인의 표시를 유보했다. 양국 국방장관 회의가 병행하는 안보협의회는 무기한 연기되고 있었다. 각료급 회담도 열리지 않았다. 일부 친미적인 한국 관리들만이 워싱턴의 환영을 받았지만, 그들도 미국의 강력한 '조언'을 들어야 했다.

경제 관련 임무를 띤 소수의 인사들과 미 육군 참모총장, 그리고 미국의 선거 후 국방장관이 특별 사명을 지니고 한국을 방문한 것을 제외하면 미국의 주요 인사 중 한국을 찾은 사람은 없었다. 아마도 전두환이 가장 참기 힘들었던 일은 미국 정부가 한국 정부와의 의례적 교류를 최소화한 점이었을 것이다. 그러나 1980년 중반을 고비로 대부분의 분야에 걸쳐 정상적인 관계가 회복되어 양측에는 상당한 관용이 형성되어 있었다. 대사도 동료들과 더불어 한국 관리들과 폭넓은 친분관계를 유지했다. 전두환과 대사와의 관계는 유보적이었지만 적대적인 것은 아니었다. 대사는 그가 미국 정책에 대한 한국 국민들의 이해를 왜곡시킨 것에 대해 분노하고 있었지만, 전두환과 글라이스틴 팀은 민감한 사안들을 정중하게 논의할 줄은 알았다.

미국의 태도는 헌법의 개선에 일부 기여했는지도 모른다. 그것은 계엄령 하에서 새로운 대통령 선거의 실시를 막는 데 일조했다. 그리고 김대중의 구명 노력에 결정적으로 작용했다. 확실한 것은, 전두환이 한국 국민들의 저항 없이 권좌에 오래 있을수록 미국으로서는 정상화된 관계에 반하는 노선을 유지하기가 어렵다는 점이었다. 더군다나 김대중 문제에 관한 교섭이 시작되면서 관계 정상화 의지는 성공적인 해결과 불가분의 관계에 놓일 것이 확실했다.

5-9. 미국 태도에 대한 항의

유신시대 이래 최대의 반정부 조직이던 '민주주의와 민족통일을 위한 국민연합(공동 의장: 윤보선, 함석헌, 김대중)은 5월 24일 시국 성명서를 발표했다.

> "광주 시민 항의 데모와 이에 대한 공수특전단의 무차별 양민 살상 행위는 이제 우리의 국운을 돌이킬 수 없는 파국의 경지에까지 이르게 하고 있으며, 한 개인의 파렴치한 정권 야욕과 유신 망집이 급기야 우리 조국 전체를 파멸케 하는 미증유의 국난을 야기하고 있다. (중략)"

5월 24일 워싱턴에서는 한국 동포 약 50명이 군부 통치 반대 구호를 외치며 데모를 벌였다. 이들은 미 국무부의 정문을 막고 태극기를 흔들면서 "미국은 군사정권에 대한 지원을 중단하라"고 외쳤다. 미국에 대한 정책에 항의하는 공개장을 백악관에 전달하고 그 자리에서 기자회견을 가졌다.

카터 대통령에게 전달한 공개장에서 그들은 ① 한국 군부에 의한 문민정부 파괴를 강력히 항의할 것 ② 김대중 씨 등 투옥 당한 민주화운동의 지도자들을 즉각 석방할 것 ③ 군사 원조를 포함하는 모든 대한 원조를 즉시 동결할 것 등을 촉구했다. 그들은 기자회견에서 "미국은 한국의 민주화보다는 현상 유지를 선택, 한미연합군의 병력을 반정부운동 진압에 사용하는 것을 인정함으로써 민주화를 바라는 한국 국민의 염원을 배신했다"라고 지적하면서 "이대로 가다가는 머지않아 반미 감정이 폭발할 것"이라고 경고했다.

5-10. 전두환 대통령의 방미

카터 대통령의 낙선으로 1981년 1월 레이건 대통령 취임 후 전두환 대통령이 외국 원수로는 최초로 백악관을 방문하는 '영예'를 가졌다. 전 대통령의 방미는 광주민중항쟁 직후 미국의 역할에 대한 논쟁이 분분한 가운데 강행되었다는 데 의미를 부여할 수 있다. 한편 전 대통령의 미국 방문에 대한 재미 한인 사회의 반응은 냉담했으며, 환영 행사에 참석한 사람들은 대부분 동원되었다.[15] 동원된 사람들의 대부분은 영사관 관계자, 상사 직원, 그리고 통일교인들이었다.

반면, 전 대통령의 행사장마다 시위대가 쫓아다니면서 괴롭혔다.[16] 시위대의 등쌀에 못 이긴 전 대통령은 행사를 취소하거나 급히 서둘러서 겉치레 사진 찍기만 하고 행사장을 떠나곤 했다. 〈로스앤젤레스 타임스〉는 "우정의 종각에서의 기념 식수식은 세계에서 유래를 찾아보기 힘든, 30초 만에 끝난 행사였다"고 혹평했다.[17] 전 대통령의 기념식상에서는 영사관에서 버스로 동원한 동원객 외에는 한인들의 모습을 찾아볼 수 없었으며[18] 이것은 재미 한인 사회에서의 약화된 영사관의 위치를 단적으로 보여준 것이었다.

광주민중항쟁 직후 한국의 재벌과 부자들은 전두환 정부에 대한 신뢰가 약해졌고, 외화를 밀반출하는 사례가 급증했다. 그들은 홍콩, 일본, 그리고 미국을 주요 밀반출 국가로 선정하고 외화를 밀반출했는데, 그중 상당수가 LA 지역으로 전입되었다고 언론들은 보도했다.[19] 이것은 로스앤젤레스 한인 사회에 상당한 정치적·경제적 영향을 미쳤다.

또한 미국으로 유학 가는 학생들의 숫자도 급등하기 시작했다. 1990년도에 언론의 주요 공격을 받은 도피성 유학은 이미 1980년대 초반부터 생겼다. 학생들의 데모와 시위를 무마하는 정책의 일환으로 전두환 대통령이 유학 자유화 정책을 주진하여 힘든 국가고시를 통과하지 않아도 유학을 갈 수 있도록 학생들의 유학을 전격 허락한 제도는 미국에 가는 한국 유학생들의 숫자를 급격히 증가시켰다.

광주민중항쟁 이후 미주 한인 사회는 한국 정치인들의 임시 망명지로 각광을 받았다. 김대중 대통령을 비롯한 많은 정계의 인사들이 미국에 와서 은거 생활을 했다. 김 대통령은 당시 전 민주당 총재 자격으로 한인들이 많이 거주하는 워싱턴, 뉴욕, 필라델피아, 시애틀, 애틀랜타, 디트로이트, 보스턴, 그리고 로스앤젤레스 등지를 순회하면서 수차례의 강연회를 통해 재미 한인 사회의 지지를 호소했다.

광주민중항쟁 직후 발간된 〈코리안 스트리트 저널〉은 관 주도로 여론을 조성하던 한인 사회에 새로운 목소리로 등장하면서 급속도로 발전했다. 미국은 전두환 정권을 합법적인 정권으로 보지 않았다. 그러나 언제까지 방관할 수도 없고 냉대할 수도 없는 정치적 입장에 있었다. 그래도 우방이요 비정상적이지만 자유민주주의 국가이기에, 미국 편으로 만들기 위해 정상적인 자유 민주주의 국가로 유인할 수밖에 없었다. 레이건은 정권 초기에 고민이 많았다.

또한 북한과의 대립관계에 있는 남한 정부가 못마땅했지만 힘을 실어 줄 수밖에 없었다. 사회주의 국가를 지원할 수는 없는 일이었다. 울며 겨자 먹기 식이었다. 전두환 정부로서는 미국의 인정을 받아야 국제사회의 인정을 받을 수 있는 현실을 파악하고 있었다. 따라서 모든 인맥을 동원하여 접근하려고 많은 힘을 기울였다. 전두환의 입장에서는 미국 대통령과 정상적인 정상회담을 정권 초기에 가급적 빨리 성취하는 것이 최대의 희망사항이었다.

그러나 미 정부의 초청이 좀처럼 성취되지 못했다. 미국의 이런 자세가 민주화로 가기 위한 한국의 헌법 개정에 공헌했으리라 본다. 또한 전술한 바와 같이 고문에 의해 날조하여 내란음모죄를 뒤집어씌워 사형수로 판결한 김대중 구명운동에 크게 공헌했다고 본다. 전두환으로서는 미국과의 정상화 유지를 위해서는 미국의 뜻을 받아들이지 않을 수 없었을 것이다.

김대중 석방에 대한 미 정부의 압력은 대단했다. 결국 김대중을 사면하고 미국으로 추방하는 형식을 취했다. 그러나 5·18과 관련하여 민주주의를 갈망하는 한국민의 뇌리에서 쉽게 전두환을 용서하지 못하고 있었다. 지금도 그렇다. 용서하기에는 너무나 많은 희생자를 냈다. 5·18 때 무참히 많은 살상자를 만들었다.

전두환 대통령은 당선 후 한미 정상회담을 위해 카터 대통령 때 못 이룬 한을 레이건 대통령 때 이루어 워싱턴 DC를 방문하고, 귀국길에 LA 한국 타운을 방문했다. 동포 간담회를 하기로 계획을 한 것이다. 전두환 대통령은 동포 전체가 대환영하리라 보았다. 그러나 이곳은 자유민주주의 국가이기 때문에 표현의 자유가 있다. 아직도 5·18 유가족과 호남향우회 민주화운동을 하는 의식 있는 사람들의 거부 반응은 상상 외로 컸다. 5·18항쟁이 아직도 완결되지 않았기 때문이다.

LA 도착 시 공항에서부터 데모대를 상면하여 뒷문으로 도착하게 되었다. 데모대는 공항 뒷문을 찾았다. 호텔 입구에서도 심한 시위대 때문에 뒷문을 이용해서 출입할 수밖에 없었다. 간담회에 참석한 사람들은 출입할 때 성토의 대상이 되어 망신을 당했다. 귀국 시 오픈카(Open Car)를 타고 동포들의 대환영을 받으려고 했으나 반대하는 복병들이 나타나 환영하는 군중과 시위대들이 마찰을 일으키는 바람에 오픈카는 지붕을 닫고 한국 타운 올림픽가를 쏜살같이 도망치듯 지나갔다.

반대하는 사람들은 차에 반대 현수막을 던지고 관을 만들어 가지고 다녀 차도의 통행을 방해했다. 동포들의 환영을 받으려고 하다가 수모를 당하고 쫓기는 신세가 되고 말았다.

5-11. LA 동포들의 헌혈운동[20]

1980년 5월 18일 광주에서 민중항쟁이 일어나 피바다가 된 때에 LA의 한인들이 데모를, 하고 있었다. 광주에서 무고한 시민이 죽어가는데 단순히 데모만을 할 때가 아니라고 생각했던 양현승 목사는, 데모로 투쟁하던 리더들에게 미국 적십자사 LA 혈액원에 가서 헌혈을 하고, 그 헌혈한 피를 한국 광주로 보내자는 의견을 냈다.

그런 생각이 든 것은, 양 목사가 적십자사 혈액원에서 봉사하고 있었고, 실질적으로 헌혈한 피를 광주로 보낼 수 있으면 좋겠다는 의미가 담겨 있었다. 또한 그렇게 헌혈된 피를 보내자고 호소를 하면 미국 주류 언론에 보도되어 광주에서의 참상을 전 세계에 더 적극적으로 알릴 수 있다는 판단이 들었다. 그리고 그는 미국 적십자사에 헌혈된 피를 광주로 보내 달라고 농성을 하는 게 좋겠다고 제안했다. 미국 적십자사 LA 혈액원 대표는 양 목사와 친분이 있었다. 적십자사는 이 제안을 허락했고, 한국어를 하는 한국인 간호사를 주선해 주는 등 잘 도왔다. 전단지를 만들어 LA 인근에 뿌리고 광주에 헌혈한 피를 보내는 데 뜻을 모았다. 또한 LA 한인타운 중심부에 있는 아드모어(현재 서울 국제공원)에 모여서 광주의 참상에 대한 궐기대회를 가졌다.

궐기대회를 마치고 시내를 행진한 후 미 적십자사 LA지부 안에 있는 혈액원으로 향했다. 이 단체 행동의 대변인 역은 장태한 씨(당시 대학생, 현재 대학교수)가 맡았다. 본격적인 헌혈이 시작되었다. 전 서울시장 김상돈 씨와 윤석신 목사 등이 헌혈하려고 왔고, 일반 시민도 헌혈에 참여했다. 헌혈한 혈액이 광주로 보내질 때까지 헌혈 및 단식을 하면서 동시에 백악관에 전문도 보내고 전 세계 지인들에게 전화를 걸었다.

미국 언론이 당시 광주 소식을 생생하게 전해 미국에서는 한국의 상황을 정확하게 알 수 있었다. 오히려 한국에서 언론 통제를 하면서 "광주의 폭도들이 정부에 대항한다"는 보도를 해 상황 파악이 제대로 되지 않았다. 헌혈을 광주로 보낼 수 있게 해달라는 여론몰이를 했다. 총인원 약 400여 명이 농성에 참여했다. 미국 적십자사가 한국 적십자사 총재 이호 씨에게 정식으로 텔렉스를 보내도록 독려했다. 한국 적십자사에서는 헌혈을 받을 수 없다는 통보가 왔다. 당시 UPI와 AP통신은 광주 지역에 피와 음식이 부족하다고 보도했지만, 한국 적십자사 측은 "현재 상황에서 피 공급은 광주 지역의 수용량에 비해 적절하다"면서 혈액 수급 거절 의사를 밝혔다.

양 목사의 무기한 단식이 시작되었고, 사흘 만에 단식 농성을 중단했다. 이 사건은 CBS, NBC, ABC 등 주요 TV방송을 비롯해 미국 언론에서 상세히 보도했지만 한국에서는 완전히 차단되어 세월이 많이 흐른 후에 알려졌다.

제5장 주

1) 차종환,《미주 동포들의 민주화 및 통일운동》, 나산출판사, 2004.
2) 대한민국재향군인회 엮음,《12·12, 5·18실록》, pp.73.
3) 같은 책, p.83.
4) 12·12 당시 출동한 9사단, 30사단, 제2기갑사단의 이동은 한미연합사령부로부터 사전에 작전통제권을 이양받지 않은 한미상호방위조약 위반 행위였다(김영진,《충정작전과 광주항쟁(상)》, 동광사, 1989, p.93).
5) 군 형법에서 반란대는 '작당(作黨)하여 병기를 휴대하고 반란을 일으킨 죄'에 해당한다(군 형법 제5조의 반란죄에 대한 정의).
6) 사법부는 쿠데타 참여자들이 '군권'만 장악한 상태에서 머무르게 되면 군사반란에 대한 단죄를 피할 수 없기 때문에 처음부터 정권 찬탈 의도를 가지고 있었으며, 1단계 '12·12 군사반란'에 이어, 2단계 정권 탈취를 위한 '5·17 내란'은 예견된 필수 코스라고 보았다(대한민국재향군인회 엮음, 앞의 책, p.170).
7) 'K-공작계획'은 표지를 포함해 A4용지 11면짜리 필사본으로 작성되었는데, 'K'는 '왕'을 뜻하는 'King'의 첫글자에서 따온 것으로, 전두환을 대통령으로 만들기 위한 계획이라는 의미다(〈조선일보〉 1996년 4월 23일자 p.6).
8) 대한민국재향군인회 엮음, 앞의 책, p.222.
9) 정병주 전 특전사령관 발언, 조갑제 "공수부대의 광주사태", 〈월간 조선〉 1988년 7월호, p.179.
10) 김재명(육군본부 작전참모부장), '서울지방검찰청 진술조서', 1995.
11) 사법부는 신군부의 '시국수습방안'이 5·18 내란죄의 필수요건인 '사전모의'의 준비과정으로 보았다(대법원《12·12, 5·18상고심 선고 판결문》 1997. 4. 17).
12) 이때 권정달 등 보안사 참모들이 작성한 "시국수습방안" 문서는 현재까지 찾을 수 없다(국방부 과거사진상규명위원회 엮음,《12·12, 5·17, 5·18사건 조사결과보고서》, p.19).
13) 권정달(보안사 정보차장), '서울지방검찰청 진술조서', 1996.
14) 계엄사령부 〈계엄일지〉, 1980년 5월 8일 일지; 국방부 과거사진상규명위원회 엮음, 앞의 책, p.42.
15) 차종환,《5·18민주화운동 이야기》, 프라마스, 2018, pp.133-139.
16) 5·18 직전 계엄사가 계엄회의를 주재할 때 진압봉 샘플 세 가지를 놓고 서로 비교하여 그 가운데 한 종류를 지정해 대량으로 제작했다(황영시 '서울지방검찰청 진술조서', 1996).
17) AP통신 1980년 4월 14일자 워싱턴발 기사.
18) 사북사태는 1980년 4월 21일 강원도 정선군 사북읍에 위치한 동원탄좌 사북광업소에서 어용노조 위원장 사퇴를 촉구하며 광부 3,500여 명과 가족 2,500여 명 등이 참여하여 4일간 지속된 노동쟁의다. 이 사건은 오랫동안 '폭동'으로 치부되었으

나 35년 만인 2015년 재심에서 사법부가 관련자들을 무죄 선고함으로써 민주화운동으로 인정되었다(《한겨레》 2015년 2월 12일자).
19) 윤성민 1군사령관은 동원탄좌 사북광업소 소요사태 진압을 위한 11공수여단 1개 대대의 이동과 작전, 총포 사용 요령 등을 위컴 한미연합사령관에게 보고했다('육 작명 10-80호, 1980. 4. 22).
20) 차종환, 앞의 책, 2018, pp.191-193.

제6장

김대중 내란음모사건과 계엄군 책임자 처벌

6-1. 고문으로 조작한 '김대중 내란음모사건'

계엄사 이름으로 발표된 '포고령 10호'에 의거해 18일 새벽부터 정치 활동이 전면 중단되었고, 정치 목적의 옥내외 집회 및 시위도 금지되었다. 그리고 대학에는 휴교령이 내려졌다. 전국 계엄이 발표된 지 얼마 되지 않은 18일 새벽 2시경 무장한 제33사단 병력이 국회를 점령해 사실상 헌정 중단 사태가 발생했다.

전두환은 미리 준비한 치밀한 전국 계엄 시나리오를 가지고 있었다. 보안사령부는 비상 계엄이 전국으로 확대되기 이전인 16일 전군 보안부대 수사과장회의를 소집해, 17일 24시를 기해 계엄이 전국으로 확대된다는 사실과 검거할 블랙리스트 8백여 명을 통보했다. 5월 17일 수배령이 떨어진 사람 가운데 6백여 명이 체포되었고, 신문과 방송은 수배자들의 명단과 죄목을 경쟁하듯 쏟아냈다.

신군부는 후일 '김대중 내란음모사건'으로 알려진 사건의 조작을 위해 김대중을 비롯한 37명을 내란음모 혐의로 체포하였다. 체포 당시 김대중은 부인과 자식들이 지켜보는 가운데 검을 단 총이 앞뒤에서 겨눠진 채 끌려갔고, 당시 김대중의 비서, 경호원 등도 체포되었다. 김대중이 체포되기 전부터 학생 시위를 배후 조종한 혐의로 신군부가 김대중을 체포할 것이라는 소문은 파다하게 퍼져 있었다. 이런 소문을 듣고 주한 미국대사 글라이스틴은 대통령 비서실장 최광수에게 김대중을 체포하는 것은 "볏단에 불을 들고 뛰어가는 것"과 같다고 경고했지만[1] 신군부는 이런 경고에 개의치 않았다.

김대중 이외에도 문익환, 김동길, 인명진, 고은, 리영희 등 수많은 민주화운동 지도자들이 사회 혼란 및 학생·노조 배후 조종을 했다는 이유로 체포되었으며, 이들 가운데엔 많은 언론인들도 포함되어 있었다. 송건호, 노향기, 이경일, 김동선, 안양노 등 많은 언론인들이 온몸이 만신창이가 될 정도로 팬티 바람에 몽둥이 찜질, 고춧가루 고문, 물 고문 등 혹독한 고문을 당했다.[2] 고문은 모두 한결같이 '김대중은 빨갱이'라는 걸 인정하라는 것과 김대중과의 관계를 대라는 것이었다.

합동수사단은 연행자 전체를 하나의 그림 속에 아우르는 수사 체계도를 먼저 그렸다. 수괴를 김대중으로 한 후, 광주 지역 재야 수괴 홍남순, 대학생 수괴 정동년, 폭도 수괴 김종배, 극렬 가담 불량배 박남선과 윤석루 등으로 체계도를 작성하고 체포된 사람들을 이 '그림'에 끼워 맞췄다.

5월 17일 밤 예비단속 때 연행된 정동년, 김상윤, 김운기, 유재도 등은 자신들이 항쟁과 무관하니 곧 석방될 것이라고 생각하고 있었다. 그러나 27일 밤부터 그들이 전혀 예측하지 못한 상황이 전개되었다. 그날 밤 12시경 전남대 복적생 정동년과 조선대 김운기가 헌병대 조사실로 불려갔다. 곤봉과 채찍을 든 10여 명이 정동년을 둘러싸더니 바닥에 꿇어앉히고 무조건 몇 시간을 두들겨 팼다. 그러고 나서 "너! 김대중 동교동 집 방문했지?" 하고 추궁하더니 '전남대, 정동년'이라고 적혀 있는 김대중 자택의 방명록 사본을 내보였다. 그는 방문 사실을 시인했다. 그것으로 끝난 줄 알았는데 그게 아니었다. 그들은 새벽 무렵 또 한 차례 구타하더니 "너, 김대중에게서 돈 받았지!"라고 추궁했다. 그는 계속된 구타를 견딜 수 없었다. '5백만 원'을 받은 것으로 시인하고 말았다. 물론 사실과 달랐다.

정동년은 그해 4월 동교동을 방문했지만 김대중은 만나지도 못했다. 돈도 받은 적이 없었다. 조사 후 영창으로 돌아온 정동년은 날카롭게 간 숟가락을 들고 화장실 안에 들어가 할복자살을 기도하였다. 구타와 고문으로 허위 진술을 강요하는 상황에 절망했다. 때마침 화장실에 들어온 동료가 피로 범벅이 된 그를 보고 "자살한다!"고 큰소리로 외쳤고, 군인들이 뛰어와 그를 끌고 나갔다. 병원에서 응급조치를 받은 후 다시 보안대로 끌려가 조사를 받았다. 5백만 원의 사용처를 대라고 강요당했다. 박관현 전남대 총학생회장과 윤한봉 등 아직 체포되지 않은 후배들에게 3백만 원과 2백만 원씩을 각각 나눠줬다고 진술했다.

조사가 마무리되자 통합병원에서 한 달 정도 치료를 받은 후 상무대 영창으로 다시 옮겨갔다. 그 사이에 그가 윤한봉에게 전달한 것으로 진술한 2백만 원이 다시 조선대 복적생 김운기에게 전달된 것으로 수사 조작이 끝나 있었다. 결국 동교동에서 받은 5백만 원 중 3백만 원은 박관현에게 전달되고, 2백만원은 윤한봉을 거쳐 조선대생 김운기에게 전달되어 전남대와 조선대 학생 시위 자금으로 사용되었다는 각본이 짜 맞춰진 채 수사가 일단락되었다.

그 후 1988년 국회 광주청문회를 앞두고 당시 수사팀의 일원이던 광주 505보안부대 수사관 허장환은 5·18 수사가 어떻게 조작되었는지 기자회견을 통해 밝혔다. "김대중과 범죄 사실을 연계시키기 위해 김대중으로부터 폭동자금을 얼마 받았느냐는 허위 자백을 강요하며 잔인한 고문, 구타, 심지어 같은 동료끼리 때리게 하는 비인격적 모독 등 이루 헤아릴 수 없는 폭거를 자행했다"고 주장했다.[3]

허장환은 수사 조작의 대표적인 사례를 다음과 같이 열거했다.

첫째, 정동년이 숙박하였다고 주장하는 알리바이를 없애기 위해 완도읍 모 여인숙의 숙박부를 찢어버리고 변조한 사실이 있었다. 둘째, 홍남순 변호사를 고문과 설득, 회유로 송치하였다가 홍 변호사가 검찰에서 진술을 번복하자 공소 유지가 어려워 도저히 기소할 수 없다는 군 검찰관의 요구가 있었다. 그러자 홍 변호사는 다시 보안부대에 넘겨져 잔혹하게 고문을 받았고, 수사관이 쓴 진술서를 홍 변호사가 다시 정서한 것을 가지고 군 검찰이 기소했다. 셋째, 5월 22일 오후 4시 30분경 광주국군통합병원 근처에서 붙잡힌 간첩 용의자 전옥주를 "최대한 김대중이와 연계시키라"고 서의남 중령이 허장환에게 지시하였다. 넷째, 전남도청에서 발생한 독침 사건의 주범 장계점을 사태 평정 후 보안부대에서 보호하였고, 서의남 중령은 당시 이들을 허장환에게 잘 보호하도록 지시하였다. 다섯째, 군 재판부의 공판이 진행되기도 전에 송치된 자의 형량을 505보안부대, 전교사, 군 검찰 및 재판부가 확정했으며, 공판일에는 피고인이 범죄 사실을 인정하도록 수사관 전원이 법정 주변에서 대기하며 공소유지에 필요한 조치를 취하였다. 여섯째, 특명반에서는 전남대 교수를 골라내 김대중 내란음모 간접 가담자로 규정하여 민준식(閔俊植) 총장 및 김동원(金東源), 이방기(李邦基), 명노근 교수 등 수십 명에게 사표를 강요, 사직토록 하였다.[4]

7월 15일 계엄사령부는 서울에서 검사 2명과 중앙정보부 수사관 2명을 추가로 파견하여 그동안의 수사 상황을 전남합동수사단과 함께 검토하고 처벌의 논리와 수위를 조율한 후 방침을 결정했다. 검토를 마친 전남합동수사단은 "내란 또는 소요죄는 정책적 결정이고, 광주 시민들은 김대중이 내란 수괴라야 납득할 것"이라며, 처벌 범위를 '5백여 명 정도로 하고, 주요 임무 수행자 30~40명은 극형에 처할 것'을 건의했다. 이 방침에 따라 예비검속 연행자들도 7월 중순 이후 내란음모 혐의로 조서를 전부 다시 작성했다.

　7월 31일 서울의 합동수사본부는 전남합동수사단에게 다음 사항을 정동년의 피의자 신문조서에 넣도록 지시했다. 전남대 학생운동의 목표는 대규모 폭력 사태 유발 및 전국적 민중봉기로 현 정부를 퇴진시키고 김대중을 추대해 새로운 체계를 구축하는 것, 1980년 5월 5일 김대중 집에서 김대중에게 위 방침을 설명한 뒤 자금을 요청한 사실, 김대중으로부터 5백만 원 수수 및 정동년의 지시에 따라 박관현의 전담대 시위를 주동했다는 것이다.[5] 이 지시에 따라 5·18은 김대중 내란음모사건의 주요 근거가 되었고 정동년, 홍남순, 조아라, 명노근, 송기숙 등 민주인사들은 상무대 조사실과 보안대 지하실에서 고문을 받으며 그들이 짜놓은 각본대로 조서에 서명할 수밖에 없었다.

6-2. 5·18민주화운동과 경찰

　경찰은 5·18민주화운동 과정에서 주요 당사자적인 위치에 있으면서도 4·19 혁명 등 역사적 경험을 교훈 삼은 지휘부의 비무장조치와 무분별한 공권력 행사의 자제로 경찰에 의한 시민들의 직접적인 피해가 없었고, 계엄하의 경찰 역할의 위축과 보조적·소극적 업무 수행으로 그간 수차례 진상규명과 조사과정에서 큰 비난 없이 한걸음 비껴서 있었다.

당시 전남경찰국 소속 수많은 경찰관들은 10일간의 비극적 현장을 함께하며 생명이 위협받는 위험한 상황 속에서 직접 업무를 수행했다. 이런 와중에 2017년 대선을 앞두고 4월 초 전두환 회고록이 발행되면서 "광주사태 초기 경찰력이 무력화되고 계엄군이 시위 진압 전면에 나설 수밖에 없게 된 것은 전남경찰국장의 중대한 과실 때문이었다"라는 말에 경찰은 침묵할 수밖에 없었다.

5·18의 성격과 역사적 의미에 대한 정치적·법률적 판단과 평가는 어느 정도 정리되었으나, 아직도 당시 광주 시민들의 민주화 항쟁을 폭도들의 난동으로 매도하는 주장이 계속되어 광주 시민들에게 아픔과 상처를 주고 있다. 5·18과 관련된 몇 가지 사항에 대해 꼭 경찰이 말하고 밝혀야 할 내용들이 있다. 당시 광주 시내의 상황은 타 지역과 마찬가지로 민주화, 학원자율화 등을 요구하는 학생시위가 계속되었고 폭력 행위로 부상자가 발생하기도 하였으나, 경찰과 학생들은 일정한 룰(rule)이 있었으며 서로 배려하는 분위기 하에 항상 대화 채널이 가동되고 있었다.

특히 5·18 직전인 5월 16일은 경찰의 보호 아래 평화적 가두시위가 있었으며, 5월 17일은 대부분의 진압 부대가 휴식과 야유회를 실시하는 등 평온한 분위기였다. 그런데 당시 투입된 공수부대의 공격적 검거 위주의 진압 방식과 잔혹 행위가 상황을 악화시켰다.

다만, 신군부 집권세력은 의도성 없는 현장 병사들의 우발적 과격 행위였다고 주장하고 있으나, 치안당국인 경찰과 협의 없이 경험 없는 흥분된 공수부대를 시내 작전에 투입하여 한두 시간 만에 300여 명이 넘는 인원을 검거하는 등 무차별적인 폭력을 자행하여 초기 시민 감정을 크게 자극했다.

당시 계엄 확대 조치에 대한 국민 저항을 광주 시민들의 초기 반발을 이용하여 공포감을 조성하고 억누르려 하는 의도성을 의심하지 않을 수 없다. 또한 5·18 기간 중 많은 유언비어가 떠돌았고, 당국에서는 유언비어를 5·18의 주요 원인으로 발표하였다. 따라서 신군부를 중심으로 한 정치세력이 목적을 가지고 군을 동원하여 시민들에게 극단적인 폭력을 행사하는 것에 대해 저항한 것이 발생 원인이라면, 그 과정에서 유언비어가 생성된 것은 자연스러운 현상으로 보아야 한다.

또한 당시 계엄 당국에서 지역감정이 포함된 유언비어 내용을 역으로 이용하여 광주 시민과 일반 국민을 분리시키고 이간질하는 고도의 심리전을 전개한 측면도 있어 보인다.

시민들이 총기를 탈취하여 무장하고 발포하여 자위권 차원의 군 발포가 불가피하였다는 주장은 사실이 아니다. 5·18 당시 대부분의 사망자는 총격전에 의해 발생되었다는 점에서 총기 발사 책임자 규명과 시민군 초기 피탈 무장 시점에 대한 논란이 있다.

발포 책임자 규명은 아직 진행 중이나 당시 시민들의 무장 초기 대부분이 경찰 관리 무기라는 점에서 5·18 직후 치안본부에 의해 무기 피탈 경위조사가 이루어졌다.

당시 광주 시내 경찰 무기는 5월 19일 소산이 완료되었으며, 5월 20일 야간 광주세무서 칼빈 17정이 피탈되었으나 실탄이 없었으며, 최초 무기 실탄 피탈은 5월 21일 13시 30분경 나주 남평지서에서 발생하였고, 이후 나주, 화순에서 동시 다발적으로 피탈되어 시민들의 무장이 이루어진 것으로, 군의 도청 앞 집단 발포가 이루어진 5월 21일 13시 전까지는 시민군의 총기 발사는 없었던 것으로 판단된다.

또한 군의 발포는 5월 20일 야간 광주역 부근에서 이미 이루어졌고, 그로 인해 사상자가 발생하였다는 점에서도 시민들의 발포로 군의 자위권적인 발포가 불가피하였다는 주장은 설득력이 없다.

2007년 국방부 과거사진상규명위원회가 발표한 조사결과 보고서에 인용된 〈全南道敬 狀況日誌〉(전남도경 상황일지)에는 시위대가 1980년 5월 21일 오전 8시 나주군 반남지서에서 총기 3정과 실탄 270발을 탈취했다는 내용이 담겼다.

그러나 옛 경찰이 5·18 직후 생산한 '전남사태 관계기록'에 따르면 경찰관서 최초 무기 피탈 시점은 5월 21일 오후 1시 30분경 남평지서다. 계엄군이 전남도청 앞에서 집단 발포를 한 시점인 같은 날 낮 12시 59분 이후다. 경찰은 군이 집단 발포 정당성을 확보하기 위해 시위대가 먼저 무기와 실탄을 피탈한 것처럼 '전남도경 상황일지'를 조작한 것으로 보고 있다.

타자기로 생산한 이 문서의 활자체는 당시 경찰이 사용하던 것과도 다르다고 했다. 또 표지 제목 '全南道敬 狀況日誌'(전남도경 상황일지) 중 '敬'(공경 경) 자가 잘못 쓰였다. 경찰은 '警'(경계할 경) 자를 사용한다. 경찰은 이 문서가 1988년 5·18 청문회를 앞두고 군에서 조작했을 가능성에 무게를 두고 있다.

북한군 수백 명이 광주에 잠입하여 시위를 주도하고 사라졌다는 북한군 개입설은 언어도단임을 다른 항에서 누차 언급했다. 이 주장은 5·18 당시에는 언급된 적이 없으며, 당시 작성된 군과 정보기관 작성 서류 어디에도 없는 내용으로, 최근 일부 인사들에 의해 주장되고 있으며, 전두환 회고록에도 많이 암시되어 있다.

당시 경찰의 가장 중요한 업무는 집회 시위 관리였으며, 시위 상황이 발생하면 경찰은 시위대의 인원, 구성 방향, 주장, 시위용품 등을 세밀히 분석하여 대응 방향을 정하였다.

이런 업무는 주로 정보·보안 형사들에 의해 이루어졌고, 당시 광주에는 약 130여 명의 정보·보안 형사들이 활동함과 동시에 시내 주요지점 23개소의 정보센터를 촘촘하게 운영하였는데, 이런 형사들의 눈을 피해 광주라는 한정된 지역에서 수백 명의 북한군이 활동했다는 것은 불가능하며, 상식 밖의 주장이라는 한결같은 증언이다.

또한, 계엄 상황 하에서 경찰들뿐만 아니라 타 정보기관의 활동도 최고조에 달해 있었으며, 5월 21일 이후에도 경찰의 기본적인 정보활동은 이루어지고 있었다. 당시 경찰통신요원들은 시민군이 점령하고 있던 도청에 대간첩작전통신망 복구 명목으로 수시로 출입하였는데, 이에 협조하는 시민들의 행동에서도 이런 문제를 주의하고 경계하는 내용들이 보였다.

계엄군 철수 이후 광주 시내는 무장시민군에 의해 살인과 약탈 등 범죄는 없었다. 5·18과 관련하여 광주 시민들이 자부심과 긍지로 삼는 것은, 무정부 상태 하의 공포와 생필품 부족 속에서도 서로 돕고 배려하는 공동체 정신을 보여주었으며, 어려운 환경 속에서도 큰 혼란 없이 질서를 유지하였다는 점이다.

당시 계엄 당국과 정보기관 등에서 대표적 사례로 들고 있는 시민군에 의한 3건의 일가족 집단 살인사건은 확인한 결과 하나의 사건을 부풀린 것이고 그 내용도 왜곡되었으며, 그 밖에 당시 수많은 금융기관도 피해를 입은 사실이 없었다.

5·18 종료 후 신고 내용, 기록, 증언 등에 의하면, 당시 광주 시내는 비교적 안정적이었고 질서를 유지하고 있었다는 점에 대해서 광주 시민들의 시민정신은 높이 평가받아야 한다.

특히 5월 21일 15시경부터 전남경찰국장의 지시에 의해 아무런 보호·안전 대책 없이 개인별로 무작정 대피하였던 2,000여 명이 넘은 도청 경비 경찰관들은, 광주 시민들의 헌신적인 도움과 보호로 단 한 사람의 희생도 없이 무사히 복귀하였으며, 지금도 당시 경찰관들은 시민들에 대한 감사의 마음을 잊지 못하고 있다고 증언하고 있다.

5·18 당시 전남경찰과 관련하여 빼놓을 수 없는 인물이 당시 전남경찰국장이던 안병하 경무관이다.

당시 계엄 당국과 전두환 회고록에 근무지를 무단이탈하고 진압 업무를 실패하여 광주의 불행을 야기한 무능한 지휘관으로 언급되어 있으나, 확인 결과 안 국장은 5·18을 맞이하여 단 한 번의 근무지 이탈도 없이 최선을 다하여 수습을 위해 노력했고, 상부의 강경진압을 거부하고 시민의 안전을 강조하는 소신을 유지하였으며, 초기에 광주 시내 무기를 소산시켜 탈취 방지뿐만 아니라 경찰 무장으로 인한 더 큰 비극을 막았다는 점에서 사후 그 공적이 평가되어 순직과 5·18 유공자로 처리되었으며, 금년도 경찰영웅으로 선정되어 흉상 제막을 준비 중이다.

금번 조사 과정에서 알게 된 것은, 당시 관계기관에서 작성된 상황일지 등 문서와 기록의 왜곡, 편향 기재 등 신빙성의 문제가 심각하다는 점이다. 계엄 당국이라는 특수 상황 속에서 계엄군의 과오나 잘못을 기록하는 것은 한계가 있었으며, 시위대와 시민의 부정적인 면은 과장, 부각되거나 왜곡되어 기록되었다.

전두환 회고록은 "5·18과 관련된 수많은 진술들은 역사의 진실을 말해 줄 소중한 기록"이라는 주장을 하고 있는데, 가해자의 입장에서 작성된 수많은 기록과 수사 과정에서 확보된 대상자들의 책임회피성, 변명성 진술 등이 이런 자신감의 근거로 보인다.

기존 기록들에 의해 밝혀지거나 인용된 내용들에 대해서도 오류와 진위를 잘 살펴보아야 하고, 무엇보다도 5·18의 바른 진상은 기존 기록에 의존하기보다는 관련자들의 양심적인 증언과 참여를 통해서만이 이루어질 수 있다고 본다.

광주 민주화운동과 관련하여 지금까지도 많은 일반 국민들이 가장 이해하지 못하고, 당시 계엄 당국과 일부 인사들이 광주 시민의 폭도성을 주장하는 확실한 근거로 인용하는 것이 교도소에 대한 시민들의 지속적 공격이다.

대규모 정예 특전부대가 주둔하는 요새화된 시설을 칼빈 총으로 무장한 소수 시민군이 지속적으로 공격한다는 것은 상식적으로 이해되지 않는 무모한 행위임에도, 기록에 의한 군의 주장과 교도소 부근 사망자 발생 등으로 인해 객관적인 사실로 인정되는 분위기였다.

이번 활동 중 총기 피탈 조사 과정에서, 광주 인근 모든 경찰서가 피해를 입었으나 유독 담양으로 시작하는 동부권 경찰서는 아무 피해가 없었으며 시민군의 활동도 타 지역에 비해 미약하였던 점에 주목한 결과, 당시 광주교도소의 위치가 담양으로 통하는 지방도로와 고속도로 사이에 위치하여 교도소 경계 부대에 의해 시민군의 담양권 진출이 원천적으로 차단되었으며, 담양권으로 진출하려는 시민군이나 일반 시민들의 활동을 교도소 공격으로 오인하였으나 의도적으로 왜곡하였을 것으로 추정된다.

결론적으로, 시민군 공격의 무모함과 비현실성뿐만 아니라 교도소 공격이 없었다는 당시 교도소장 등 관계자들의 증언과 담양경찰서의 경미한 피해, 담양 거주 비무장 일반 시민의 총격 피해 등을 종합하여 보면 시민군의 교도소 지속 공격은 오인·과장되었거나 왜곡된 것으로 보인다.

5·18 당시 전남경찰의 활동과 업무 수행 과정에서 잘못된 점은 먼저, 공수부대의 초기 과격 진압과 시민들의 무차별적 폭력 행위를 적극적으로 제지하지 못한 점이다. 계엄령 하에 군의 위력을 막을 만한 경찰력은 못 되었다.

계엄군의 행위를 제지하던 많은 경찰관들이 봉변을 당하였다는 수많은 증언도 있으나, 시민 보호의 무한 책임이 있는 경찰이 보다 적극적으로 계엄 당국과 군 책임자들에게 문제점을 지적하고 시정을 요구하는 조치가 필요했던 것으로 보인다.

광주 외곽 경찰서의 좀 더 신속하고 체계적인 무기 소산 조치와 경찰관서 피습에 따른 대비가 이루어졌어야 했고, 급박하고 체계적이지 못한 경찰 철수 지시로 많은 경찰관들이 위험에 노출되었으며, 시위 진압 중 순직한 동료 경찰관들의 주검을 제때 수습하지 못하고 장기간 방치한 사례 등은 아쉬움으로 남는다.

또한 기록과 자료를 정리·보관하고 참여한 경찰관들의 생생한 증언 등을 통해 5·18에 대한 경찰 자체 진상조사의 의지와 노력이 없었던 점과 포고령 위반자 검거 등 계엄 업무 참여 과정에서 있었을지 모르는 경찰관의 과잉 행위 등에 대해서도 반성이 필요하다.

전남경찰 TF팀은 금년 4월 초부터 아무런 뒷받침 없는 어려운 여건 하에서 생존 선배 한 분 한 분을 수소문하여 137명의 소중한 증언을 확보하였고, 국가기록원에 보관된 치안본부 작성 전남 사태 관계기록 발굴과 함께 사실관계가 잘못된 내·외부의 경찰 기록들을 찾아내는 등 당시 자료의 왜곡·편향성에 대해서도 확인하였다.

금번 조사 과정에서 확보된 객관적인 증언과 수집된 자료, 보고서는 국가기관인 경찰이 주요 당사자 입장에서 스스로 직접 작성한 5·18 관련 보고서라는 점에서 의미가 있으며, 역사적으로 5·18과 관련된 진실을 알리는 데 많은 도움이 되리라 확신하며, 계속적으로 자료를 찾아내고 증언 등을 확보하여 미흡한 점을 보완해 나갈 것이다.(전남지방경찰청장 강성복 글[6])에서, 2017. 10. 11)

6-3. 계엄군 책임자들의 고소

1988년 10월 '5·18 광주민주항쟁동지회'는 전두환, 노태우 등 군 고위 지휘관 9명을 5·18 책임자로 고소하였다. 1992년(노태우 정권 때)

검찰은 피고소인들을 소환 조사하지도 않은 채 이 사건을 무혐의로 끝내버렸다.

1992년 12월 김영삼 정권 때 5·18 진상규명 움직임이 다시 본격화되었다. 피해자 단체와 일반시민 사회단체들이 진상조사와 가해자 처벌을 위한 고소·고발 운동을 광범위하게 전개했다. 1993년 7월 19일 계엄사령관 정승화를 비롯해 12·12 쿠데타 당시 군인 피해자들이 군사반란세력을 고소하였다. 1994년 5월 13일 전국의 시민사회단체가 연대하여 만든 5·18 진상규명과 광주항쟁정신계승 국민위원회는 5·18 유혈 진압의 책임을 물어 전두환, 노태우 두 전직 대통령을 포함하여 모두 35명을 서울지방검찰청에 고발했다. 또한 광주항쟁 피해자, 부상자, 유가족 등 322명이 연대서명한 고소장도 함께 접수하였다. 1994년 5월 13일부터 1995년 4월 3일 사이에 전두환, 노태우 등 두 명의 전직 대통령을 포함하여 피고소, 피고발인 58명에 대하여 총 70건의 고소·고발장이 접수되었다.

피고발인들은 광주 진압군으로 직접 투입된 계엄군 가운데 대대장급 이상의 지휘관들이었다. 그들의 명단과 당시 직책은 다음과 같다.

대대장급 이상의 피고발인 명단과 당시 직책

이름	당시 직책	이름	당시 직책
전두환	보안사령관	임수원	3공수여단 11대대장
노태우	수경사령관	김완배	12대대장
정호용	특전사령관	변길남	13대대장
이희성	계엄사령관	박종규	15대대장
진종채	2군 사령관	김길수	16대대장
소준열	전교사사령관	이병우	20사단 60연대 1대대장
박준병	20사단장	윤재만	〃 2대대장
신우식	7공수여단장	길영철	〃 3대대장
최 웅	11공수여단장	차달숙	〃 4대대장
최세창	3공수여단장	정영진	61연대 1대대장

이름	당시 직책	이름	당시 직책
정수화	20사단 60연대장	김형곤	〃 2대대장
김동진	〃 61연대장	박재철	〃 3대대장
이병년	〃 62연대장	강영욱	〃 4대대장
권승만	7공수여단 33대대장	오성윤	62연대 1대대장
김일옥	〃 35대대장	이종규	〃 2대대장
안부웅	11공수여단61대대장	유효일	〃 3대대장
이제원	〃 62대대장	김인환	〃 4대대장
조창구	〃 63대대장		

그러나 검찰은 "성공한 쿠데타는 처벌할 수 없다"는 논리를 앞세워, 1995년 7월 18일 이들 모두에게 '공소권 없음' 결정을 내렸다. 쿠데타가 성공하여 새로운 헌정질서가 생겨났기 때문에 사법심사의 대상이 될 수 없다며 '불기소' 처리한 것이다(김영삼 정권 때).

검찰의 결정은 즉각 국민들의 반발을 샀다. 검찰 발표 당일 광주·젼남 지역 136개 단체로 구성된 '5·18학살자 기소 관철을 위한 공동대책위원회'는 긴급대책회의를 열고 명동성당에서 농성에 들어갔다. 1995년 7월 31일 고려대 교수 131명이 성명을 내고, 삽시간에 전국 54개 대학 6,963명의 교수들이 검찰의 불기소 처분에 항의하는 서명에 동참하였다. 이어 같은 해 8월 25일 전국 78개 대학의 3,560명의 교수들이 5·18 범법자들의 처벌을 위한 특별법 제정 촉구 서명운동에 돌입하였고, '민주사회를 위한 변호사 모임'은 가두시위에 나서기도 하였다. '5·18 진상규명과 광주항쟁정신계승 국민위원회'가 '5·18 특별법' 입법을 국회에 청원하였고, 참여연대 역시 '특별검사임명법'을 청원하였다. 5·18 책임자 처벌에 대한 국민적 압력은 거대한 강물이 되어 정치권을 압박하였다.

5·18 특별법 제정과 특별검사제 도입을 둘러싸고 국민 여론이 들끓자 야당인 국민회의가 "5·18광주민주화운동의 진상규명 등에 관

한 특별법", "특별검사의 임명 등에 관한 법률", "헌법파괴범죄 등의 공소시효에 관한 법률" 등 5·18 관련 3개 법안을 9월 22일 국회에 제출하였다. 민주당 역시 9월 23일 "12·12 군사반란 및 5·18 내란사건처리특별법"을 국회에 제출하였다.

당시 '불편한 진실'이 자리 잡고 있었다. 바로 뉴라이트를 위시한 보수세력에 의해 이루어지는 전방위적인 5·18민주화운동 왜곡의 현실이 그것이다. 현재 인터넷 포털사이트나 커뮤니티를 보면 '범람'(犯濫)이라는 표현이 전혀 과장되지 않을 정도로 5·18민주화운동에 대한 잘못된 정보와 토론 내용이 생산·유통되고 있다. 무엇이 진실이고 무엇이 왜곡인지 구분하기 힘들 정도로 진실과 왜곡이 혼재된 게시물들도 많다. 유네스코를 통해 5·18민주화운동의 가치를 세계적으로 인정받았지만, 다른 한편에는 5·18민주화운동의 가치를 폄훼하고 진실을 왜곡하는 불편한 현실이 존재하고 있다. 마치 국가기념일 제정과 국가유공자 지정이라는 세계적으로 유례가 없는 제도적 성과의 저편에 5·18민주화운동의 지역화(광주화)라는 어색함이 있었던 것과 비슷한 상황이라고 할 수 있다.

그러나 따지고 보면, 5·18민주화운동에 대한 왜곡은 외부에서 원인을 찾기 전에, 근본적으로 5·18민주화운동의 지역화(광주화)라는 흐름과 무관하지 않다는 점도 인정하지 않을 수 없다. 전두환 정권의 공안통치 하에서도 '5월운동'은 광주만의 운동이 아니라 민주세력의 전국적인 운동이었다. 단순히 5·18항쟁의 비극적 종결, 계엄군의 시민 학살에 대한 진상을 규명하는 운동이 아니라, 그 자체로 전두환 정권의 권위주의 통치에 반대하는 민주화운동의 일환이었다. 그러나 여전히 5·18항쟁이 그때와 동일한 정치적 위상을 간직하고 있다고 주장하기는 힘들다. '대한민국의 5·18'이 아니라 '광주의 5·18'로 자꾸만 정치적 위상이 축소되는 현실이야말로 5·18민주화운동에 대한 왜곡을 부추기는 숨은 동력이다.

6-4. 5·18 특별법

5·18 특별법 쟁취를 위한 투쟁이 본격화되었다. 1995년 7월 14일 광주에서는 '5·18 학살자 재판 회부를 위한 광주·전남공동대책위원회'라는 대책기구를 만들었다. 서울에서 결성된 '5·18 완전 해결과 정의 실현, 희망을 위한 과거청산국민위원회'와 함께 검찰의 불기소 결정을 뒤집기 위한 지속적인 법리적·물리적 투쟁을 모색하였다. 삼복의 땡볕더위가 내리쬐는 명동성당 입구의 길바닥에서 시작된 5·18 당사자들의 농성이 180여 일 동안 진행되었고, 교수들의 성명 발표, 변호사들의 거리 시위 등 지식인들의 적극적인 참여와 사회단체들의 릴레이 지지 농성, 검찰과 청와대 항의 방문 등으로 이어졌다.

마침내 김영삼 대통령은 "'5·18 특별법을 제정하라"는 지시를 내렸다. 또한 '12·12 및 5·18 특별수사본부'가 설치되었다. 이로부터 이틀 후에 전두환, 노태우 두 전직 대통령이 전격 구속되었다. 이런 과정을 통해 '헌정질서파괴범죄의 공소시효 등에 관한 특별법'과 '5·18민주화운동 등에 관한 특별법'이 제정되었다.

5·18 특별법(2018. 2. 28. 국회 본회의 통과)은 5·18민주화운동 당시 시민들에 대한 헬기 사격과 집단 암매장 의혹, 집단 학살 등을 규명하기 위해 독립적인 진상규명위원회를 설치하는 것을 주요 뼈대로 하였다. 조사위원은 국회의장이 1명을, 비교섭단체를 포함한 여당과 야당이 각각 4명씩 추천해 9명으로 구성되고, 진상조사규명위원회는 최대 3년간 활동하기로 했다. 1988년 국회 5·18 청문회에 대비해 구성된 5·11 연구위원회의 왜곡·조작과 시민들을 향한 군의 최초 발포와 발포 명령자 규명도 조사 범위에 넣었다. 자유한국당이 제기

한 북한군 개입설의 진위 여부도 규명하기로 했다.

6-5. 5·18 책임자 처벌

김영삼 정권 때(1995년) 특별법이 제정되자 그동안 사법적 처벌의 울타리 밖에 있던 12·12 쿠데타와 5·18 학살 책임자들이 모조리 기소되었다. 법정에서의 긴 공방을 거쳐 마침내 1997년 4월 18일 대법원에서 이들에 대한 재판이 확정되었다.

대법원은 12·12 쿠데타를 '군사반란'으로, 5·18을 '민주화운동'으로 규정함과 동시에 신군부의 진압을 '내란'으로 판정했다. 또한 대법원은 "우리나라 헌법 질서 아래에서는 헌법이 정한 민주적 절차에 의하지 아니하고 폭력에 의하여 헌법기관의 권능 행사를 불가능하게 하거나 정권을 장악한 행위는 어떠한 경우에도 용인될 수 없다"고 하였다. 전두환의 지시에 따라 보안사 참모들이 주도한 '시국수습 방안 마련 과정'이 '내란 모의 참여'로, 시국수습방안에 따른 '5·17 비상계엄 전국 확대'와 '정치인 체포', 국회 봉쇄 등 일련의 사건이 '내란 중요임무 종사 행위'로 판단되었다. 쟁점이 된 내란 공소시효 기산점은 비상계엄이 해제된 '1981년 1월 24일'이라고 판시하였다. 이들에 대한 최종 선고 결과는 표와 같다.

12·12 및 5·18사건 피고인별 확정형량[7]

이름	당시 직책	확정형량	선고형량	
			1심	2심
전두환	보안사령관	무기징역, 추징금 2,205억 원	사형, 추징금 2,259억원	무기징역, 추징금 2,205억 원
노태우	9사단장	징역 17년, 추징금 2,628억 원	징역 22년 6월, 추징금 2,838억 원	징역 17년, 추징금 2,628억 원
황영시	1군단장	징역 8년	징역 10년	징역 8년

이름	당시 직책	확정형량	선고형량	
			1심	2심
정호용	특전사령관	징역 7년	상동	징역 7년
허화평	보안사 비서실장	징역 8년	상동	징역 8년
이학봉	보안사 수사국장	상동	상동	상동
허삼수	보안사 인사국장	징역 6년	징역 8년	징역 6년
이희성	계엄사령관	징역 7년	상동	징역 7년
유학성	국방부 군수차관보	공소기각	상동	징역 6년
최세창	3공수 여단장	징역 7년	상동	징역 5년
주영복	국방부장관	상동	징역 7년	징역 7년
차규헌	수도군단장	징역 3년 6월	징역 7년	징역 3년 6월
장세동	30경비단장	상동	상동	상동
신윤희	수경사 헌병부 단장	상동	징역 4년	상동
박종규	3공수 15대대장	상동	상동	상동
박준병	20사단장	무죄	무죄	무죄

이로써 17년에 걸친 오랜 투쟁 끝에 한국사회의 깊은 갈등과 논쟁의 원천이 된 5·18 민주항쟁에 대한 법적 처리가 마무리되었다. 영원히 역사 속에 한과 갈등으로 남을 뻔한 현대사의 가장 큰 쟁점이 실정법상으로 명확하게 한 획을 그었다. 5·18 재판은 인류사에서 민주주의와 인권의 가치, 정의가 승리한다는 점을 확인시켜 준 재판으로 세계적인 주목을 끌었다.

그러나 이 재판은 학살 책임으로부터 결코 자유로울 수 없는 현장 지휘관들이 전혀 처벌되지 않았다는 한계를 안고 종료되었다. 이들은 재판 과정에서 수많은 위증을 하였지만 제대로 추궁되지 않았다. 정치적인 책임 선상에 있던 극소수의 인물들만 처벌된 것이다.

판결 결과 전두환, 노태우 두 전직 대통령은 '수의를 입은 보통사람들'로 돌아갔다. '전직 대통령 예우에 관한 법률'에 따라 금고 이상의 형을 받은 만큼 모든 예우를 박탈당했다. 이들에 대한 형이 확정되자마자 사면·복권 문제가 대두되었다. 바로 그해 광복절을 앞두고 두 전직 대통령의 사면 문제가 정치권의 핵심 쟁점으로 떠올랐다. 집권의 꿈을 키워온 김대중 국민회의 총재는 "영호남의 해묵은 지역감정을 해소하는 지름길은 전·노 사면을 통해 5·18 민중항쟁 문제를 깔끔하게 매듭짓는 것밖에 없다"고 주장했다.

김대중의 이 같은 주장은 5·18 단체들과 사회단체들의 반발을 불러일으켰다. "사면은 진정한 참회를 전제로 가능한 일"이라며, "피해 당사자들의 의견을 무시한 사면에 반대할 것"임을 분명히 했다. 일반 국민들의 80퍼센트가 전두환, 노태우의 무조건 사면을 반대하였다. 그러나 결국 전두환, 노태우의 사면은 이러한 국민적 반대와 피해자의 반대에도 불구하고 이루어지고 말았다. 김대중이 대통령에 당선된 직후인 1997년 12월 22일 김영삼 정부가 특별사면을 통해 전두환과 노태우를 석방한 것이다. 사면에도 불구하고 이들에게서 '진정한 참회'의 모습은 엿볼 수 없었다.

6-6. 5·18 재조사가 불가피

철저하지 못한 책임자 처벌은 시간이 흐르면서 '5·18 뒤집기'와 왜곡으로 나타나고 있다. 몇몇 극우 선동가들은 '1997년 대법원 판결' 대신 '1980년 군사재판'의 정당성을 주장한다. 그들은 "1980년 5월 27일 소탕작전 때 계엄군은 단 한 명의 시민군도 사살하지 않았다"거나 "도청에서 사망한 사람들은 시민군들끼리의 오인 사격에 의한"이라고 터무니없는 주장을 펴고 있다.

그러나 이런 왜곡된 주장은 대한민국 헌법기관의 공식 입장에 반한다. 대법원은 5월 27일 '상무충정작전'에 대하여 '내란죄'가 아닌 '내란목적살인죄'를 적용하여 단죄했다.[8] 내란목적살인죄는 국헌을 문란할 목적을 가지고 '직접적인 수단으로 사람을 살해'함으로써 성립하는 범죄다. 즉 국헌문란[9]의 목적을 달성하기 위해 내란죄가 '폭동'을 그 수단으로 하는 데 반해, 내란목적살인죄는 '살인'을 수단으로 한다는 점에서 두 죄는 엄격히 구별된다.

대법원은 5월 27일의 도청 소탕 작전에 대하여 "저항하는 시위대와의 교전이 불가피하여 필연적으로 사상자가 발생할 수밖에 없다는 사정을 알면서도 작전을 강행토록 명령한 것은 살상 행위를 지시 내지 용인한 것"이라고 판시했다. 이 작전에는 '발포 명령'이 들어 있다는 점도 분명히 했다. 광주를 조속히 제압하여 시위가 타 지역으로 확산되는 것을 막아야 집권에 성공할 수 있기 때문에, 여기에 저항하는 광주 시민을 살상하는 것은 내란의 목적을 달성하기 위해 필요한 수단이라고 규정했다. 이런 이유로 10일간의 항쟁 기간 중 27일 새벽, 도청 일원의 소탕 작전(상무충정작전)만큼은 내란목적살인죄를 적용했다.

1980년 계엄 당국은 광주 시민들의 저항에 대해 '국헌을 문란하게 하는 내란'이라고 처벌했으나, 1997년 대법원은 광주 시민의 저항은 "내란 행위가 아니라 헌정질서를 수호하기 위한 정당한 행위"라고 인정했다. 헌법기관인 대통령과 국무위원들에게 위협이 가해져 '그 권능 행사가 불가능한 상황'에서 헌법을 수호할 최후의 수단은 국민들의 결집된 저항일 수밖에 없다고 본 것이다.

그런데도 재판부는 보안사령관 전두환, 육군참모차장 황영시, 특전사령관 정호용, 국방부장관 주영복, 계엄사령관 이희성 등 5명만 내란목적살인죄로 처벌하고, 살인 행위를 직접 자행한 광주 현장의 지휘관들에 대해서는 책임을 전혀 묻지 않았다. 군대의 특성상 '절대적인 구속력을 가진 명령에 따라' 이루어진 살상 행위라서 그 책임을 묻기 어렵다고 본 것이다.

그러나 일부 법률 전문가들은 현장 지휘관의 살인 행위에 대해서 일률적으로 면책하는 것은 온당치 못하다고 지적한다.[10] 비록 광주 시민들이 불가피한 상황에서 무장했다고 하나, 병력 숫자, 훈련 정도, 화력 측면에서 상대가 되지 않는 시민군을 전시의 적처럼 무자비하게 살상·살해하고서도 반동을 넣어 가며 개선군처럼 '도청 앞에서 군가를 소리 높여 부르는 계엄군의 모습은 "양심의 긴장이나 고뇌의 흔적"이 없다는 것이다.

유엔인권위원회 제48차 보고서에는 중대한 인권 침해 범죄의 경우 "그 행위가 정부나 상급자의 명령에 따라 이뤄졌다는 사실이 하급자의 형사 책임을 면제시키거나 법률적인 경감 사유를 구성하지 않으며, 다만 양형에서 참작 사유가 될 뿐이다"라고 분명하게 밝히고 있고,[11] 독일의 연방법원도 1994년 베를린 장벽에서 탈출자를 사살한 군인을 '간접 정범'으로 처벌하였다.[12]

극우 선동가들이 도청 소탕 작전 때 "계엄군에 의한 사살자는 단 한 명도 없다"는 주장을 지속한다면 철저한 진상규명을 위한 재조사가 불가피하다. 이를 통해 반인륜적인 살인 행위의 구체적인 실상이 제대로 드러날 것이며, 악의적 왜곡 선동으로 유족들의 가슴에 쇠못을 박는 행위가 더 이상 자행되서는 안 되기 때문이다.

6-7. 유네스코 세계기록유산 등재

역사는 기록과 해석으로 교훈이 전승된다. 광주광역시는 1994년 '5·18민주화운동 자료실'을 설치하고 5·18 기록물과 유품 등을 수집하여, 1997년부터 《5·18광주민주화운동자료총서》를 간행하였다.

2000년 9월, 한국기록학회는 5·18민주화운동 관련 자료가 유네스코 세계기록유산에 등재될 가치가 있다고 발표했다. 2009년 6월부터 5·18 기록물의 세계기록유산 등재 논의가 시작되었고, 그해 7월 전남대학교, 광주광역시, 전라남도, 5·18 기념재단 등이 모여 등재를 위한 민관협의체를 구성하였다.

2010년 1월, 광주광역시에 '5·18 기록물 유네스코 세계기록유산 등재추진위원회'가 정식으로 발족되었다.[13] 그해 3월 유네스코 본부에 등재신청서를 제출하였고, 2011년 5월 20일 국무총리가 유네스코 주재 한국대사에게 '5·18은 대한민국 정부가 인정한 민주화운동'이라는 공식입장을 전달했다. 그해 5월 23일 영국 맨체스터에서 개최된 유네스코 세계기록유산 국제자문위원회 총회에서 이리나 보코바 사무총장이 5·18 등재 서류에 최종 서명함으로써 등재를 완료했다.

5·18민주화운동 기록물은 광주 민주화운동의 발단과 진압, 그리고 이후의 진상규명과 보상 등의 과정과 관련해 정부, 국회, 시민 단체, 그리고 미국 정부 등에서 생산한 방대한 자료를 포함하고 있는 기록물이다. 5·18민주화운동은 대한민국의 민주화는 물론 필리핀, 태국, 베트남 등 아시아 여러 나라의 민주화운동에 커다란 영향을 주었으며, 민주화 과정에서 실시된 진상규명 및 피해자 보상 사례도 여러 나라에 좋은 선례가 되었다는 점을 높이 평가했다.

세계의 학자들은 5·18민주화운동을 "전환기의 정의"(transitional justice)라고 명명하면서 "과거 청산의 대표적인 모범 사례"라고 말했다. 남미나 남아공 등지에서 발생한 국가 폭력과 반인륜적 범죄 행위에 대한 과거 청산 작업이 부분적으로밖에 이루어지지 않은 반면, 5·18의 경우 '진상규명, 책임자 처벌, 명예 회복, 피해 보상, 기념사업' 등 광주 문제 해결 '5대 원칙'이 모두 관철되었다는 점이 높게 평가되었다.

5·18 기록물이 영국의 《대헌장》[14], 프랑스혁명의 《인권선언》 등과 마찬가지로 유네스코 세계기록유산에 등재됨으로써 5·18은 인류사의 진전 과정에서 반드시 기억되어야 할 '세계사적인 사건'으로 자리

매김된 것이다.

제6장 주

1. 돈 오버도퍼(Don Oberdofer), 이종길 역,《두 개의 한국》, 길산, 2002, p.201.
2. 팬티 바람에 몽둥이찜 칠선판에 물고문까지 "죽는 줄 알았다" 〈일요신문〉, 1996년 2월 11일, 16면.
3. 허장환, 〈505보안부대 광주사태 처리 특명반 수사관의 증언〉(기자회견), 1988. 12. 6. http://c.hani.co.kr/hantoma/1434931.
4. 위와 같은 증언
5. 보안사령부 〈합동 조치 내용〉: 국방부 과거사진상규명위원회 엮음,《12·12, 5·17, 5·18사건 조사결과보고서》 p.119에서 재인용.
6. 강성복, 전남지방경찰청장, 2017. 10. 11.
7. 〈중앙일보〉 1997년 4월 18일자, 대법원 확정 형량은 2심 선고 형량과 동일하다(단 유학성은 사망으로 공소 기각).
8. 대법원 〈12.12, 5·18 상고심 선고판결문〉, 1997. 4. 17.
9. '국헌문란'이란 쿠데타 등에 의한 헌정질서 파괴, 또는 헌법과 자유민주주의의 폭력적 유린을 가리키는 말이다.
10. 한인섭 "전두환·노태우 1심재판 입체분석", 〈신동아〉, 1996년 10월호, p.610.
11. 제48차 유엔인권소위원회에 제출한 루이 주아네의 불처벌 관련 최종 보고서는 '불처벌과의 투쟁을 통한 인권의 보호와 신장을 위한 일련의 원칙'을 제시하고 있다.
12. 이재상, 〈정범배후정법이론〉,《이화여대 법학논집》제7권 제2호, 2003, pp.25-33.
13. 5·18 단체와 주요 대학 총장, 종교계 원로들이 참여하고, 김영진(전 국회의원)이 추진위원장, 안종철이 추진단장으로 선임되어 본격적으로 등재가 추진되었다.
14. 《대헌장》(1225, 2009년 세계기록유산 등재, 영국국립도서관 소장)은 영국 역사에서 가장 중시되는 문건 중 하나이다. 이 '대헌장'은 영국 역사상 최초로 과세권, 영주권 및 사법권에서의 왕의 권한을 제한했다. '대헌장'은 왕의 권한이 법 위에서가 아닌 법 내에서 행해져야 한다는 대원칙을 제시했다. '대헌장'은 이제 자유와 민주주의 대명사로 전세계에 영향을 끼치고 있다.

제7장

지만원의 '5·18 분석 최종 보고서'를 보고 [1]

본서 제7장은 안종철 저 《5·18 때 북한군이 광주에 왔다고?》에서 발췌한 것이다.

일부 보수 단체와 수구 논객 지만원 등은 북한 특수부대 600명이 광주에 내려왔고, 그들이 광주 시민들에게 총질을 했다고 엄연한 역사를 날조하고 있다. 지만원은 5·18 당시 광주 시민들과 시민군의 사진을 북한군 핵심 간부들의 얼굴 사진과 비교하며 "5·18 당시 광주에 내려온 북한 특수군"이라고 선동하고 있다. 복면을 쓰고 광주 항쟁에 나섰던 시민군, 일명 "복면 시민군"을 북한 특수부대라고 억지를 부리고 있다. 지만원은 '얼굴이 비슷하다'고 둘러대어 '광수'로 지목된 시민군 100여 명이 현재 북한 김정은 정권의 실세들이며, 이들이 1980년 5월 광주에 침투해 5·18민주화운동을 주도했다는 것이다.

이에 지만원에게 명예훼손과 모욕죄를 적용하여 법적 대응에 나서고 있다. 오월 세 단체, (사)5·18 민주유공자유족회(회장 정춘식), (사)5·18 민주화운동부상자회(회장 김후식), (사)5·18 구속부상자회(회장 양희승)는 2003년부터 지만원의 반역사적 만행에 대응하여 5·18 역사 왜곡과 관련해 고소를 제기하였고, 징역 10개월 및 집행유예 2년을 받게 하였다. 2012년, 2013년에도 고소를 제기하여 징역 6개월 및 집행유예 2년을 받게 한 바가 있다.

7-1. 5·18 때 북한군이 광주에 왔다고?

1980년 5월, 북한군 600여 명이 광주에 출몰해 광주항쟁을 일으키고 수천 명의 사상자를 내고 월북했다면 그 책임은 누구에게 있는가? 영토를 보전하고 국민의 생명과 재산을 보호해야 할 국군통수권자에게 그 책임이 있다는 것은 두말할 필요가 없다.

5·18민주화운동의 진실에 대한 국가적 조사는 1980년 사건 직후 계엄사 발표, 1985년 국방부 재조사, 1988년 국회 청문회, 1995년 검찰 및 국방부 조사, 1996~1997년의 5·18민주화운동 재판 등 다섯 차례가 있었고, 2012년 국가정보원, 국방부 과거사진상위원회의 조사까지 합하면 여섯 번이나 있었다. 그러나 이 여섯 번의 조사 중 그 어디에서도 북한군이 대대 규모로 남한에 들어왔다는 증거나 정황은 발표된 적이 없다.

이어서 지만원은 "공포의 시간대인 1980년 5월 18일 오전 9시 30분에 날렵한 학생 200여 명이, 전남대 정문에서 경비를 서고 있는 20여 명의 계엄군 병사들에게 다가와 시비를 걸다가 돌을 던져 부상을 입히고, 계엄군보다 더 빠른 속도로 충장로와 금남로로 달려가 대기하고 있던 다른 대학생들과 파출소, 건물, 차량 등에 불을 질러 광주 시민들을 불러모았습니다. 불을 지르면 반드시 사람들이 꼬입니다. 이들 학생 무리들은 광주의 대학생들이 아니었지만 검찰 보고서는 대학생이라고 기록했습니다"라고 주장했다.

지만원의 이러한 주장은 어처구니없는 것이다. 5월 18일 오전 9시 30분경 그날은 일요일로 대부분의 학생들은 쉬는 날이었고, 학교에 왔더라도 그들은 대개 일요일임에도 불구하고 공부를 하러 온 면학파 대학생들이었다. 시위를 주도했던 학생운동 지도부들은 피곤에 지쳐 있었기 때문에 주말을 이용해 휴식을 취하고 있는 상태였고, 일반 학생들이 학교 도서관에서 공부하기 위해 학교에 나오는 상황이었다. 그 학생들이 정문을 통과하려 할 때 정문을 봉쇄하고 있던 7여단 33대대 1개팀 8-9명의 공수부대원들이 교문을 통제했다. 이들은 휴교령이 내려진 사실을 말하면서 학생들에게 귀가를 종용했다.

그러나 학생들은 쉽게 돌아서지 않았고 오전 10시가 넘어서자 그들의 저지에도 불구하고 100여 명의 학생들이 정문 앞 다리에서 농성을 시작했다. 학생들의 수가 200~300여 명으로 불어나자 자연스럽게 구호가 나오기 시작했고, 이에 공수부대 대원들은 무력 진압을 개시했다. 특수 훈련을 받은 공수부대와 맨손인 학생들의 싸움은 일방적인 것이었다. 곤봉으로 가차없이 머리를 갈기는 공수부대원들에게 학생들은 부상자를 남겨둔 채 쫓겨났다.

대학생들이 먼저 계엄군에 다가가서 시비를 걸지도 않았고, 먼저 돌을 던지지도 않았다. 단지 학교에 들어갈 수 있게 해달라고 주장했을 뿐이다. 그러나 교문을 막고 있던 계엄군 공수부대는 학생들에게 해산하라고 했고, 학생들은 학교에 들어가겠다고 요구했다. 이 상황이 계속되자 계엄군이 "돌격 앞으로!"라는 구호에 따라 학생들에게 가혹 행위를 자행했다. 학생들이 이에 항의하면서 돌을 던지기 시작했다. "계엄군과 학생들이 경쟁하듯이 금남로로 달려간 것"이 아니라 대학생들이 학교에 들어가지 못하게 되니 광주역을 거쳐 금남로로 진출한 것이다. 휴교령이 내려질 가능성에 대비해 "만약 휴교령이 내려지면 그다음 날 오전 10시에 학교 정문 앞에서 모여 시위를 벌이고, 다음 단계로 정오에 도청 분수대 앞에서 집결하자"라는 학생 지도부의 결정이 있기도 했다. 전국의 대학교 총학생회가 만일의 사태, 즉 계엄령에 대비해 이러한 방침을 정했지만 다른 지역에서는 유야무야했고, 전남대에서만 실행된 것이다.

7-2. 5·18 때 데모대에 학생은 없고 북한군만 있었다고?

검찰군의 〈5·18관련 사건 수사 결과〉와 국가안전기획부의 〈광주사태 상황일지 및 피해 현황〉은 전남대 정문 앞 "전남대 학생들"이라고 정확하게 기록하고 있다. 그러나 지만원은 이를 "의심할 나위 없는 북한 특수군이라고 주장한다. 군 출신이 군과 검찰에서 수사한 자료까지 무시하고 인정하지 않을 뿐만 아니라, 확인할 방법도 없는 황당무계한 왜곡된 사실을 주장하는 넌센스를 여기서도 볼 수 있다.

또 지만원은 "5·18 기념재단이 발간한 증언집에 의하면, 광주 대학생들은 항쟁 기간 내내 꼭꼭 숨어 있었다"고 주장하고 있다. 그러나 그러한 표현은 자료집 어디에도 없다. 단지 소수의 대학생이 계엄군에 체포될까 두려워서 집에 숨어 있을 수는 있지만, 광주의 대학생들 '모두'는 항쟁 기간 내내 숨어 있지 않았다.

7-3. 북한 특수군이 교도소를 공격했다고?

"북한 특수군 600여 명이 광주교도소 공격에 나섰습니다. 좌익수 170명을 포함한 2,700여 명의 수용자들을 폭동에 동원하려고

6차례에 걸쳐 교도소를 공격한 것입니다. 이때 참호를 파고 대기하던 공수부대와 고지 쟁탈전을 벌여 아마도 많은 북한 특수군이 사살되었을 것입니다. 북한 특수군은 중상을 당했을 경우 증거를 인멸하기 위해 죽기 전에 소형의 폭발물로 자기 몸을 분쇄하는 것을 기본으로 한다고 합니다. 북한 특수군은 교도소 공격에서 패하자 26일 마지막으로 도청에 있었던 일부 20대 부나비들에게 결사 항전을 선동하고 사라졌습니다"(Smoking Gun #6).

잘 훈련된 북한 특수군 600명이 수감자들을 석방하기 위해 교도소를 공격했다면, 그곳을 철통같이 경비하고 있던 계엄군에게 엄청난 피해를 입혔을 것인데, 우리 국군 사망자가 교도소 인근 전투에서 발생했다는 그 어떤 기록도 없다. 북한 특수군 역시 계엄군 공수부대와 교전을 벌였다면 남북한의 최고 우수부대가 충돌했기 때문에 서로 많은 피해를 입었을 것인데, 그에 대한 어떤 자료도 아직 밝혀진 것이 없다. 지만원의 지적대로 증거를 없애기 위해 죽기 전에 소형의 폭발물로 자기 몸을 분쇄하고 흙으로 덮어 지하 땅속으로 숨어 버리는 신출귀몰하고 완전무결한 정리를 했는지, 그 어떤 증거도 남기지 않고 있다.

7-4. 시민군이 교도소를 습격했다고?

5·18민주화운동 당시 광주교도소장이었던 한도희 씨 증언(연합뉴스, 1995. 12. 14)에 따르면 "시민군이 1980년 당시 광주교도소를 습격했다는 계엄사의 발표는 사실이 아니다"라고 했다. "시민군이 교도소를 습격했다면 교도소 주변에 시체가 있어야지 어떻게 도로에 있을 수 있겠는가? 당시 교도소에는 3공수여단 병력이 중무장하고 있어

서 교도소 습격이란 상상할 수도 없었고, 계엄군이 시 인근 지역으로 시위 확산을 막기 위해 도로를 향해 무차별 발포한 것"이라고 증언했다.

5·18민주화운동의 생생한 장면을 촬영한 사진들은 5·18민주화운동이 계엄군의 탄압으로 종료된 후 7년이 지난 1987년에서야 제작되어 시민들이 보게 되었다. 지만원은 이런 사진들이 1980년 5·18 당시 광주 시내에 나돌면서 시민들이 분노했다고 한다. 궤변을 늘어놓더라도 일반 시민들이 그럴듯하다고 이해할 수 있는 궤변이어야 하는데, 도무지 앞뒤가 맞지 않는 천방지축의 궤변이다.

7-5. 5·18 천주교 사진첩, 북한과 공모해 발간했다고?

지만원은 5·18민주화운동의 생생한 장면이 수록된 사진첩을 천주교 신부들이 북한과 공모해 발간·배포하면서 광주 시민들이 분노해 폭발했다고 한다. 이를 그대로 인용하면 "광주의 정의평화 천주교 신부들과 북한이 주고받으면서 반복적으로 발행한 사진첩들이 있습니다. 으깨진 얼굴, 전기톱 같은 것에 의해 반이 잘린 얼굴 등을 담은 사진첩입니다. 이런 으깨진 얼굴들을 놓고 천주교 신부들과 북한은 계엄군이 난자한 얼굴이라고 뒤집어씌우지만, 우리의 자식들로 이루어진 계엄군은 이렇게 악랄한 심성을 갖고 있지도 않고, 그렇게 잔인한 얼굴을 조각해 낼 시간도 없었습니다"라는 내용이다.

사진첩에 실린 사진들은 공수부대가 무차별 진압 행위에 분노한 광주 시민들을 구타하는 장면을 있는 그대로 보여주고 있다. 계엄군의 행위는 광주 시민을 상대로 한 학살극이라고 할 수 있을 만큼 비인도적이고 난폭했다. 가령 계엄군은 진압봉과 대검으로 민간인을 때리고 찔렀으며, 민가에까지 들어가 젊은 남자들을 끌어내어 무자비하게 구타하거나 옷을 벗기고 팬티만 입혀 포박·연행하는 일 등이 사진에 그대로 찍혔다.

지만원이 지적하다시피 5·18민주화운동을 촬영한 사진들에는 너무 처참한 사진들이 많이 있다. 어린 학생들이 보는 사진 자료에는 이런 처참한 사진들은 일부러 제외할 정도이다. 모두 계엄군의 만행과 학살에 의한 피해자들의 생생한 사진들이다. 이런 사진들까지 부인하고 천주교 신부들이 북한과 공모해서 사진집을 만들어 냈다고 궤변을 늘어놓는 것은 황당하다고밖에 말할 수 없다. 천주교 광주대교구 신부님들은 지만원을 명예훼손죄로 광주지검에 고소했다.

7-6. 복면한 사람들은 북한 특수군이었다고?

5·18민주화운동 당시 마스크와 수건으로 얼굴을 가린 사람들이 있었다. 5월 21일 도청 앞에서 공수부대의 집단 발포가 있기 전까지는 이러한 현상이 없었지만, 집단 발포 이후 시민들이 무장을 하면서 얼굴을 가리는 사람들이 나타나기 시작한 것이다. 국가폭력에 저항해서 총을 들었던 사람들이 얼굴이 노출되면 후에 피해를 당할 수 있을 것이라는 피해의식에서 일시적으로 취한 행동이었다.

지만원은 북한군이 복면했다는 사실이 〈검찰 수사결과 보고서〉와 〈안기부 상황일지〉에 기록되어 있다고 주장했지만, 그 어디에서도 찾아볼 수 없다. 좀 더 자세하게 몇 쪽, 몇째 줄에 있다고 친절을 베풀었어야만 한다.

21일 이후 27일 도청이 계엄군에 점령될 때까지 복면을 한 시민들이 많았다는 것은 사실이다. 지만원은 "5·18항쟁 내내 복면 부대가 활동하였다"고 주장하고 있지만, 22일 이후 복면부대가 시민들과 어울리지 않았다는 것은 거짓이며 사실 왜곡이다. 많은 사진에서 그리고 증언에서 알 수 있는 것처럼, 22일 이후 차량을 몰고 다닌 시민들이 복면을 하고 있든지, 또는 마스크를 쓰고 자신의 얼굴을 가리고 다른 시민들과 함께 차량을 타고 시위한다든지 하는 상황은 수많은 사진에서 쉽게 찾아볼 수 있다.

덧붙이자면 무장한 시민군의 사진들을 분석해 보면, 얼굴을 가린 사람들보다 맨 얼굴인 상태에서 무기를 든 시민군 사진이 훨씬 더 많이 보인다. 당시의 상황을 촬영했던 사진기자들도 그 점을 지적하고 있다. 그래서 복면부대가 특수부대원이라는 주장은 설득력이 없다. 무장한 시민군이라고 해봐야 숫자가 적은 데다, 21일 오후부터 계엄군이 철수하자 곧바로 시민군 자체적으로 일부가 무기 회수에 나섰다.

이런 면에서 시민군의 무기 회수 장면의 사진을 가지고 마치 무기 분배 장면인 것처럼 활용하고 우기는 지만원 등 전두환 추종자들을 보면 정말 한심하기 짝이 없다.

다만 확실한 것은, 시민군들 가운데 상당수가 나중에 얼굴이 알려질 것을 염려해 복면을 했다는 점이다. 계엄군의 발포로 인해 자위권을 강하게 주장하던 강경파들에 의해 복면한 사람들이 많아졌다는 점은 분명한 사실로 확인되고 있다. 복면한 시민군을 가리켜 북한군이었다는 지만원의 주장은 억지이다. 5·18민주화운동 당시 시민군으로 활약했던 시민들이 지만원을 명예훼손으로 광주지방검찰청에 고소하여 현재 재판이 진행 중이다.

7-7. 지용 씨가 광수 73이라고?[2]

광주광역시 서구 금호동에 사는 지용 씨(76세), 광주의 4대 부잣집 중에서도 첫째로 손꼽히는 집안의 후손인 지 씨의 조부는 호남의 항일운동가였고, 형은 재선 국회의원을 지낸 반공 인사였다. 그는 지역 명문고인 광주고등학교를 졸업하고 동국대학교 정외과에 입학했다. 대학 시절 학과 동기이자 레슬링 운동 파트너가 최형우 전 내무부장관이었다.

그는 1980년 5·18 때 공수부대원들의 만행을 보면서 울분을 참지 못해 광주항쟁에 시민군으로 참여했다. 5·18항쟁 기간에는 전남도청에서 박남선 시민군 상황실장 등과 함께 총기를 들고 외곽 순찰과 도청 경계 업무를 봤다. 그는 1980년 5월 27일 도청이 진압된 후 지명수배를 받았으나, 29일쯤 보안대 합동수사본부에 자수했다. 그는 운좋게도 당시 사업을 하며 쌓은 인맥과 재산 덕분에 사면되어 풀려났다.

이후 38년 동안 그는 '침묵'했다. 그런 그가 다시 목소리를 내기 시작했다. 보수 논객 지만원으로부터 자신이 북한 특수군인 "제73 광수"로 지목된 사실을 알게 된 것이다.

지만원을 광주지방검찰청에 고소한 지 하루 만이다. 역사적 사실에 대한 정확한 기록을 위해 5·18 항쟁 구속자 동지회 박남선 회장도 동석했다. 지용 씨는 "5·18 민주화운동에 대한 왜곡이 나를 현실로 이끌어냈다"며 소회를 밝혔다.

얼마전 큰딸이 지만원 씨가 '제75 광수 리선권'으로 지목한 5·18 사진 속에 함께 있던 '73 광수'가 5·18 당시 아버지의 젊었을 때의 모습과 똑같다며 카톡을 보내왔다. 너무 화가 나서 도대체 광수가 무엇인지, 최소한의 '사실 확인'도 없이 누가 이 따위 사진을 돌리는지 알아보기 위해 같은 성당에 다니는 5·18 기념문화재단 임종수 소장을 찾았다가 언론에 출가 아닌 출가(?)를 당했다.

그렇지만 이를 계기로, 지만원은 추호의 반성도 없이 끊임없이 새로운 '광수'를 조작하면서 5·18을 왜곡하고 있다는 사실도 알게 되었다. 그는 "나와 가족들은 불과 한 달 남짓한 시간 동안 고통받았지만 광주 시민들은 38년간 왜곡과 폄훼에 고통을 받았다. 이런 점에서 5·18 역사를 왜곡하도록 그냥 놔두면 정의와 보편적 상식을 해치는 '사회적 흉기'가 된다는 결론에 도달했다. 내 개인의 명예를 회복하는 선에서 그치지 않고 더 많은 시민들이 제대로 된 진실을 알고, 지 씨의 왜곡 선동에 휩쓸리지 않도록 이제는 침묵하지 않겠다"고 마음의 다짐을 했다.

지난 2015년 광주시와 5·18 기념재단 등은 진실을 밝히고 역사 왜곡을 바로잡기 위해 지만원을 고소했지만, 검찰은 불구속 기소로 시민들의 기대를 저버렸다. 그는 허술한 법망에서 벗어난 지금 이 순간에도 비웃기라도 하듯 불법을 자행하고 있다. 지용 씨는 이제 새롭게 고소한 만큼 지만원의 만행을 중지시키기 위해서라도 구속 수사해 주길 바란다고 했다.

'5·18 북한 개입론'의 중심에는 지만원이 있다. 그는 5·18은 광주에 남파된 북한특수군(일명 광수)이 일으킨 폭동이라고 주장하고 있다. 또한 5·18은 사회에 불만을 가진 기층세력(양아치계급)에 의한 폭동이라고 폄훼하고 있다. 이른바 북한 개입설은 그 근거가 전무하고 저의가 가장 악랄하며 논리의 수준이 매우 저열하지만, 우리 사회에 만연된 반공주의와 레드 콤플렉스의 힘을 받아 그 파급 효과가 가장 큰 대표적인 왜곡 담론이다.

사진의 광수 73이 지용 씨가 아니라고 한다면 그건 터무니없는 2차 왜곡이다.

"사진에 등장한 인물은 내가 맞다. 사실 나도 처음에 (사진 인물의) 얼굴과 긴 머리만 보고는 긴가민가했다. 하지만 소장하고 있던 젊은 시절 사진과 입고 있는 하와이 상의 셔츠를 보면서 '나'라고 확신했다. 야자수 무늬가 들어 있는 셔츠는 사업상 자주 머물렀던 서울의 한 호텔 내 쇼핑센터에서 샀던 것으로 어렴풋이 기억이 난다. 지 씨가 원한다면 사진 분석 등 검증에 기꺼이 응할 용의가 있다. 그는 나를 '잘못 찍었다.'"

7-8. 광주 시위대 600여 명은 북한군이었다고?

지만원은 자신이 운영하는 시스템클럽에서 5·18민주화운동 때 활동했던 학생 시위대 600명은 북한 특수군이었다는 확실한 증거가 있다고 했다.[3] 지만원은 "2년 동안 북한이 제작한 대남공작 역사책, 통일부 자료, 탈북자의 수기, 사진, 일본 자료 등을 망라하여 연구한 결과 5·18 광주에 북한 특수군 600명이 왔고, 광주 시위대 600명은 따로 존재했다"고 주장했다.

"600여 명으로 구성된 폭동 군중의 한 집단은 괴뢰군 제199지원단 제1훈련소의 무기고를 기습하여 숱한 무기를 탈취하였고, 지원동 석산의 독립가옥에 보관되어 있는 많은 폭약과 뇌관들을 빼앗아 내었다."

광주를 알고 5·18민주화운동을 개략적으로라도 아는 사람이라면 이 세 줄의 내용이 얼마나 허황된 것인가를 쉽게 알 수 있다. 5·18민주화운동 당시 시내 곳곳에서 수백 명, 수천 명 단위의 시민 학생들의 시위대는 많이 있었지만 199지원단 제1훈련소라는 부대는 광주에 없었기 때문이다. 북한 특수군 600명은 원래 연·고대생 600명으로부터 시작되었다. 증언 기록을 면밀히 살펴보면, 연·고대생 1-2명이 시내 시위에 가담한 기록은 있다.

"도청 광장에서 사망자 추도식 준비가 한창 진행되고 있던 22일 오후 3시 8분, 서울에서 500여 명(또는 300여 명)의 대학생들이 도청 광장에 도착했다고 행사 주최 측에서 발표하면서 이들을 환영하는 행사가 크게 벌어졌다. 대학생들은 분수대를 가운데 두고 둘러앉거나 선 채로 시민들의 환영을 받았다. 시민들은 서울에서 대학생들이 도착했다는 안내 방송이 나오자 함성을 지르고 박수를 쳤다. 광장은 떠나갈 듯한 함성으로 가득했다. 이제 순수한 광주 시민만의 몸부림이 아니라 전국적인 호응을 받고 있는 항쟁으로 여기게 되었다고 본 것이다. 실로 백만 지원군을 맞이하는 느낌이었다. 그러나 분수대에 둘러앉은 학생들은 서울에서 내려온 대학생들이 아니라 전남대, 조선대 학생들이었으며, 광주만의 고립감을 탈피하기 위해 만들어 낸 행사용이었다"고 주최 측에 참여했던 사람들은 증언하고 있다. 이것은 다음과 같은 사실에서도 이해가 되는 측면이다. 이미 광주 외곽은 공수부대 3개 여단을 비롯해 보병 20사단, 31사단, 전투교육사령부 예하 병력 등 무려 2만여 병력이 동원되어 철통같이 봉쇄하고 있는 상태였다. 그런데도 이러한 철통 같은 봉쇄망을 뚫고 그들의 반대 세력인 500여 명의 대규모 대학생들이 광주에 들어올 수 있도록 묵인했을 리는 만무했다. 계엄군이 개미 새끼 한 마리 얼씬거릴 수 없도록 고속도로, 국도, 지방도로는 물론 무등산 등 산악지대 샛길까지 외곽을 철저히 봉쇄하고 있었기 때문이다.

7-9. 북한 특수부대가 무기고 44곳을 습격했다고?

지만원은 "안전기획부 자료(1985), 검찰 수사 보고서(1995) 자료에서 탈취당한 무기고 수는 38개이지만 북한의 역사책에는 44개"라고 하면서 "한국 정부 당국이 모르는 사실을 북한이 알고 있었다"고 북한의 정보력을 높이 평가하고 있다. "시민들이 조직적으로 군사적 기밀 장소인 무기고를 짧은 시간 내에 44곳이나 습격한 것은, 당시 광주에 불순분자가 배후에 없었으면 또는 북한 특수부대가 아니었으면 불가능한 일이었다"고 주장하고 있다.

"이들 600명은 전남 17개 시군에 꼭꼭 숨어 있는 44개의 무기고를 향해 예행연습을 한 듯한 매너로 곧장 달려가서 무기고를 솜씨 있는 방법으로 털었습니다. 불과 4시간 만에 전남 지역 전역에 위장되어 있는 44개 무기고로부터 무려 2개 연대분의 무기를 털었습니다. 가장 빨리 털린 무기고는 낮 12시에 털린 나주경찰서 무기고였습니다. 가장 괄목할 만한 상황은 이들 600명의 학생부대가 8톤 분량의 TNT를 전남도청 지하실에 옮겨 놓고 순식간에 포탄으로 조립해 놓았다는 사실입니다."

"북한 특수부대 600명은 전남 17개 시군에 위장되어 있는 44개 무기고를 낮 12시부터 오후 4시까지 털어 5,308정의 무기와 탄약, 8톤의 TNT를 탈취하였습니다. 광주에 이런 조직력과 능력을 가진 대학생 시위대는 없었습니다."

이 기록 역시 1995년 8월 17일 자의 〈검찰 보고서〉, 〈안기부 상황일지〉, 《광주의 분노》에 있다.

지만원은 자신이 그렇게 숭배하는 안전기획부나 검찰의 자료를 여기에서는 믿지 못하겠다고 한다. 어떤 부분에서는 신뢰하고 어떤 부분에서는 믿지 못한다는 이상한 논리다. 지만원의 주장이 얼마나 허구로 가득 찬 것인지 하나하나 따져 보기로 하자.

먼저 〈검찰 보고서〉에 의하면 "시위대에 의한 무기 탈취는 5월 19일 15시 15분경 기독교방송국을 점거하는 과정에서 31사단 경계 병력으로 M16 소총 1정을 탈취한 것이 처음으로 이 소총은 곧 회수되었다. 그 후 5월 20일 23시경 광주세무서 방화 점거 시 지하실 무기고에서 카빈 9정이 탈취되었으나 시위대가 본격적으로 무기 탈취에 나선 것은 5월 21일 13시경 도청 앞에서 공수부대의 집단 발포가 있은 후로, 시위대는 광주 인근 지역으로 진출하여 화순, 나주 등 지방의 지·파출소와 화순광업소, 한국화약 등 방위산업체 등에서 대량으로 총기와 실탄을 탈취하였다"고 기록하고 있다.

광주 지역의 시위가 확산되자 두 차례에 걸쳐 광주 시내 예비군 무기고에 있는 소총과 탄약을 회수해 군부대에 보관하기도 했다. 안기부의 자료에도 이 부분은 기록되어 있다. 경찰 병력이 데모 진압을 위해 대부분 광주 시내로 차출되어 근무하고 있었기 때문에 경찰관 1~2명 정도, 방위병 1~3명만이 경계를 펴고 있었으므로 무기를 탈취당한 것이다.

특히 5월 21일에는 전남대학교에서 3공수여단이, 전남도청 앞에서는 7공수여단과 11공수여단이 시위대와 치열한 공방전 끝에 결국은 전남도청 등을 포기하고 조선대학교 뒷산을 거쳐 광주시 외곽으로 철수하는 형편이었으므로 군이나 경찰이 시민들의 무기고 습격을 방치할 수밖에 없었다.

1995년의 검찰 수사결과 보고서에 의하면 "시위대는 차량을 이용하여 인근 광산, 영광, 함평, 화순, 나주, 영암, 해남, 강진, 완도, 승주, 고창 등지로 진출하여 무기를 확보하였다. 안기부의 상황일지에도 총기류 총 5,008정, 폭약 3,000상자로 피해 상황을 기록하고 있다.

이처럼 광주 시민들의 무기 소유는 5월 20일 저녁 광주역에서 발포로 인한 시민의 사망과 21일 오후 1시 계엄군의 집단 발포에 충격을 받은 시민들이 자위권 차원에서 무장의 필요성을 절감함에 따라 인근지역 파출소의 무기고를 습격함으로써 시작되었다. 그런데 지만원 등은 "시민들이 무기고를 습격한 것이 아니라 시민들로 가장한 북한 특수부대가 지역 파출소 무기고를 습격해 무기를 획득한 다음

계엄군과 시민들을 향해 총질을 함으로써 양측에 많은 피해를 입혔다"고 하면서, 그들이 계엄군에게 혐의를 뒤집어씌우고 사라짐으로써 대한민국 내에서 광주 시민과 계엄군 간의 갈등을 유발했다고 주장하고 있다.

또한 지만원은 "4시간 정도의 짧은 시간에 전남지방 44개의 무기고가 동시에 습격을 받았다"고 주장하고 있다. 그렇다면 한 곳당 적어도 10-15명의 북한 특수군이 참여했어야 하는데, 무기고 공격에 참여했던 사람들의 한결같은 증언은 적게는 수십 명에서 수백 명, 많게는 수천 명의 시위대들이 합세해서 단위 지서를 공격했다고 검찰의 수사기록, 안기부 자료에도 제시되어 있다. 또 당시 무기고는 지역파출소 옆이나 뒤편에 마련되어 있었다는 것은 대한민국 국민이면 누구나 다 아는 사실이다. 지만원이 주장하듯이 다른 사람들이 알아볼 수 없도록 위장되어 있지도 않았고, 허접하게 만들어져 있었고 "접근하면 발포합니다" 등등의 어수룩한 팻말을 세워 놓고 있었다는 것은 대한민국의 국민이라면 누구나 아는 사실이다.

한편 북한에서 발간한 《광주의 분노》에는 "5월 21일 광주고등학교와 숭일고등학교 학생들이 학도호국단의 무기고를 들이치고 많은 무기를 탈취했다"고 기록되어 있지만 고등학생들이 학도호국단의 무기를 탈취했다는 기록은 어떤 자료에서도 확인할 수 없다. 단지 계엄사 상황일지에 5월 21일 18시경 광주 숭일고등학교에서 M1소총 60정이 피탈되었고 무기고가 방화되었다는 기록만 있을 뿐이다. 무기 탈취에 가담했던 많은 시민들이 항쟁 이후 계엄사 수사관과 경찰에 붙잡혀 갖은 고문과 가혹 행위를 당한 후 구속되었는데, 검찰 수사결과 보고서 기록에는 북한 특수군이 포함되어 있다는 어떤 근거도 없다.

전교사 계엄보통 군법회의 판결문에 "5월 21일 성명 미상의 무장

폭도 100여 명과 함께 운전수였던 광주 산수동 거주 임덕호(1956년생)는, 전에 근무하던 신안동 소재 대한통운 광주지점의 무기고를 습격하여 카빈 소총 70정과 탄약 40개, 수통 4개를 탈취했다"는 죄로 징역 6년에 처한다고 판결하고 있다.

이러한 객관적인 국가 기관의 자료들을 살펴볼 때, 북한 특수군이 무기고 공격에 가담하고 주도했다는 증거는 그 어디에서도 찾을 수 없다.

7-10. 사망자 70%는 시민군의 카빈총에 맞았다고?

지만원은 5·18민주화운동에서 "총에 맞아 사망한 광주 시민의 70%가 무기고에서 꺼낸 총에 의해 사망했습니다(안기부 일지, 《계엄사》). 광주 시민이 광주 시민을 조직적으로 쏠 수는 없는 일 아니겠습니까? 이 역시 북한 특수군 손에 의해 만들어진 결과가 아닐 수 없습니다"라면서 허무 맹랑한 주장을 하고 있다. 같은 시민군끼리 총살한 것도 아니고 북한군은 있지도 않았으니 계엄군이 발사한 것이 틀림없다.

국가안전기획부가 1985년에 발표한 자료는 〈광주사태 상황일지 및 피해 상황〉으로 신군부의 폭압정치가 한참 맹위를 떨치고 있는 상황이었기 때문에, 국가의 대표적인 정보 기구인 국가안전기획부도 자신들의 상전인 신군부의 집권 논리에서 벗어난 자료를 발표한다는 것은 애초에 기대할 수 없는 상황이었다. 광주 시민들 역시 이러한 발표를 믿으려 하지 않았고, 이것에 어떤 신뢰도 하지 않고 있었다.

신군부의 주장에 동조하는 사람들이 아직도 있는 것은 사실이다. 지만원은 전두환 정권인 제5공화국은 1982년 신군부의 집권을 정당화하기 위해 만든 책 《계엄사》에서 제시한 총상 사망자 117명이 시민군이 사용한 카빈 소총에 의해 죽었다고 주장했지만, 이를 뒷받침할 만한 근거를 제시하지 못하고 있다.

반면 1980년 5월 16일부터 6월 19일까지 광주지방검찰청에서 작성한 〈5·18관련 사망자 검시 조서〉에 따르면, 사망자 165명의 사인은 총상이 전체 79.4%인 131명으로 가장 많고, 개머리판과 곤봉 등에 의한 타박사가 18명, 차량사 12명, 대검 등에 의한 자상이 4명이라고 되어 있다. 또 카빈 소총에 의한 사망자가 26명이라고 했다. 당시 검찰 입장에서 카빈 소총에 의한 사망자 숫자를 축소할 이유는 없었다.

2007년 국방부 과거사위원회에서 작성한 보고서에 의하면, 당시 이 분류 과정에 참여한 의사 2명과 목사는 사망자가 폭도로 분류될 경우 위로금 등이 지급되지 않기 때문에 최대한 폭도로 분류하려고 노력했다고 한다.

5·18민주화운동 직후 의사, 검사, 기자, 시민 등 11개 분야를 대표한 49명으로 구성된 시체 검안위원회는 1980년 5월 27일부터 6월 16일까지 민간인 사망자 161명의 시신을 검시해서 검시조서를 작성한 바 있다. 그동안 정부와 군부는 이렇게 작성된 검시보고서를 바탕으로 자신들에게 유리하게 5·18민주화운동 관련자 희생자 현황을 발표해 왔던 것이다.

사망자 중에 M16 자동소총보다 카빈 소총으로 죽은 사람이 많다는 말은 거짓이다. 현존하는 5·18민주화운동 사망자에 대한 검시 자료 원본은 군부 측의 보안사가 작성한 〈광주사태 검시참여 결과보고〉, 광주지검이 작성한 〈5·18관련 사망자 검시〉, 광주시청에서 작성한 〈검시조서〉 세 가지가 있다. 카빈 사망자만을 따져 보자면, 보안사 검시 자료는 카빈 사망자 21명, 광주지검의 검시 자료는 26명, 광주시청 검시 자료는 12명이다. 세 자료에서 모두 카빈 사망자로 일치하는 사람은 8명이다.

1980년에 일어난 5·18민주화운동, 5·17 비상계엄전국확대조치 등을 신군부 쪽에 유리한 방향으로 기록하기 위해, 제5공화국의 국방부는 1982년 《계엄사》라는 책을 펴냈다. 《계엄사》에는 카빈 사망자, M16 사망자를 구체적으로 분류한 자료는 없다. 다만, 총상 사망자 중 88명이 폭도인 자신들의 난동으로 죽었고, 29명만 계엄군에 끝까지 대항하다 사살당했다는 내용이 있다. 지만원은 이 구절을 인용하여, 카빈 사망자가 더 많다고 주장한다. 하지만 《계엄사》 내에 구체적으로 이를 뒷받침할 자료는 전혀 없다.

1988년 국회에서 진행된 광주특별위원회 청문회만 봐도, 계엄군은 M16 외의 총기도 사용했다. 당시 박태권 통일민주당 의원은 계엄군이 27일 하루에만 "M16 9,646발, M203 19발, 수류탄 12발, TNT 25파운드, 권총 667발, M60 925발, 66LCW 260발, 연막탄 18발, 최루탄 150발, 오색신호탄 70발, 화염방사기 7대, 총합계 11,792발을 쏘았다"(제144회 국회 5·18민주화운동 진상조사특별위원회 회의록 제7호)고 말했다.

7-11. 5·18 묘지에 북한군 시신 12구가 묻혀 있다고?

지만원은 국립 5·18 민주묘지에 한국인으로 판명되지 않은 시체가 12구 있다고 주장했다. 대한민국 국적이 아닌 시체 12구가 아직도 5·18 묘지에 묻혀 있다는 것이다. 얼굴은 같은 민족인데 대한민국 국민이 아니라면 이는 북한 사람이라는 것이 세상의 상식일 것이다. 탈북자의 증언에서도 나와 있다고 적시되어 있다.

사실이 아닌 허위를 사실이라고 주장할 때는 그것에 대한 정확한 사실을 근거로 제시해야 한다. 그러나 지만원은 전혀 사실 무근인 것을 사실이라고 우기고 있다. 광주광역시 북구 운정동에 있는 국립 5·18 민주묘지에는 이름이 판명되지 않는 묘지 5기가 있을 뿐이다. 그런데도 지만원은 북한 사람으로 보이는 묘지 12기가 있다고 억지 주장을 하고 있는 것이다.

망월묘역은 5·18민주화운동을 기억하고 상징하는 장소로 점차 확고히 자리매김되었고, 1980년 이후 한국의 민주화운동을 촉발시키고 확산시키는 메카로 발전되었다.

군사정부 시대가 끝나고 문민정부인 김영삼 정부가 들어서면서 1993년 5월 13일 김영삼 대통령은 광주민주화운동 담화를 통해 "망월동 묘역은 민주성지로 가꾸어 나갈 수 있도록 묘역의 확장 등 필요한 지원을 다할 것이다"라고 발표하면서 망월묘지 성역화 사업이 본격적으로 진행될 수 있는 근거가 마련되었다.

1994년부터 묘지 성역화 사업을 추진해 5만여 평의 부지에 3년에 걸쳐 사업이 진행되어 1997년 새로운 5·18 묘지가 완성되자, 시립묘지 제3묘역에 묻혔던 영령들은 그동안 힘들었던 17년을 뒤로하고 새 묘역으로 이장되었다. 구 묘역은 당시의 참상을 처절하게 안고 있는 곳으로 원형을 복원해 겉모습 그대로 보존하고 있다. 현재는 사적지로 지정·관리되고 있다.

2001년 12월 21일, 국회의회에서 5·18 민주유공자 예우에 관한 법률이 제정됨으로써 마침내 5·18 민주묘지는 2002년부터 국립묘지로 승격되었다. 이 땅에 다시는 불의와 독재가 발붙이지 못하도록 하는 준엄한 역사 교육의 장으로서 자유와 민주 그리고 정의를 갈망하는 세계인의 가슴속에 민주화의 성지로 자리 잡아 가고 있다.

사망자, 실종자가 수백 명이 되는 대형 참사에서 모든 시신의 신원을 확인한다는 것을 불가능하다. 삼풍백화점 사건에서 신원 미상의 시신이 30구, 대구지하철 참사에서 신원 미상 시신이 6구인 채로 아직도 남아 있다는 점에 비추어 보면, 5·18민주화운동의 신원 미상자는 다른 사건에 비해 전혀 많은 편이 아니라고 법의학계 전문가들은 지적하고 있다.

7-12. 누가 먼저 발포했는가?

지만원은 시민군이 먼저 발포했다고 주장한다. 그러나 1995년 검찰 조사와 2007년 국방부 과거사위의 조사결과에서는 계엄군이 먼저 발포했다는 것을 정확히 명시하고 있다. 계엄군은 1980년 5월 19일 오후 5시 광주고 부근에서 최초 발포, 5월 20일 밤 11시 광주역 일대에서 집단 발포, 5월 21일 오후 1시 전남도청 앞에서 집단 발포하고, 금남로 주변 건물에 저격병을 배치해 시위대를 향해 조준 사격을 가했다. 시민이 본격적으로 무장에 나선 시점은 21일 오후 1시 전남도청 앞에서 공수부대의 발포가 있은 후였다.

7-13. 북한 특수군이 매복해 계엄군을 습격했다고?

지만원은 "5월 21일, 서울을 출발한 20사단 지휘부가 08시 정각에 광주 톨게이트를 통과한다는 극비 중 극비 정보를 입수한 600여 북한 특수군이 근처에 매복해 있다가 몽둥이, 화염병 등으로 기습 공격을 가해 사단장용 지프차를 위시한 14대의 지프차를 탈취했다"고 했다. 그러나 검찰 수사결과 보고서에는 "5월 21일 02시 30분경 용산을 출발 고속도로를 경유하여 08시경 광주에 도착한 20사단 지휘 차량 인솔대는 광주공단 입구에서 진로를 차단한 수백 명의 시위대로부터 화염병 공격을 받고 사단장용 지프차 등 지휘용 지프차 14대를 탈취 당했다"고 되어 있다.

다시 지만원의 주장을 보기로 하자.

"당시 광주에는 이런 능력을 가진 600명이나 되는 대학생도 없었고, 이런 공적으로 민주화 인사가 된 광주 사람이 전혀 없다. 한국에는 이 정도의 배포와 훈련 수준을 가진 집단이 있을 수 없다. 더구나 5·18에 동원했던 광주 사람들은 사리 판단 능력이 없는 10대 아이들이거나 20대 막노동꾼들이었다. 단 한 번도 함께 모여 본 적이 없는 이런 애송이들이 300명씩 2개 조를 편성해 그중 1개 조가 이동 중인 정규군 사단을 공격하였다는 것은 상상 자체가 불가능한 대목이다. 그런데 이런 내용으로 보고서 문장을 작성한 검찰은 이들 600명을 그냥 광주 학생 시위대라고 기계적으로 적기만 했다."

18일부터 시작된 5·18민주화운동은 시내 곳곳에서 계엄군과 학생의 대치로 시작해 계엄군의 만행에 울분을 참지 못한 시민들이 합세함에 따라 수백 명, 수천 명 단위의 시위가 이곳저곳에서 동시다발적으로 전개되었다. 당시 광주시 계엄군의 만행에 맞서 많게는 30만 명이 참여했다는 기록을 볼 때, 어린이와 노약자를 제외하고 대부분의 광주 시민이 참여했다고 볼 수 있다.

앞서 언급했다시피 경찰 조사 보고서에도 20사단 지휘부가 21일 아침 광주에 도착해 시내로 진입할 때, 공단 입구인 지금의 농성광장 근처에서 수백 명의 시위대와 부딪히면서 지휘용 지프 14대를 시위대에 빼앗겼다는 내용을 기록하고 있다. 지만원은 이 내용을 들어 "북한 특수부대의 매복 습격에 의해 갑자기 당했다"는 주장을 끊임없이 하고 있다.

그러나 북한 특수부대의 매복 습격이 있었다면 사상자가 한 명도 발생하지 않고 자동차만 빼앗겼겠는가? 북한 특수부대가 남한의 공수부대의 사단장 이하 주요 간부들의 목숨을 살려 주면서 자동차만 빼앗았다는 것을 어떻게 해석해야 할까? 북한 특수부대가 남한 특수부대와 전투를 하면서 그렇게 자비로운 판단으로 하고 사단장 이하 간부들을 그대로 살려 주었을까? 만약 그러한 상황이 발생했다면 20사단 지휘부의 무능과 오판을 질책해야 함에도 불구하고 지만원은 600여 명 북한 특수부대의 매복 공격을 받았고, 이러한 저간의 사정을 검찰수사관들은 알지 못했다고 주장하고 있다.

어이없는 일이 아닐 수 없다. 시민들은 매복을 하고 있었던 것도 아니며, 운암동에 있던 톨게이트를 통과해 시내로 진입하기 위해서는 농성동을 거쳐 시내로 진입하는 것이 일상적인 교통 흐름이었다. 20사단 지휘부는 기차를 타고 송정역에 도착하고 지휘 차량만 고속도로를 거쳐 별도로 온 것이다.

지만원이 결정적으로 이렇게 착각하는 것은, 광주 현지의 지리적 공간 개념이 전혀 없이 자신의 주장을 하면서 자신의 상상에 의존하고 있기 때문이다. 광주 톨게이트는 장성에서 광주 시내로 진입하는 운암동에 위치해 있었다. 그러나 20사단이 차량을 탈취당한 지점은 광주 톨게이트를 약 10킬로미터가량 한참 더 시내로 들어온 곳에 있다. 전혀 다른 지점에서 발생한 사건임을 광주 사람들은 누구나 알 수 있다.

7-14. 북한 특수군이 장갑차를 운전했다고?

지만원은 "광주에는 장갑차 4대를 운전할 수 있는 장갑차 운전수 4명이 없다"고 하면서 장갑차 운전자로 외지인을 지적하면서, 광주에는 장갑차를 운전한 광주인은 없었다고 단언하고 있다.

어이없는 주장이 아닐 수 없다. 광주 시내에 돌아다녔던 장갑차는 아시아자동차 공장에서 생산한 4개의 고무바퀴가 달린 장갑차였다. 이것은 일반 자동차의 운전 방식과 거의 비슷한 것이기 때문에 자동차를 운전할 수 있는 많은 시민들은 장갑차를 운전할 수 있었다.

시민군이 아시아자동차 공장에 몰려가 장갑차와 자동차, 버스 등을 가져왔던 것은 사실이다. 5월 20일 오후 택시 기사, 버스 기사들이 중심이 되어 차량 시위를 전개했다. 무등경기장을 출발한 버스, 택시들이 금남로에 도착했을 때 계엄군이 이에 대응했다. 특히 계엄군의 장갑차가 시위하는 택시를 막아섰다. 택시기사들 사이에 이를 타개하기 위해 아시아자동차 공장에 마련되어 있는 장갑차를 가져와 계엄군에 대항하자는 이야기가 전해지자 아시아자동차 공장으로 달려가 장갑차 등을 가져온 것이다. 또 5월 21일 아침에도 금남로에서 공수부대와 대치하고 있던 시민들은, 공수부대를 물리치기 위해서는 많은 차량이 필요해짐에 따라, 운전 경력이 있는 시민들이 시위대 300여 명과 함께 광주시 광천동에 있는 아시아자동차 공장을 찾는 것은 어려운 일이 아니었다.

시민들은 아시아자동차 공장에서 차량을 탈취해 계엄군에 대항했는데, 그때 사용한 장갑차는 바로 시가전을 대비해 만들어진 장갑차였다. 이 장갑차의 운전 방식은 일반적인 자동차의 운전 방식과 거의 동일하다. 일반 시민들 중에는 군에서 장갑차를 운전해 본 사람이 많이 있었을 뿐만 아니라, 베트남 전쟁에 참전했던 제대군인들이 많이 있어 장갑차를 운전하는 데는 전혀 무리가 없었다.

따라서 일반 시민이 이 장갑차를 자유자재로 사용할 수 없다는 지만원의 주장은 광주 시민들을 어떻게든 북한과 관련 지으려는 억측에 불과하다. 이금영이라는 시민군이 직접 장갑차를 몰았고, 이로 인해 계엄군에 붙잡혀 모진 고문과 학대를 당했다는 증언들이 너무 많이 있다.

7-15. 중형 받은 사람들은 떠돌이 노동자뿐이었다고?

지만원은 "1980~81년 재판에서 사형과 무기징역을 받은 사람은 5월 26일 낮과 밤에 개념 없이 설치던 20세의 구두공, 20대 중반의 화물차 운전수 등 개념 없고 뿌리 없는 떠돌이 노동자들이었습니다"라고 하였다.

지만원의 이런 주장이 얼마나 황당무계한지 보다 구체적인 자료를 통해 살펴보기로 하자. 1980년 5·18민주화운동이 신군부에 의해 진압된 후 상무대에서 군사재판이 진행되었다. 여기에서 사형, 무기징역을 받은 사람은 개념 없고 뿌리 없는 노동자들이었다고 지만원은 주장한다. 다음의 사실을 살펴보면 그 같은 주장이 사실일까 궁금하다.

계엄군 공수부대가 투입되기 전에 보안사 수사관들에 의해 광주의 재야인사들은 사전 체포되었고, 이들은 수사와 재판을 거치면서 '내란 중요 임무 종사자'로 몰렸다. 시민군으로 적극 항쟁에 참여한 기동타격대와 도청 항쟁지도부 등 375명도 구속되었다. 상무대와 광주교도소에서 혹심한 고문과 가혹 행위를 당한 끝에 내란 중요 임무 종사자로 군법회의에 회부되어 형을 받은 주요 인사들의 명단과 형량은 다음과 같다(지면 관계상 재야인사 명단만 싣는다).

5·18민주화운동 희생자 상황표

재야 인사(출처: 이해찬·유시민, 《기억하는 자의 광주》, 돌배게, 2010, 415쪽)

순번	성명	나이	직업	구형	선고	확정
1	홍남순	65	변호사	무기	무기	7년
2	김성용	46	신부	15년	15년	6년
3	명노근	47	전남대 교수	12년	10년	3년
4	송기숙	45	전남대 교수	10년	7년	5년
5	이기홍	46	변호사	10년	5년	5년
6	조철현	42	신부	6년	3년	형면제
7	오병문	51	전남대 교수	7년	3년	형면제
8	조아라	68	회장	6년	3년	형면제
9	장두석	40	양서조합 이사	7년	3년	3년
10	위인백	31	변호사 사무장	3년	1년	형면제
11	이영생	65	이사	4년	1년	형면제
12	조봉환	62	농업	4년	3년	형면제
13	이애신	57	총무	5년	2년	집행유예 3년

도청 주요 간부

순번	성명	나이	직업	구형	선고	확정
1	김종배	26	조선대 법정대 4년	사형	사형	20년
2	정상용	30	대학 졸, 회사원	무기	무기	20년
3	허규정	27	조선대 법정대 2년	10년	10년	3년
4	윤강옥	30	전남대 사학과 4년	10년	10년	3년
5	김영철	32	신협 근무	13년	10년	3년
6	이양현	30	대학 졸, 노동운동	10년	7년	5년
7	정해직	30	대학 졸, 교사	10년	10년	5년
8	김화성	21	식당종업원	10년	10년	8년
9	박남선	26	운전	사형	사형	20년
10	김준봉	21	회사원	10년	8년	5년

7-16. 탈북자들의 증언

자유북한군인연합 소속 탈북자들이 북한에 있을 때 5·18민주화운동 당시 상황을 TV에서 생중계로 지켜봤다는 증언으로 꾸민 자료집이 《화려한 사기극의 실체 5·18》이라고 한다. 이 책에서는 몇몇 탈북자가 북한에서 5·18민주화운동 당시 광주 상황을 TV를 통해 생중계로 지켜봤다고 주장하는데, 1980년 당시 기술로 송신소, 중계소 하나 없이 광주에서 수백 킬로미터 떨어진 평양으로 생중계한다는 것은 불가능하다.

이 책에서는 몇몇 탈북자가 북한 TV에서 여자만 골라 도끼, 칼로 잔인하게 죽이는 장면을 보았다고 주장하는데, 5·18민주화운동에서 사망한 여자는 11명에 불과하며, 모두 M16에 맞아 사망했다.

자유북한군인연합 소속의 몇몇 탈북자는 북한 TV에서 전기톱으로 머리를 갈라 잔인하게 죽이는 장면을 보았다면서 한 시신의 사진을 제시했는데, 5·18민주화운동 사망자 검시 자료에 머리가 전기톱에 갈려 죽은 사람에 대한 기록은 없다. 머리에 총상을 입어 사망한 시신 사진을 가지고 왜곡한 것이다.

2009년 자유북한군인연합에서 발간한 이 책은 "탈북자들이 증언하는 5·18 광주사태의 진실"이라는 부제에서 알 수 있듯이 탈북자 16명의 증언을 담고 있다. 이들 탈북자들은 5·18민주화운동의 주범은 북한 정권으로, 5·18민주화운동은 북한 특수군-간첩-친북 세력이 민주화운동의 배후를 조종해 국가 전복을 노린 사건이라고 주장한다. 탈북자들은 자신들이 북한에서 경험한 바에 따르면 5·18민주화운동에 대한 북한군의 개입은 명백한 진실이라고 주장하고 있다.

《화려한 사기극의 실체 5·18》의 발화 주체 및 내용 요약

증언자	북한에서의 직책(지위)	발화 주체 및 내용
증언1	함경남도 금야군 고등중학교 교원	1981년 아버지의 전언으로 아버지는 군당비서에게 들었음
증언2	함경남도 무산군 도시건설 사업소 노동자, 제대 군인	특수부대 출신의 '평양사자'라는 제대 군인의 일기와 평양에서 내려온 신원 미상의 간부로부터 들은 이야기
증언3	항공사령부 소속 여성고사포중대 중대장	아버지한테 들었음
증언4	함경남도 함흥시 2·8비날론 연합기업소 사무원	자유북한군인연합회 회원들의 말, 이종윤 목사의 설교 내용을 들음
증언5	박행운(북한군 하사관)	군부대에 같이 근무했던 성근이가 들었던 말을 전함
증언6	공장 지배인	본인이 들었던 소문의 내용
증언7	서해안 방어부대 군관(중위)	군단지휘부 조직부지도원으로부터 들었던 이야기
증언8	함경북도 청진시(가정주부)	대남 공작원 출신의 외삼촌 아줌마
증언9	문전제련소 노동자	직장 동료 및 당위원회 지도원
증언10	러시아 벌목공	직장장으로 일할 때 창고장으로부터 들음
증언11	조선작가동맹 작가	1980년 당시 아버지와 어른들의 대화 및 고향 선배
증언12	김형직사범대학 학생	친구인 김영호의 아버지가 광주봉기 때 임무를 수행하던 중 전사하여 공화국 영웅 칭호를 받았다고 들음
증언13	3.13 공장 지배인	친구로부터 들음
증언14	농촌관리위원회 부위원장	함경북도 소재 청진시 천만사 마루에는 광주사태 당시 남조선에 나갔다가 죽은 공화국 영웅들의 묘지가 있다.
증언15	남포시 농촌경영위원회 지도원	당위원회 조직비서한테 들음
증언16	자유북한군인연합 회장	광주사태에 참가했던 북한군 특수부대 중령 출신 탈북자가 한국에 와서 살고 있다는 메일을 2008년 12월 받았음

위에 표에서 알 수 있듯이 《화려한 사기극의 실체 5·18》에서 북한군 침투를 주장하는 증언자 16명 중 1980년 당시 광주에 직접 파견된 사람은 단 한 명도 없다. 물론 파견된 부대나 부대원을 지원하는 부서에 근무했던 사람도 없다. 또한 이들의 주장은 본인의 체험이 아니라 다른 누군가로부터 들었던 이야기를 전달하는 수준에 그치고 있다. 일종의 유언비어들이다. 《화려한 사기극의 실체 5·18》에

제7장 지만원의 '5·18 분석 최종 보고서'를 보고

서 유일하게 본인의 광주 침투를 주장하는 사람을 소개한 임천용 회장의 증언에 따르면, 대한민국의 정보기관에서도 북한군 침투설은 신뢰가 가지 않는 주장으로 간주했다는 사실을 언급하고 있다.

5·18민주화운동이 끝나고 북한으로 철수하는 과정에서 산악을 이용해 철수했고, 분계선을 넘는 과정을 철책선 밑을 파고 넘어갔다고 하는데, 남한 쪽의 철책선은 전 구간이 0.7~1미터의 시멘트 콘크리트에 구축되어 있어 밑을 파고 넘어갔다는 것은 상식적으로 불가능한 일이라는 것이다.

《역사로서의 5·18》에서 "그 누구보다도 고급 정보를 갖고 있었던 사람"으로 평가받는 탈북자 강명도의 증언에 따르면, 5·18에 대한 북한군의 개입은 없었던 것으로 나타난다. 강명도는 5·18을 전두환과 김일성의 대결로 다루고 있는데, 북한이 침투 시점을 놓치는 바람에 실패한 것으로 평가하고 있다.

《화려한 사기극의 실체 5·18》은 5·18을 광주사태로 폄훼하면서, 본인들이 직접 경험하지는 않았지만 들은 바에 의하면 북한군의 개입은 틀림없는 사실이라고 주장하고 있다. 이러한 차이는 탈북자들의 증언이 시대에 따라 다르게 활용되고 있음을 드러내는 사례로, 5·18에 대한 북한군의 침투설은 탈북자들의 이야기에서도 일치된 주장은 아니라는 것을 보여주고 있다. 따라서 5·18 당시 북한군 침투설은 더 이상 권위적 논거를 갖기 힘든 이데올로기적 담화라고 할 수밖에 없다.

7-17. 북한의 역사책이 안기부 자료와 같다고?

"1982년 및 1985년 북한이 발행한 《광주의 분노》 등 대남공작 역사책들에 실린 상황 자료 내용들이 1985년에 정리한 안기부의

《광주사태 상황일지 및 피해 현황》 자료와 일치할 뿐만 아니라 더 자세합니다. 북한군이 광범위하고 다이나믹하게 움직이던 폭동의 상황들을 자세히 기록했을 뿐만 아니라, 계엄군이 소규모 단위로 진압할 때와 대대 단위로 진압할 때에 각기 전략을 달리해 싸웠다는 전술 전략 교훈까지 기록돼 있습니다. 북한군이 광주에서 직접 작전을 하지 않고서는 작성될 수 없는 대남 공작 역사책입니다. 이 역시 북한 특수군 속에 쥐어진 자료가 아닐 수 없습니다."

위의 지만원의 글에 의하면 정보부에 간첩이 있다거나 조언자 정보 제공자가 있다는 것처럼 보인다.

《광주의 분노》는 북한 조선노동당출판사에서 1985년에 발간한 5·18 관련 역사서이다. 우연찮게 《넘어넘어》와 《광주의 분노》는 1985년 5월 동시에 남북한에서 발간되었다. 《광주의 분노》에는 사실이 아닌 점이 많았다. 그러나 보수논객 지만원은 내용이 모두 사실인 것처럼 극찬한다.

《광주의 분노》는 5·18민주화운동의 상황을 진행 날짜와 상황 별로 정리하고 있다. 순서는 폭풍 전야, 결전의 길, 광주민주국의 출현, 백악관의 소동, 광주민주국의 기치 아래, 전두환을 찢어 죽이라, 빛나는 최후라는 소주제를 중심으로 전개하고 있다.

내용 중에는 양쪽 시각에 맞지 않는 부분이 많다. "전남대 총학생회장 박관현이 5월 18일 보안대로 끌려갔다." "전남대 정문 앞에서 노 교수를 무자비하게 칼로 찔러 피를 뿜으며 쓰러졌다." "괴뢰군 31사의 본부가 있는 상무대" 등의 서술은 사실과 너무 다른 황당한 내용이다. 광주를 아는 사람이라면 상식적으로 알 수 있는 것도 틀리게 기록하고 있다. 전남대 총학생회장 박관현은 5월 17일 저녁 계엄령이 전국으로 확대되자 체포를 피해 동료들과 함께 광주를 탈출해 도피했기 때문에 광주에 없었고, 전남대 정문 앞에서 노(老) 교수가 피를 뿜으며 쓰러졌다는 것은 사실무근이다. 법과대학 젊은 교수였던 신모 교수가 정문을 통과하려다 제지당하자 계엄군에 항의하고 다투었던 사실이 있었을 뿐이다. "괴뢰군 31사의 본부가 있는 상무대"는 전혀 광주를 모르는 사람들의 기술이다. 31사단은 오치동에 있는 예비사단이고, 상무대는 상무동에 있는 보병학교, 포병학교, 기갑학교 등이 함께 모여 있는 전투교육사령부이다. 이 두 개의 부대는 20킬로미터 이상 떨어져 있는, 성격이 각각 다른 부대이다.

5월 19일에 발포는 한 번 있었는데 시도 때도 없이 있었다는 내용, 방송국 방화는 20일 밤이었는데 19일로 오보, 동아일보 광주지국의 방화는 없었는데 있었던 것처럼 되었다. 장갑차 탈취도 계엄군 것이 아니라 아시아자동차 창고에서 가져온 것이다. 고등학교 학도호국단 무기고에서는 무기를 탈취한 바 없으나 있는 것처럼 묘사되었다. 5·18 초기에는 광주사태가 신문에 자세히 보도되어 있었기 때문에 북한군의 정보 없이도 광주사태를 북에서도 알 수 있었을 것이다.

7-18. 북한의 역사책 《광주의 분노》 내용은?

《광주의 분노》[4] 내용을 보면 소설 같은 면이 일부 나온다. 앞 절에서 사실이 아닌 점을 지적한 바 있다. 남쪽에서 받아들이기 어려운 내용이나 용어도 있다. 사실이 아닌 가공의 인물을 내세워 문장을 이어간 것도 있다. 시민군이 교도소를 습격한 적이 없는데 있는 것으로 서술하여 이를 일부 보수측에서 악용하는 사례도 있다. 말미에 광주의 넋은 나가 있다고 했으며, 맺는말에 제2, 제3의 광주도 불탄다고 기술하고 있다.

7-19. 《넘어넘어》가 북한의 작품이라고?

《죽음을 넘어 시대의 어둠을 넘어》[5]는 5·18에 관한 책이다. 이 책은 황석영의 이름으로 1985년 5월 15일 발행되었지만 황석영이 집필한 책이 아니라는 것은 널리 알려져 있다. 광주 시민들의 피와 땀으로 엮어 내고 많은 사람들에게 널리 읽히기 위해 황석영이 서론의 일부를 쓰고 본문을 다듬어서 투옥을 무릅쓰고 자기 이름으로 펴낸 것이다. 황석영은 당대 최고의 작가였고 5·18민주화운동을 잘 이해하고 있었기 때문에 광주 시민들을 대표해서 정상용이 황석영에게 부탁한 것이다.

집필에 가담한 사람, 지원, 자료 정리, 자료 수집 등에 공헌한 사람은 조봉훈, 이양현, 김상집, 소준섭, 정상용, 이재의, 조양훈, 최동술, 임철규 등 외 5~6명, 정용화 한얼서점, 그리고 많은 사람들의 증언, 나영식 풀빛출판사, 책 제목은 문병란 시인의 '부활 노래'에서 가져왔다.

개정판은 집필을 맡은 황석영, 이재의, 전용호 세 분의 노고에 의해 이루어졌고, 지도를 보완해 준 조양훈, 원고를 검토해 준 안종철, 안길정, 정대하, 박병기, 정현애 씨 등에게도 고맙다는 말씀을 전하고 있다. 이 책이 간행될 수 있도록 적극 협조해 준 (사)광주민주화운동기념사업회의 정용화 이사장과 최평지, 조봉훈, 김상집, 김창중, 고 정의행 등 집행위원으로 활동한 여러분께도 감사 드리고 있다. 그리고 (사) 5·18 기념재단(이사장 차명석), 5·18 광주민주화운동기록관(관장 나간채), 전남대학교 5·18 연구소(소장 박해광)의 자료 협조도 큰 도움이 되었다. 전용호는 재판도 힘을 실어 주었다.

1980년 5월 영령과 항쟁과 함께했던 수많은 시민들, 그리고 '살아 있는 것만으로도' 부채의식을 느꼈던 수많은 사람들의 피와 땀의 결정체가 바로 《넘어넘어》였다. 황석영이 구속을 각오하고 집필했고, 저자가 되어 준 이 책은 5·18항쟁의 Bible이다. 이러한 과정을 겪으면서 피와 땀으로 만들어진 책이 북한의 작품이겠는가? 이 책을 읽은 수백만 수십만의 독자들이 북한의 책을 읽고 감동하고 눈물을 흘리면서 역사의 길에 뛰어들었단 말인가?

7-20. 총을 들고 싸운 사람은 학생 및 시민이 아니고 북한 특수군이었다고?

지만원은 《5·18 분석 최종보고서》에서 "5·18은 국가 전복을 목적으로 하여 북한 특수군 600명이 광주에 내려가 주도한 반란 폭동이었습니다. 5·18 때 총을 들고 계엄군과 싸운 사람은 광주 사람도 아니었고 북한 특수부대 군인이었습니다"라고 주장한다. 허무맹랑한 주장이 아닐 수 없다.

하물며 "5·18 광주에 북한 특수군이 왔다는 것은 북한 사회 전체의 상식"이라는 궤변을 늘어놓고 있다.

전남도청 앞에서 21일 오후 1시경 계엄군이 시민들을 향해 집단 발포를 하자 이대로 당할 수만 없다고 생각한 시민들은 무기를 구하기 위해 화순, 나주, 영암 등 시외 지역으로 진출하였다. 그들은 전남 지역 주민들에게 광주의 참상을 알리고 파출소, 경찰서, 군부대 등의 무기고를 털어 다량의 총기를 가지고 돌아왔다. 카빈, M1 소총, 탄약뿐만 아니라 LMG와 TNT도 시민들의 손에 들어왔다.

이 무기들이 오후 2시경부터 시민들에게 지급되어 총과 실탄으로 무장한 '시민군'이 등장하였고, 싸움은 이제 '시민군'과 '계엄군'의 총격전으로 전개되었다. 시민군은 자신들의 손으로 광주를 지키기 위해 목숨을 건 혈전을 벌였다. 최신식 무기로 무장한 정예부대와 재래식 무기로 무장한 비조직적인 시민군의 싸움이었다. 말도 안 되는 싸움이었지만, 이날 도청 앞 전투에서는 5·18민주화운동 기간 중 가장 많은 사망자와 부상자가 발생했다. 광주 시내 병원 앞에는 헌혈을 하기 위해 몰려든 시민들이 줄을 섰다.

그뿐만 아니라 자발적인 항쟁지도부가 결성되어 무질서하게 돌아다니는 차량과 무기 소지자를 통제하기 시작했으며, 총기 조작법과 간단한 군사 교육 후 사격에 능한 시민들로 특공대를 조직하기도 했다. 무장한 시민군의 등장과 총격전, 전남대 병원 옥상에 설치한 LMG의 위력에 눌려 계엄군은 퇴각을 서두르게 되었다.

이처럼 시민들이 자위권 차원에서 직접 총을 들게 된 것인데, 지만원은 총을 든 사람은 북한 특수군이었다는 것이다. 이를 논박하려면, 당시 상무대 계엄사령부에서 운영하였던 군사재판에 제시한 군검찰의 공소장만 봐도 시민들이 총을 들었다는 기록이 있다.

7-21. 지만원의 주장에 대한 조갑제의 반박[6]

지만원의 북한군 광주 침투설에 대해 보수적 인사까지도 부정적 반응을 보이고 있다. 조갑제는 줄기차게 광주항쟁이 아니고 광주폭동이라고 주장하면서도 북한군 광주 침투설은 허황된 논리라고 주장하고 있다. 그는 5·18이 발생하자 출장을 신청했다가 회사로부터 거부당하자 휴가원을 내고 자비로 광주까지 와서 현장을 직접 목격하고 취재했다. 박정희가 발설한 포항, 일명 영일만 유전설(油田說)이 엉터리임을 밝혀내고자 현장을 접근했다가 중앙정보부에 끌려가 곤욕을 치르기도 했다.

1980년 전두환 정권에 의해 많은 기자들이 대량으로 해직당할 때 조갑제 기자도 포함되는 바람에 낭인 생활을 하면서 프리랜서로 여기저기 글을 쓰고 있었다. 조갑제는 글도 잘 쓰지만 특정 사건을 추적해 탐사(探査) 기사를 많이 썼던 유능하고 뛰어난 기자였다. 그런데 얼마 후 보수적 편향 기자로 전환하여 상식을 넘는 글이나 책을 발행하기 시작했다. '안보'를 자본으로 삼는 '친일', '친독재', '친재벌', '반서민', '반통일' 성향의 글을 쓰면서 조선일보에 재직하기 위해 조선일보의 시책에 영합하기 시작했다.

광주에 북한군 특수부대 1개 대대 600명이 파견되었다는 탈북자의 증언이 화제가 되자 자칭 '골 보수'라는 조갑제까지도 다음과 같은 주장으로 반박하고 있다. 국가정보원의 조사에서도 근거 없는 것으로 판명했다고 하면서, 조갑제는 2013년 발행한 《조갑제의 광주사태》에서 다음과 같이 주장하고 있다.

> 광주사태는 목격자가 많은 사건이다. 광주 시민 수십만 명과 진압군이 목격자이고 수백 명의 직업적 구경꾼들, 즉 기자들이 취재했다. 외국 기자들도 많았다. 공개리에 일어나고 공개적으로 취재된 사건이다. 비디오와 사진도 많다. 광주사태를 취재했던 나를 포함한 어느 기자도 북한군 부대가 개입했다는 생각을 하지 않았다.
>
> 광주사태에 개입한 북한군이 대대 규모 즉 수백 명이라는데, 시민군의 편에 섰다는 이들을 상대로 전투를 벌였을 당시 진압군의 장교들 중 어느 한 사람도 북한군의 출현에 대해서 보고하거나 주장한 사람이 없다.
>
> 광주사태 사망자는 1995년 서울지검-국방부 조사에 따르면 193명이다. 이들 중 군인은 23명이고 경찰관이 4명이다. 군인 사망자 23명 중 13명은 공수부대에 대한 국군 교도대의 오인 사격 등 진압군끼리의 충돌로 죽었다. 5월 27일 광주 수복을 위해 계엄군이 진입할 때 국군 3명이 죽었다. 나머지 7명의 군인들이 무장 시민군

에 의해 죽은 셈이다. 대대 규모의 북한군, 그것도 특수부대가 개입했다면 국군 사망자가 이 정도에 그칠 리가 없다.

전두환 정권 하에서는 광주사태에 북한군이 개입했다는 단서가 나오면 이를 반드시 확인했을 것이다. 그런데 전혀 그런 움직임이 없었다. 1개 대대 중 3분의 2가 희생되었다면 약 200명이 죽었다는 이야기인데, 시신은 다 어디로 갔나, 갖고 올라갔나? 북한군으로 의심되는 시신은 단 하나도 발견된 게 없다. 그들은 투명인간 부대였던가? 과학적 상식으로도 성립이 불가능한 주장이다. 요약하면, 광주사태를 목격하였던 시민, 시위자, 진압 군인, 취재기자들 가운데 북한군 비슷한 사람을 보았다거나 북한군 개입설을 믿는 이는 전무하다. 광주사태를 보지 않고 상상에 의존하는 이들 중에서 믿는 이들이 많다.

광주사태의 국가적 조사는 1980년 사건 직후 계엄사 발표, 1985년 국방부 재조사, 1988년 국회청문회, 1995년 검찰 및 국방부 조사, 1996~1997년의 5·18 재판 등 다섯 차례가 있었다. 2012년 국정원의 비공개 조사까지 더하면 여섯 번이었다. 이 여섯 번의 조사 중 북한군이 대대 규모로 들어왔다는 증거나 정황은 한 번도 발견된 적이 없다.

7-22. 5·18 민주화운동 왜곡에 대한 결론[7]

38년 전인 1980년, 계엄군으로 투입된 공수부대가 무고한 광주 시민들을 학살했던 일을 두고 "북한의 특수부대와 사주를 받은 불순세력이 저지른 폭동"이라는 주장이 아직도 계속되고 있다. 그들은 "광주사태는 북한 특수부대요원들이 침투해서 자행한 소행"일 뿐 공수부대와는 아무런 관련이 없으며, "5·18민주화운동은 진정한 민주화운동이 아니라 폭동이며 그들의 만행 및 기록이 세계기록유산으로 등재되는 것은 온당치 않다"고 유네스코 사무총장과 의장에게 찾아가 반대 성명서를 제출하고 편지를 보냈다. 더욱 가관인 것은 '5·18 진실 알리기 본부'라는 단체가 2013년, 2014년 연이어 서울 프레스센터 국제회의실에서 5·18 진실 알리기 발표회 및 발대식을 개최하고 참석한 수백 명에게 '역사 왜곡'을 주입하는 상황으로, 이 일을 어떻게 해석해야 할 것인가?

　안종철 박사는 이러한 역사 왜곡이 우리 사회를 분열시키고 역사 발전을 저해한다고 생각했다. 그리고 더 이상 이 땅에 역사 왜곡이 계속되어서는 안 된다고 판단해 지만원이 주장한 허황된 날조를 분석하기 시작했다. 특히 5·18민주화운동 기록물을 유네스코 세계기록유산으로 등재하는 업무를 발의하고 추진했던 당사자로서, 지만원 등의 수구인사들이 유네스코 본부에 직접 찾아가서 항의 서한을 제출하고 등재 반대 운동을 벌이는 것을 보고 같은 민족으로서 너무 부끄러웠고 분노가 끓어올랐다. 유네스코 기록유산을 담당하는 국제 전문가로부터, 지금까지 유네스코 기록유산 등재 관련 업무를 수행하면서 타국에서 반대하는 의견을 제시하는 경우는 있어도 자국의 국민이 반대 운동을 하는 경우는 역사 이래 처음이었다는 이야기를 듣고 얼마나 부끄러웠는지 모른다.

　지만원과 자유북한군인연합 소속 탈북 군인들이 주장한 내용은 한결같이 직접 참여한 사람은 한 사람도 없고 모두가 전해 들었다는 것뿐이다. 그들의 증언에 따르면 북한의 특수부대요원 600명이 마음대로 휴전선을 넘나들고, 해안선으로 상륙하고, 땅굴을 파고 제집처럼 대한민국에 들락거리며 '광주폭동'을 일으켰다는 것이다. 그뿐만 아니라 "최고사령관 명령만 있으면 인민군은 언제든지 휴전선을 넘어올 수 있었다"라는 내용대로라면, 북한 특수군 600명이 10·26 이후 마음대로 휴전선을 넘고, 땅굴을 파고 내려오고, 해안선으로 상륙해 광주는 물론 전국 어디든지 마구 들락거리는 상황이라고 한다면, 지금쯤 대한민국은 벌써 북한 인민국이 점령해 존재할 수 없는 상황이 되었을 것이다.

물론 제5공화국 자체도 들어서지 못했을 것이다. 특히 600명의 북한 특수군을 한 명도 검거하지 못했다면 국토 보전의 책임이 있는 국방 당국이 책임을 져야 할 것이다. 대한민국 국방 또는 치안력이 이 정도밖에 되지 않았는지 당시 권력을 책임지고 있었던 신군부의 정점에 있었던 사람들이 응당 책임을 져야 할 사안이다.

이러한 문제의식이 국민들과 국회의원들로부터 제기되자 대한민국 국방부에서는 5·18민주화운동 때 "북한군의 개입을 확인할 수 없다"는 공식 입장을 2013년 5월 23일 발표했다. 특히 참여정부 시절 2년 6개월 동안 활동한 국방부 과거사진상규명위원회는 5·18민주화운동과 관련한 1,400여 건, 141,000여 쪽에 달하는 방대한 문서를 수집하여 면밀히 조사하였고, 또 1988~1989년 국회 청문회, 1995~1996년 검찰 수사와 법원 판결, 2005~2007년 국방부 과거사진상규명위원회 등 5·18민주화운동에 관한 어떤 조사에도 북한군 개입에 대한 언급은 없다면서 "5·18민주화운동에 북한군이 개입하지 않았다는 것이 국방부의 판단"이라며 단호하게 지만원 등의 주장을 부인했다.

미국 국무성의 5·18 관련 비밀문서를 공개했던 팀 셔록(Timothy Scott Shorrock)은, 당시 미 국무부와 주한 미대사관이 주고받았던 비밀 전보를 1996년 공개해 그동안 숨겨졌던 진상을 규명하고 당시 미국 정부의 역할을 밝혀냈는데, 그는 5·18 기간 중 북한군 600여 명이 광주에 잠입, 폭동을 조종했다는 일각의 주장과 관련해 "미 대통령과 행정부 수반들이 보고받은 내용과 회의록이 담긴 체로키 문서에는 그런 내용이 전혀 없었다"며 단호하게 말했다.

그가 공개한 일명 "체로키(Cherokee) 문서"는 1979년 박정희 전 대통령 피살 후 당시 미국 카터 대통령이 한국 상황을 주시하고자 극소수 고위 관리들로 구성한 체로키 팀이 서울 주재 미국대사관 등과 교신하며 회의한 내용이 담겨 있다. 문서에는 미국이 전두환 전 대통령의 12·12 군사반란을 묵인·방조한 것과 광주로의 군대 이동을 승인한 사실이 드러나 있다. 이에 따라 1989년 미국 정부가 한국 국회의 5·18민주화운동 조사특별위원회에 보낸 공식 답변에서, 공수특전단의 광주 동원을 사전에 몰랐고 20사단의 이동을 승인한 적도 없다고 한 말이 거짓임이 밝혀지기도 했다.

이러한 국제적인 자료와 국가기관의 발표 등을 볼 때 지만원이 주장한 내용은 허구임이 틀림없다. 그러지만 그들은 오늘도 내일도 이러한 주장을 계속 내놓을 것이다. 국회에서는 지만원과 같은 반역사적이고 반인륜적인 행위를 금지하기 위해 민주화운동을 부인하고 왜곡·날조하는 자를 처벌하도록 하는 법률안까지 발의했다.

수구보수세력의 조직적이고 장기적이며 전문적인 역사 왜곡에 대응해서 그에 대한 준비를 철저히 해야 할 것이며, 후세대들에게 올바른 역사 교육에 통해서 이들의 허구적 주장이 발붙일 수 없도록 단호히 조치를 취하는 것이 무엇보다 중요하다고 생각한다.

7-23. 지만원이 주장하는 18개의 Smoking Gun

지만원이 주장하는 아래 18개 내용은 본문에서 모두 조리 있게 반박했다. 지만원의 주장을 보자.

1) 1980년, 광주뿐만 아니라 전국의 대학생, 운동권들은 5월

17일 밤중에 모두 지하로 숨거나 예비검속에 걸려들어 심한 고문들을 받았습니다. 따라서 1980년 5월 18일 새벽부터 대한민국 땅에는 젊은이들을 거의 구경할 수 없었습니다. 경찰만 보아도 가슴이 철렁 내려앉았습니다. 광주도 예외가 아니었습니다. 이런 공포의 시간대인 1980년 5월 18일 오전 9:30에 날렵한 학생 200여 명이 전남대 정문에서 경계를 서고 있는 20여 명의 계엄군 병사들에게 다가가 시비를 걸다가 돌을 던져 부상을 입히고, 계엄군보다 더 빠른 속도록 충장로와 금남로로 달려가 대기하고 있던 다른 대학생들과 파출소, 건물, 차량 등에 불을 질러 광주 시민들을 불러 모았습니다. 불을 지르면 반드시 사람들이 꼬입니다. 이들 학생 무리들은 광주의 대학생들이 아니었지만 검찰 보고서는 대학생이라고 기록했습니다. 당시 광주시에는 5·18 유공자들이 진술한 바와 같이 대학생들은 모두 꼭꼭 숨었습니다. 이런 칼바람 부는 시기에 "광주 대학생 200여 명이 책가방에 돌멩이를 가져와 계엄군에게 던지고 달아났다"면 이들은 분명 광주 대학생이 아닐 것이 분명한데, 서울 검찰과 군 검찰은 '수사결과 보고서'에 이들은 북한 특수군이라고 의심하지 않고, 로봇처럼 아무런 생각 없이 "대학생 200여 명"으로 기록하였습니다. 검찰이 청맹과니였습니다. 아직도 검찰 보고서에 기록되어 있는 이 문장은 북한 특수군의 손에 쥐어진 smoking gun이라 아니할 수 없습니다.

2) 5월 21일, 서울을 출발한 20사단 지휘부가 08시 정각에 광주 톨게이트를 통과한다는 극비 중 극비 정보를 입수한 300여 대학생 시위대가 근처에 매복해 있다가 몽둥이, 화염병 등으로 기습공격을 가해 사단장용 지프차를 위시한 14대의 지프차를 탈취하여 군납업체인 아시아자동차 공장에 가서 이들 지프차를 증표로 보여주며 장갑차 4대와 트럭 374대를 공출하였습니다. 또 다른 300명의 대학

생 시위대가 대형 버스 5대를 타고 아시아자동차 공장으로 와서 이 날 09시에는 600명이 이곳에 집결하였습니다. 당시 광주에는 이런 능력을 가진 600명이나 되는 대학생도 없었고, 이런 공적으로 민주화 인사가 된 광주인이 전혀 없습니다. 한국에는 이 정도의 배포와 훈련 수준을 가진 집단이 있을 수 없습니다. 더구나 5·18에 동원했던 광주인들은 사리 판단 능력이 없는 10대 아이들이거나 20대 막노동꾼들이었습니다. 단 한 번도 모여 본 적이 없는 이런 애송이들이 300명씩 2개조를 편성해 그중 1개조가 이동 중인 정규군 사단을 공격하였다는 것은 상상 자체가 불가능한 대목입니다. 그런데 이런 내용을 보고서 문장을 작성한 검찰은 이들 600명을 그냥 광주 학생 시위대라고 기계적으로 적기만 했습니다. 머리는 생각하지 않았고, 손가락만 타자기 위에서 바쁘게 움직였던 것입니다. 이 보고서가 바로 전두환을 내란범으로 몰아가기 위해 작성된 검찰 보고서입니다. 아직도 검찰 보고서에 기록되어 있는 이 문장, 북한 특수군의 손에 쥐어진 smoking gun이라 아니할 수 없습니다.

3) 이들 600명은 전남 17개 시·군에 위장되어 있는 44개 무기고를 낮 12시부터 오후 4시까지 털어 5,308정의 무기와 탄약, 8톤의 TNT를 탈취하였습니다. 광주에 이런 능력을 가진 대학생 시위대는 없었습니다. 이 기록 역시 1995년 8월 17일자 검찰 보고서에서 아직도 화약연기를 뿜어 내고 있습니다.

4) 광주 대학생들은 8톤 트럭 분량의 TNT를 폭탄으로 조립하여 도청 지하실에 쌓아 놓았습니다. 이런 기술을 가진 사람은 전라도 계엄분소에 오직 한 사람 5급 갑의 배승일 문관뿐이었습니다. 광주의 핵심 유공자들은 그들의 증언집에서 광주에는 이런 능력을 가진 시민이 없었다고 했습니다. 외지인이 한 것입니다. 이에 대한 기록이 검찰 보고서에 있으며, 지금도 연기를 모락모락 내고 있습니다.

5) 계엄군이 광주 시내에 있었을 때에는 이들 600명이 활약했지만, 계엄군이 시 외곽으로 철수한 시기인 5월 22일부터는 600명이 모두 복면을 한 상태에서 광주 시민들과 어울리지 않았습니다. 증거를 남기지 말아야 한다는 철칙 때문이었습니다. 폭도 역할을 한 광주의 10대 및 20대들은 복면에 대한 개념 자체가 없었습니다. 광주 유지들이 무기 반납을 위해 이들 비범했던 대학생들을 만나고 싶어 찾았지만 이들은 영영 그들 앞에 나타나지 않았습니다. 광주인들은 광주 대학생들이 모두 꼭꼭 숨어 있는 사실을 잘 알기 때문에 이들 600명을 서울에서 내려온 연·고대생 600명이라고 호칭했습니다. 5월 18일부터 21일, 계엄군을 시 외곽으로 추방할 때까지 보인 무서운 조직력과 전투력, 이는 광주 시민들이 발휘한 것이 아니라 외지인 600명이 발휘한 것이었습니다. 이 역시 북한 특수군의 손에 쥐어진 smoking gun이 아닐 수 없습니다.

6) 이들 600명은 5월 21일 오후와 22일 새벽 사이에 광주교도소를 6회 공격했습니다. 이 과정에서 많은 희생자를 냈을 것입니다. 이 무모한 작전은 북의 지령에 의한 것이었습니다. 광주 시민들 중 북의 지령을 직접 받고 매우 무리하게도 야간의 광주교도소 공격을 지휘한 사람이 없습니다. 이 역시 지금도 연기를 내고 있는 smoking gun이 아닐 수 없습니다.

7) 광주에는 장갑차 4대를 운전할 수 있는 4명의 장갑차 운전수가 없었고, 이를 운전한 공적으로 유공자가 된 사람 또한 없습니다. 이 역시 북한 특수군의 손에 쥐어진 smoking gun이 아닐 수 없습니다.

8) 1980~81년 재판에서 사형과 무기징역을 받은 사람은 5월 26일 낮과 밤에 개념 없이 설치던 20세의 구두공, 20대 중반의 화물차 운전수 등 개념 없고 뿌리 없는 떠돌이 노동자들이었습니다. 당

시 정보 당국은 5월 18~21일까지 화려한 파괴-선동-엽기살인 기술을 보였던 600명 중에서는 단 한 사람도 잡지 못했습니다. 이 역시 북한 특수군의 손에 쥐어진 smoking gun이 아닐 수 없습니다.

9) 총에 맞아 사망한 광주 시민의 70%가 무기고에서 꺼낸 총에 의해 사망했습니다. 광주 시민이 광주 시민을 조직적으로 쏠 수 없는 일 아니겠습니까? 이 역시 북한특수군의 손에 쥐어진 smoking gun이 아닐 수 없습니다.

10) 《5·18 분석 최종 보고서》 사진들에는 광주인일 수 없는 얼굴과 포즈를 가진 사람들이 많이 있습니다. 특수장갑을 끼고 장갑차 위에 기관총을 걸고 사격 준비 상태를 유지하면서 눈에 빛을 내뿜는 고도로 훈련된 몸매, 막대기 하나로 20사단을 습격한 날쌘 몸매들, 육중한 유탄 발사기를 한 손으로 파지한 용병의 몸매, 복면한 얼굴들, 광주 시민들의 구경거리가 된 집단행동 등을 보인 용맹한 전사 집단은 광주의 양아치, 구두닦이, 식당종업원, 석공, 목공, 구두공 등일 수 없습니다. 이런 몸매는 3년 정도의 군대 생활을 한 우리 정규군 병사들에게도 나올 수 없는 몸매요, 철저하게 다듬어진 자세입니다. 이 역시 북한 특수군의 손에 쥐어진 smoking gun이 아닐 수 없습니다.

11) 광주의 정의평화 천주교 신부들과 북한이 주고받으면서 반복적으로 발행한 사진첩들이 있습니다. 으깨진 얼굴, 전기톱 같은 것에 의해 반이 잘린 얼굴 등을 담은 사진첩입니다. 이런 으깨진 얼굴들을 놓고 천주교 신부들과 북한은 계엄군이 난자한 얼굴이라고 뒤집어씌우지만, 우리의 자식들로 이루어진 계엄군은 이렇게 악랄한 심성을 갖고 있지도 않고, 그렇게 잔인하게 얼굴을 조각해 낼 시간도 없었습니다. 이 사진첩 역시 북한특수군의 손에 쥐어진 smoking gun이 아닐 수 없습니다.

12) 광주의 도시가 파괴된 정도를 보면 양아치 계급이 해낼 수 있는 일이 아니었습니다. 특히 거대한 MBC 건물은 아무리 많은 화염병을 던졌어도 타지 않았습니다. 광주인들의 증언에 의하면 광주인이 아닌 외지인이 대형 변압기를 폭파시켜서야 비로소 소각될 수 있었다고 합니다. 파괴되고 소각된 잔해들을 청소하는 일은 계엄군이 담당했습니다. 40일 정도나 걸렸습니다. 전라도 사람 70%를 죽이려고 왔다던 계엄군이 어린아이들의 따름을 받으면서 40일씩이나 땀을 흘리며 광주 사람들을 위해 청소를 해줄 수는 없는 일이 아닙니까? 이런 장면을 찍은 사진이 있습니다. 사진을 보면 계엄군은 천사이고, 파괴자들은 전문적인 악마들이었습니다. 이런 능력 있는 악마들이 광주의 양아치 계급일 수는 없습니다. 이 역시 북한 특수군의 손에 쥐어진 smoking gun이 아닐 수 없습니다.

13) 광주 5·18 묘지에는 한국인으로 판명되지 않은 시체가 12구 있습니다. 이 역시 북한특수군의 손에 쥐어진 smoking gun이 아닐 수 없습니다.

14) 2013년 5월 15일, 채널 A의 "김광현의 탕탕평평" 프로는 실로 충격적인 프로를 진행했습니다. 5·18 광주에 5·18 광주 작전을 총지휘-점검하기 위해 북한의 광주작전지휘관 '문제심'(그 후 국방차관급으로 승진)이 광주로 급파되었다는 사실과, 지금 분당에 살고 있는 당시 19세의 특수군 전사가 문제심을 호위하는 호위병으로 5·18 광주에 내려왔다는 사실을 1시간에 걸쳐 방송했습니다. 이 역시 북한특수군의 손에 쥐어진 smoking gun이 아닐 수 없습니다.

15) 2013년 4월 22일의 TV조선 방송입니다. 전 월간조선 편집장이었던 김용삼 씨가 1996년 1998년에 황장엽과 김덕흥으로부터 확인한 내용을 밝혔고, 더 자세한 내용이 2013년 〈월간조선〉 4월호에 게재되었습니다. "5·18은 북한이 배후조종한 후 계엄군에게 뒤

집어씌운 사건이고, 그 작전을 기획한 대남부서 사람들이 5·18 종료 직후 무더기로 훈장을 받고 술 파티를 했다"는 요지의 증언이었습니다. 이 역시 북한특수군의 손에 쥐어진 smoking gun이 아닐 수 없습니다.

16) 탈북자들의 대부분이 5·18은 북한군이 남한에 가서 일으킨 폭동이라고 말하고, 5·18의 내용을 가장 확실하게 안다는 탈북자 16명이 2009년에 450여 쪽에 이르는 증언집《화려한 사기극의 실체 5·18》을 냈습니다. 이 내용들은 거의 모두가 남한의 수사자료와 일치했고, 통일부 북한자료센터에 보관되어 있는 북한 문서들과 일치했습니다. 이 역시 북한 특수군의 손에 쥐어진 smoking gun이 아닐 수 없습니다.

17) 1982년에 북한 조국통일사에 실린 상황자료 내용들이 1985년에 정리한 안기부의《광주사태 상황일지 및 피해 현황》자료와 일치할 뿐만 아니라 더 자세합니다. 북한군이 광범위하고 다이나믹하게 움직이던 폭동의 상황들을 자세히 기록했을 뿐만 아니라 계엄군이 소규모 단위로 진압할 때와 대비 단위로 진압할 때에 각기 전략을 달리해 싸웠다는 전략 전술 교훈까지 기록되어 있습니다. 북한군이 광주에서 직접 작전을 하지 않고서는 작성될 수 없는 대남공작 역사책입니다. 이 역시 북한 특수군의 손에 쥐어진 smoking gun이 아닐 수 없습니다.

18) 1982년 북한 조국통일사가 발행한《주체의 기치 따라 나아가는 남조선 인민들의 투쟁》595쪽과 1985년 조선노동당출판사가 발행한《광주의 분노》35쪽에는 "600여 명으로 구성된 폭동 군중의 한 집단"이 이룩한 성과와 역할이 기록되어 있고, 1985년 안기부가 작성한《광주사태 상황일지 및 피해 현황》의 40쪽에서부터는 여러 장에 걸쳐 "광주공원 학생시위대 300명", "유동 3거리 학생 시

위대 300명", "학생시위대 600명"이라는 표현이 매우 많이 나옵니다. 이 역시 북한특수군의 손에 쥐어진 smoking gun이 아닐 수 없습니다.

이와 같이 저(지만원)는 5·18을 북한 특수군 600명이 저질렀고, 광주의 떠돌이, 노동자, 무직자 등 사회 불만 계층이 부나비가 되어 부화뇌동했다는 것을 증명하기 위해 18개의 smoking gun을 찾아냈습니다. 누가 뭐라 해도 이 18개의 smoking gun은 《5·18 분석 최종보고서》가 내놓은 결론에 Q.E.D라는 수학적 마크를 찍을 수 있게 한, 흔들릴 수 없는 근거들인 것입니다.

그러나 이러한 지만원의 주장은 앞에서 논리와 과학적 증거가 빈약함을 본 장 앞에서 설명한 바 있다.

7-24. 지만원의 주장에 대한 서정갑의 공개 질의

요점만 정리해 보고자 한다.

지만원은 2012년 4월 어느 날 서울 지방검찰청 검사와 수사관 앞에서 본인(국민행동본부장 서정갑)에게 무릎을 꿇고 사과한 바 있다고 한다.

지만원은 애국 세력이 존경하는 고 황장엽, 김동길, 이도형, 조갑제, 반기문 등을 비난 공격하는데 그 이유가 무엇인가?

5·18광주민주항쟁 당시 북한군 600명이 진두지휘했다면 주한미군은 무엇을 했으며, 한국의 전군은 무엇을 했다는 말인가? 이런 꼴이 된 것은 누구의 책임이며 군인은 잠자고 있었단 말인가? 북한군 600명이 5·18 당시 땅에서 솟아났다는 말인가? 600명 중 한

명도 체포된 사람이 없고 전사자도 없단 말인가? 북한군이 시위대를 진두지휘했다는 주장을 하는 것은 한국의 군대를 무시하는 처사다.

광주사태 당시 국군보병 제20사단, 공수부대 등이 시위대 진압에 투입되었는데, 육군본부에 보관 중인 〈5·18 전투상보〉 등 그 어디에도 인민군과 교전 또는 투입되었다는 기록은 없다. 물론 5·18 국회공청회, 문서 검증, 영화 〈화려한 휴가〉 취재기자 증언 등 그 어디에도 인민군 이야기는 없다.

만약에 남북한군 사이에 교전이 있었다면, 이는 시위 진압이 아니라 선전포고 없는 '전쟁'이라고 보는데, 귀하의 견해는 어떠한가?

또한 5·18 당시 광주에 침투했다는 탈북자 65명 중에는 황장엽, 강철환, 김정화 등이 명기되어 있는데 사실이 아니다. 5·18 광주사태 당시 황장엽 선생은 김일성대학 총장으로 재직하였고, 북한전략센터 강철환 대표는 북한의 '요덕정치범 수용소'에 수용되어 있었다. 탈북 인권단체인 '엄마맘' 김정화 대표는 1983년생으로 당시 태어나지도 않았는데, 5·18 광주사태에 김 대표가 침투하였다면 이는 '새빨간 거짓말'로 보아야 할 것이다.

1·12사태 당시 김신조를 비롯한 30명이 침투했을 때 군은 물론 전국이 발칵 뒤집어졌고, 울진 무장공비 100여 명 침투 당시에는 상당수의 피해사상자가 발생하였다. 그렇다면 인민군 1개 대대 600여 명 대병력이 침투한 5·18 당시 국군 희생(순직)자는 몇 명인지 아는가?

귀하는 2003년 어느 날 '육해공군해병대대령연합회'를 방문하여 각 군 회장단에 오찬을 베풀고 회비를 낸 뒤, 대령연합회에 가입원서를 자필로 쓴 것을 알고 있다. 그럼에도 2005년 4월 29일 긴급 소집된 육해공해병대(예)대령연합회 운영위원회는 단 한 사람의 반대 의견 없이 귀하를 '제명' 처분하였는데 왜 그랬을까 생각해 보라.

귀하는 허위사실 유포 등 죄목으로 교도소에 수감되고 수차에 걸친 벌금형을 받은 것으로 알고 있는데 이것도 부인하겠는가?

허위사실을 상습적으로 하고도 자신의 잘못을 깨닫지 못한다면 정신과 치료를 받아야 하지 않을까?

— 2018년 8월 6일
(국민행동본부장 예비역육군대령 서정갑 글에서)

제7장 주

1) 지만원《5·18 분석 최종보고서》, 시스템, 2017.
2) 지용, www.sisajournal.com 2018 p.52-53.
3) Smoking Gun, 위의 책.
4) 《광주의 분노》, 조선노동당 출판사, 1985. 5. 16.
5) 황석영, 《죽음을 넘어 시대의 어둠을 넘어》, 창비, 2017.
6) 안종철, 《5·18 때 북한군이 광주에 왔다고?》, 아시아문화 커뮤니티, 2016, pp.268-273.
7) 안종철, 같은 책, pp.274-277.

제8장

전두환 회고록의 문제점 [1]

⋮

8-1. 전두환 회고록의 1차 고소

2017년 8월 4일, 법원은 전두환 회고록 1권《혼돈의 시대》출판·배포 금지 가처분 결정을 내렸다. 법원은 5·18이 북한군이 개입한 반란이자 폭동이라는 주장을 비롯해 헬기 사격이 없었다는 주장, 전두환 전 대통령이 5·18에 전혀 관여하지 않았다는 주장 등 회고록에 실린 내용 31가지가 역사적 사실을 왜곡했다고 판단해 총 3권 중 1권에 대한 출판 및 배포를 금지했다.

그러나 전두환 전 대통령은 31가지 부분을 검은색 잉크로 덧씌운 뒤 책을 재출간했다. 이에 5·18 단체는 '희생자들에 대한 암매장 부정', '광주교도소에 대한 시민군 습격', '무기고 탈취 시간 조작' 등 40가지 내용에 대해 두 번째 출판·배포 금지 가처분을 신청했다.

2018년 1월 31일 최종 심문 기일이 마무리되었고, 2월 중 법원 결정이 나올 것으로 예상되었다. 그러나 아직도 법원 판단이 나오지 않고 있다. 전 전 대통령이 법원에 여러 차례 서면 자료를 추가 제출했기 때문이다. 전 전 대통령은 "5·18 당시 시신을 암매장한 것이 아니라 가매장한 것"이며, "광주교도소를 시민들이 습격한 것은 사실"이라며 관련 자료를 법원에 제출했다.

전두환 회고록에 대한 첫 번째 가처분신청의 법률대리를 맡아 이 책의 출판 및 배포 금지 결정을 이끌어낸 김정호 변호사는 회고록에 관련한 두 번째 소송도 주도하고 있다. '민주사회를 위한 변호사모임(민변)' 광주전남지부인 김 변호사는 "허위사실과 역사 왜곡이 가득한 전두환 회고록이 누더기가 되어 폐기될 때까지 최선을 다해 대응할 생각"이라고 밝혔다.

법원의 결정에 반성하거나 자숙하지 않은 채, 편법적이고 탈법적인 방식으로 회고록을 재출간한 것은 후안무치한 역사왜곡이다. 회고록 재출간은 오히려 진상규명의 필요성을 더 절감하게 하는 계기가 되었다. 5·18 역사 왜곡이 과거의 문제가 아니라 여전히 슬픈 현실을 적나라하게 보여주는 현재진행형이며, 반드시 극복해야 할 과제라는 것을 보여주었다.

8-2. 전두환 회고록의 왜곡 부분 고소 주요 내용

전두환은 1997년 4월 17일 확정된 대법원 판결[2]과 항소심 판결에서 내란수괴죄와 내란목적살인죄 등으로 유죄가 인정된 사실관계와 법률적 판단조차 부인했다.

첫째, 전두환은 5·18 당시 북한군 특수부대 600명이 남파되어 광주에 온 사실이 없고, 이는 우리나라 정부나 미국 정부의 공식문서나 입장, 그리고 당시 광주 현장을 취재한 외신 기자들을 포함한 객관적 증거에 의하여 확인된 사실임에도 불구하고, 마치 5·18 당시 북한군 특수부대 600명이 남파되어 광주에 온 것이 사실인 것처럼 이 사건 도서(전두환 회고록)에 기재하여 사실 자체를 허위사실로 왜곡시켜 버렸다.

5·18이 북한군 특수부대원 600명이 침투하여 일으킨 폭동이라는 취지로 주장하는 것은 가장 악의적인 역사 왜곡이라고 할 것이다. 간첩도 아니고, 아예 북한군 특수부대원 600명이 항쟁 기간 중 광주에 잠입하여 시민들 사이에 섞여 시위를 자극하여 폭동으로 이끌어 갔고, 다시 북한 특수부대가 공수부대와 광주 시민들을 향해 총을 쏘고 잔학 행위를 주도했는데, 이런 것들이 마치 계엄군인 공수부대의 소행인 것처럼 잘못 전해져 오고 있다는 전두환의 주장은 전혀 사실이 아니다.

5·18에 대한 국가적 조사는 2012년 국정원의 비공개 조사까지 7차례나 있었지만, 북한군이 대대 규모로 들어왔다는 증거나 정황은 한 번도 발견된 적이 없었다.

더구나 한국 정부는 물론 미국 정부도 5·18민주화운동은 북한의 개입과 관련이 없음을 명백히 밝혔는 바, 이 사건 도서 중 기재된 부분의 내용은 대한민국 정부와 미국 정부의 입장에도 반한다.

전두환은 2016년 6월호 월간 〈신동아〉 인터뷰 85쪽[3]에서는 5·18의 북한군 개입설은 금시초문이라고 하다가, 불과 1년도 되지 않은 시점에서 갑자기 태도가 돌변하여 이 사건 도서 541쪽에서는 지만원의 주장을 거의 그대로 인용하는 촌극을 벌이고 있다.

전두환의 주장은 지만원의 허위 주장을 어떠한 과학적인 근거나 검증도 없이 그대로 인용한 것에 불과하고, 반공 이데올로기만으로 모든 문제를 재단한 뒤, 허위 주장과 증오로 사회적 평온을 해치려는 시도에 불과할 뿐 어떠한 객관적인 근거도 없다.

둘째, 국립과학수사연구원은 2016년 전일빌딩 리모델링 과정에서 발견된 총탄 흔적을 헬기 사격에 의한 탄흔으로 판정하였다. 국립과학수사연구원은 공식 제출한 감정서에서 전일빌딩에 나타난 탄흔은 헬기가 호버링(hovering, 공중에 정지해 있는 기동 형태) 상태에서 고도만 상하로 변화하면서 사격한 것으로 추정하면서, 탄흔의 밀집 형태로 봤을 때 사격에 사용된 무기종류는 500MD의 M134 미니건이나 UH1H 헬기에 거치된 M60 기관총일 수 있다고 감정하였다.

또한 1980년 5월 22일 08시 30분에 접수된 육군본부 작전지침 "헬기 작전 실시하라"의 내용에 의하면, 전두환이 이 사건 도서에서 헬기 사격의 존재를 세상에 알린 성직자들을 사탄이라고까지 비난하면서 부정했던 헬기 사격이 실재했다는 역사적 사실이 36년 만에 확인된 것이다.

전일빌딩 탄흔에 대한 국립과학수사연구원이 총탄 흔적 조사 및 감식 결과가 새로이 발표된 이상, 언제 어떤 상황에서 헬기 사격이 있었는지에 대한 추가적인 사실 확인이 필요하겠지만, 최소한 5·18 광주 민주화운동 기간(1990. 5. 18~5. 27) 동안 헬기 사격이 있었다는 사실은 부인할 수 없는 명백한 사실이라고 할 것이다. 더구나 광주에 파견된 항공여단 부대 편제 및 일자별 파견장비표에서 확인할 수 있는 바와 같이 헬기의 파견을 일자별로 분류하여 보면, 전두환을 비롯한 신군부 세력이 주장했던 것과는 달리 1980년 5월 21일 광주에는 무장 헬기가 이미 파견되어 있었고, 조비오 신부와 피터슨 목사 등 다수의 시민들이 헬기 사격을 목격했다고 주장하는 그 시각에 광주에는 헬기 사격이 가능한 무장 헬기 3대가 배치되어 운영 중인 사실을 확인할 수 있다.

1980년 5월 21일 전남도청 주변에 대한 정찰 과정에는 무장 헬기의 출동은 고사하고 광주에 파견도 되지 않았기 때문에 원천적으로 헬기 사격 자체가 불가능했다는 항공여단 관계자들의 주장과 그 주장을 인용한 전두환의 주장은 거짓 주장에 불과하다고 할 것이다.

셋째, 발포 행위로 인하여 무고한 비무장 시민으로 계엄군의 총탄에 희생된 사실에 대하여 논란의 여지가 없는 임산부 최미애와 중학생 방광범, 초등학생 전재수, 그리고 함광수(17세), 임정식(18세), 조규영(38세), 김영선(26세), 양희남(30세), 이매실(68세), 김재평(29세) 등을 대표적으로 언급하였을 뿐이다. 비록 이 사건에서 열거하지는 않았지만, 5·18 당시 계엄군의 무고한 시민에 대한 발포 행위로 인하여 사망하거나 부상을 당한 사람들은 수를 헤아릴 수 없이 많다. 부상자 중에는 왼쪽 유방에 자상을 입은 여자 환자가 있었고, 계엄군의 총격으로 5세 여자 어린이 김내향이 하반신이 마비되는 중상을 입었다.

사실이 이와 같음에도 불구하고, 전두환이 이 사건 도서에서 "우리 국군은 국민의 군대다. 결코 선량한 국민을 향해 총구를 겨눌 일은 없다"고 말한다. 따라서 1980년 5월 광주에서도 계엄군은 죽음 앞에 내몰리기 직전까지 결코 시민을 향해 총을 겨누지 않았고 양민학살은 없었다고 강변하고 있는데, 이는 비무장 민간인에 대한 학살 사례가 다수 존재하는 점에 비추어 볼 때 손바닥으로 하늘을 가리려는 것이고, 명백한 역사 왜곡이라고 할 것이다.

항소심과 대법원에서 1980년 5월 27일의 살상 행위에 대해서만 내란목적살인죄를 인정하고, 1980년 5월 27일 이외에 1980월 5월 21일부터 5월 24일까지의 살상 행위 부분은 자위권 발동 결정을 발포 명령으로 평가하기 어렵고, 전두환이 발포 명령을 내렸다고 인정할 증거가 부족하다는 이유로 내란목적살인죄를 인정하지 않는 부분만을 침소봉대하여 마치 전두환이 학살자의 누명을 벗은 것처럼 사실관계를 왜곡하는 것은 심히 부당하다고 할 것이다.

넷째, 5·18과 전두환은 무관하다고 하며 "5·18 특별법과 그에 근거한 수사와 재판에서조차도 광주사태 때 계엄군의 투입과 현지에서의 작전 지휘에 내(전두환)가 관여했다는 증거를 찾으려는 집요한 추궁이 전개되었지만 모두 실패했다"(27쪽), "5·18 사태의 발단에서부터 종결까지의 과정에서 내가 직접 관여한 일이라는 것은 처음부터 존재하지 않았던 것이다"(383쪽), "당시 계엄군의 작전 계획을 수립하고 지시하거나 실행하기 위한 그 어떤 회의에도 참석할 수 없었고 참석한 일이 없다(382쪽), "보안사령관으로서 재임 시 그 어떤 작전 지휘 모임에도 참석할 수 없었고, 참석한 일도 없다"(440쪽)라고 전두환이 이 사건 도서에 기재한 것은 허위사실이다.

1980년 5월 27일의 살상 행위와 관련해서는 최소한 전두환이 관여한 상무충정작전의 실시 명령에는 그 작전의 범위 내에서는 사람을 살해하여도 좋다는 '발포 명령'이 들어 있음이 분명하고, 광주 재진입작전을 실시하는 데 저항 내지 장애가 되는 범위의 사람들을 살상하는 것은 내란 목적을 달성하기 위하여 직접 필요한 수단이었던 사실을 인정하지 않을 수 없을 것이다. 따라서 전두환, 이희성, 주영복, 황영시, 정호용이 내란 목적을 달성하기 위하여 이를 지시하거나 용인한 것이므로, 이에 대하여 내란 목적의 살인의 책임을 져야 하는 점은 분명하다.

전두환은 광주지구 보안부대로부터 상황 보고를 받으면서 그 보고 및 조치가 미흡하다고 판단하여 1980년 5월 19일경 최예섭 보안사 기획조정처장과 홍성률 ○군단 보안부대장, 최경조 대령, 중앙정보부 박ㅇ희 과장을 광주에 파견하여 상황을 보고받거나 연행자 조사 등을 지원하였고다. 또한, 전두환은 5월 21일 국방부장관실에서 국방부장관 주영복, 한미연합사부사령관 겸 합참의장 류병현, 수경사령관 노태우, 육사 교장 차규헌, 특전사령관 정호용, 계엄사령관 이희성, 2군사령관 진종채 등이 참석한 회의에 참석하였다. 당시 회의 내용을 기록한 자료에는 "전 각하(전두환으로 추정됨-인용자): 초병에 대해 난동 시 군인 복무 규율에 의거, 자위권 발동 강조"라고 진종채 2군사령관이 손으로 채무자 전두환의 강조 내용을 쓴 메모가 있는 등 전두환이 주도적으로 자위권 발동을 주장한 것으로 보이고, 전두환은 1980년 5월 23일 오후 피고인 정호용을 통하여 소준열 전교사령관에게 친필 메모를 보내 "공수부대의 사기를 고려해 주고 희생을 무릅쓰고라도 사태를 조기에 수습해 줄 것"을 당부하였다.

또한 전두환은 1980년 5월 25일 12시 15분 국방부 내 육군회관에서 주영복, 이희성, 노태우, 황영시, 류병현 등과 함께 참석하여 육군작전지침으로 만든 '상무충정작전'을 같은 달 27일 00시 01분 이후 실시하기로 최종 결정하였으며, 전두환은 1980년 5월 26일 오전 그를 방문한 정호용에게 광주 재진입 작전에 필요한 가발을 지원하여 광주 재진입 작전 준비를 하는 과정에 지시하거나 적극적으로 관여하였다. 이상을 다시 요약하면 다음과 같다.

5·18민주화운동 당시 전두환 보안사령관이 광주학살(옛 전남도청 재진압 작전·상무충정작전)을 직접 계획하고, 두 차례에 걸쳐 점검했다는 주장이 나왔다. 5·18 민주화운동기록관은 22일 보도자료를 내고 "12·12 및 5·18 사건" 검찰 수사자료 및 법원 판결문, 보안사가 펴낸 "제5공화국 전사, 미 국무부 비밀전문" 등을 토대로 당시 전두환 보안사령관의 행적을 추가로 밝혔다.

5·18 기록관이 분석한 자료에 따르면 전두환은 1980년 5월 25일

국방부 내 육군회관에서 회의를 열고 광주 재진압 작전인 '상무충정 작전'을 최종 결정했다. 이 자리에는 주영복 국방장관, 이희성 계엄사령관, 황영시 계엄부사령관 등이 참석한 것으로 전해졌다.

또 다음날 전두환은 정호용 특전사령관과 소준열 전투병과 교육사령관을 보안사령부로 불러내 재진압 작전을 최종적으로 점검·결정했다. 5·18 기록관은 머스키 미 국무장관 명의의 미국 비밀전문에도 재진압 작전이 전두환의 결심으로 결정되었다는 내용이 나타나 있다고 덧붙였다. 5·18 기록관 측은 "당시 전두환이 계엄군 외곽 배치와 자위권 발동 회의를 주도하고, 2차례에 걸쳐 재진압 작전 결정 회의에 참석한 사실만 보더라도 그가 '5·18 사령관'이라는 점을 넉넉히 짐작할 수 있다"고 강조했다.

또 "보안사가 펴낸 제5공화국 전사 등에는 재진압 작전 결정 모임에 전두환이 참석했다는 사실을 누락시켰다"며 "그 이유를 진상조사위원회에서 명백히 밝혀내야 한다"고 강조했다. 앞서 5·18 기록관은 지난 9월 "전두환 당시 보안사령관이 광주에서 무력 진압을 주도했다"며 전두환 당시 보안사령관의 행적을 재구성한 자료를 발표하고 역사 재정립을 촉구했다.

다섯째, 계엄군 사망건이다.

1980년 5월 21일 오후 전남도청 앞에서 집단 발포 직전에 장갑차에 치어 계엄군 병사 1명이 사망하고 1명이 중상을 입은 사고는 시위대의 고무타이어 장갑차가 아닌 계엄군의 무한궤도 장갑차에 의한 사고라는 점에서, 전두환이 이 사건 도서 470쪽에서 "시위대의 장갑차에 치여 계엄군이 사망하였다"고 기재한 것은 명백한 허위사실이다.

전두환이 '계엄군의 무한궤도 장갑차에 치여 사망한 사고'를 '시위대의 장갑차에 의한 공격으로 사망'하였다고 사실관계를 왜곡하여 허위사실을 주장하고 있는 것은 1980년 5월 21일 전남도청 앞에서의 계엄군의 집단 발포 행위를 자위권 발동이라고 변명하기 위한 악의적이고 의도적인 왜곡이라는 점을 다시 한번 지적하지 않을 수 없다.

8-3. 재출간된 전두환 회고록 먹칠한 부분의 원본[4]

일부 수정을 한 뒤 재출간한 '전두환 회고록'에 대해 허위사실을 삭제하지 않고서는 출판과 배포를 할 수 없다는 법원의 결정이 나왔다. 광주지법은 5·18 기념재단 등이 전두환 전 대통령을 상대로 낸 전두환 회고록 출판 및 배포 금지 가처분 신청을 받아들였다고 15일 밝혔다.

재판부는 5·18민주화운동 관련 단체가 회고록에서 삭제를 요구한 암매장과 광주교도소 습격, 전 전 대통령의 5·18 책임, 김대중 전 대통령 민중혁명 기도 등 40개 표현 중 34개 전부와 2개 표현의 일부가 허위사실에 해당한다고 판단했다. 초판의 삭제된 부분을 순서대로 열거한다.

#1 "광주사태로 인한 직·간접적인 피해와 희생이 컸던 만큼 그 상처가 아물기까지는 더 많은 시간이 필요한지 모른다. 또 상처와 분노가 남아 있는 한, 그 치유와 위무(慰撫)를 위한 씻김굿에 내놓은 제물이 없을 수 없다고 하겠다. 광주사태의 충격이 채 가시기도 전에 대통령이 되었다는 것이 원죄가 됨으로써 그 십자가를 내가 지게 되었다. 나를 비난하고 모욕 주고 저주함으로써 상처와 분노가 사그라진다면 나로서도 감내하는 것이 미덕이 될 수 있는지 모른다. 그러나 나의 유죄를 전제로 만들어진 5·18 특별법과 그에 근거

한 수사와 재판에서조차도 광주사태 때 계엄군의 투입과 현지에서의 작전 지휘에 내가 관여했다는 증거를 찾으려는 집요한 추궁이 전개되었지만 모두 실패했다. 더욱이 광주에서 양민에 대한 국군의 의도적이고 무차별적인 살상 행위는 일어나지 않았고, 무엇보다 '발포명령'이란 것은 아예 존재하지도 않았다는 것으로 밝혀졌다."

※ 본서 몇 곳에서 5·18항쟁 억압에 관여했음이 밝혀져 있다.

#2 "'헬기를 이용한 기총소사까지 감행했다'는 차마 말로 하기 힘들 정도로 끔찍한 이야기들이 더해져 전해지고 있다."

※ 헬기 기총소사가 사실임이 조사 결과 밝혀졌다.

#3 "보안사령관과 중앙정보부장 서리를 겸직하고 있었으나, 1980년 5월 18일부터 5월 27일 사이의 그 어느 시간에도, 전남 광주의 그 어느 공간에도 나는 실재하지 않았다. 당시 나는 계엄군의 작전 계획을 수립하고 지시하거나 행하기 위한 그 어떤 회의에도 참석할 수 없었고 참석한 일이 없다."

※ 5·18항쟁 때 많은 회의에 참석한 기록이 본서에 나타나고 있다.

#4 "우리 국군은 국민의 군대다. 결코 선량한 국민을 향해 총구를 겨눌 일은 없다."

※ 계엄군에 의해 죽은 사람 및 부상자가 엄연히 존재하는데 무슨 소리를 하는 것인지 알 수 없다.

#5 "1980년 5월 광주에서도 계엄군은 죽음 앞에 내몰리기 직전까지 결코 시민을 향해 총을 겨누지 않았다."

※ 죽은 자가 있고 부상자가 있으며 5·18 국립 묘지가 있는데….

#6 "5·18 사태의 발단에서 종결까지의 과정에서 내가 직접 관여할 일이라는 것은 처음부터 존재하지 않았던 것이다."

※ 회의에 참여한 기록이 있는데….

#7 "그때 내가 중앙정보부장 서리와 보안사령관을 겸직하고 있었는데, 내가 맡고 있던 그 어느 직책도 군의 작전사항에 관여할 권한과 책무가 근본적으로 배제되어 있었다."

※ 당시 5·18항쟁 때 총책의 지위에 있었다.

#8 "아시아자동차 공장에 집결해 수백 대의 차량을 끌고 나간 사람들의 정체에 의문이 가는 것이다. 특히 일반 시민이 장갑차를 몰고 이동했다는 건 해명이 되지 않는다. 이처럼 전개된 일련의 상황들이 지금까지 꾸준히 제기되고 있는 북한 특수군의 개입 정황이라는 의심을 낳고 있는 것이다.

※ 아시아자동차 공장에서 만든 장갑차는 고무 타이어로, 일반 자동차 운전 실력만 있으면 할 수 있는 장갑차였다고 한다.

#9 "군부대의 지휘권에 대해 어느 정도 지식이 있는 사람에게는 상식에 속하는 얘기지만, 지휘계통에 있지 않는 사람은 아무리 계급이나 직책이 높다 하더라도 지휘 문제에 관여할 수 없다. 보안사령관은 육군의 지휘계통에 있는 지휘관이나 참모가 아니므로 나는 보안사령관 재임 시 그 어떤 작전 지휘 모임에도 참석할 수 없었고, 참석한 일도 없다."

※ 계엄령 하에 군의 최고 책임자는 못할 일이 없었다. 모임에 대한 기록 및 회의록이 발견되었다.

#10 "오후 1시경에 시위대는 장형태 지사가 약속했던 시간이 되었음에도 공수부대가 철수하지 않는 데 대해 항의하면서 공수부대 장갑차에 화염병을 던졌다. 장갑차에 불이 붙는 순간 시위대 측 장갑차 한 대가 공수부대원들을 향해 돌진했다. 순간 저지선이 무너지면서 대원들은 돌진하는 장갑차를 피해 좌우로 갈라져 전남도청, 상무관, 수협지부 건물 등으로 흩어졌으나 미처 피하지 못한 공수대원 2명이 시위대 장갑차에 치여 1명은 즉사했고, 1명은 중상을 입었다."

※ 이는 허위사실로, 계엄군의 무한궤도 장갑차에 계엄군이 아니라 시위대가 1명 죽고 1명이 중상을 입었다.

#11 "이러한 주장은 헬리콥터의 기체 성능이나 특성을 잘 몰라서 하는 얘기이거나 아니면 계엄군의 진압 활동을 고의적으로 왜곡하려는 사람들의 악의적인 주장일 뿐이다. 그가 제시한 사진도 가짜였다. 목사라는 사람이 무슨 이유로 가짜 사진까지 가져와서 허위진술을 했는지 이해하기 어려운 일이다. 피터슨 목사가 누군가의

사주를 받고 그러한 거짓말을 한 것인지 나로서는 알 수 없는 일이지만, 그는 목사가 아니라 가면을 쓴 사탄이었다는 생각이 든다. 당시 헬기를 운행했던 육군항공 1여단 방○○ 31항공단장은 이렇게 진술하고 있다."

※ 목사와 신부는 사실대로 보고했고 군이 허위 보고를 한 것이다. 지만원의 허위 주장으로 그는 신부 가족으로부터 고소를 당했다.

#12 "헬리콥터의 기총소사에 의한 총격으로 부상한 사람들을 목격했다는 진술도 헬리콥터가 장착한 화기의 성능을 전혀 모르는 사람들의 터무니없는 주장임이 방○○ 항공단장의 진술로 증명되었다."

※ 항공단장의 진술은 허위 보고이고 헬리콥터 기총소사는 사실로, 이 부분도 삭제당했다.

#13 "그러나 조비오 신부는 그 후에도 자신의 허위 주장을 번복하지 않았다. 미국인 목사라는 피터슨이나 조비오 신부나 '성직자'라는 말이 무색한 파렴치한 거짓말쟁이일 뿐이다.

※ 목사와 신부의 주장은 사실이고 전두환 회고록의 이 부분은 허위로 삭제를 당했다.

#14 "그 험하게 훼손된 시신들이 언제, 어디서, 누구에 의해 살해된 것인지는 제대로 확인된 바가 없다. 대한민국 국군이 대한민국 국민을 상대로 그처럼 잔인무도한 살인 행위를 저질렀다는 것을 나는 상상조차 할 수 없다. 살인기계로 훈련받은 자들의 소행이라

는 의심을 버릴 수 없다."

※ 5·18 당시 계엄군에 의해 살인 당한 증거 사진은 수백 장이 있다.

#15 "당시 광주 현장은 물론 일체의 작전 지휘계통에 있지도 않았던 내가 단지 '실권자'였고 그 후 대통령이 되었다는 이유 때문에 광주사태의 '원흉'으로 지목받는 일 또한 없지 않았을까."

※ 전두환은 당시 실권자였고 모든 지휘계통을 관장했다.

#16 "교도소 습격은 북한의 고정간첩 또는 5·18을 전후해 급파된 북한 특수전 요원들이 개입한 것이라고 추측할 수 있게 하는 대목이다."

※ 5·18 당시 교도소를 습격한 적이 없고, 주변을 지나가다가 계엄군에 의해 총살당한 사람이나 부상당한 사람은 많았다.

#17 "5·18 사태의 현장사진 중에는 대한민국의 군인 모습과는 두발 모양은 물론 행동이 전혀 다른 군복 차림의 사람들이 무릎을 꿇고 있는 광주 시민들에게 총부리를 겨누고 있는 장면이 있다. 얼른 보면 계엄군이 연행되어 온 시위대원을 향해 총을 겨누고 있는 것처럼 보인다. 그러나 사진 속 군복 차림의 사람들은 외모로 볼 때 대한민국 군인이 분명히 아니었다. 장발을 하고 어설픈 군인 복장을 한 그들이 만약 광주 시민군이었다면, 왜 같은 광주 시민들에게 총부리를 겨누고 있는가."

※ 많은 문헌 조사에 의하면 5·18 때 북한 군인이 600명이나 남하한 증거가 없다. 계엄군이 시위대를 무릎 꿇게 하고 총부리를 겨누고 있는 것이다.

#18 "5·18 사태 기간 중 두드러지게 활동했던 사람들 가운데 가장 그 정체에 의문을 갖게 하는 사람들은 역시 군의 특수장비를 능숙하게 운용하고 군사 전문가 같은 작전 능력을 보여준 사람들이다. 중화기는 전문적인 훈련이나 교육을 받아야만 다룰 수 있다. 물론 시위자들 중 군대에서 전문병과에 복무한 사람들이 있을 수는 있지만, 그런 경험을 가진 전역 군인들이 유독 광주 지역에만 그렇게 많이 있었을까. 시위대는 아시아자동차 공장에서 장갑차를 탈취해 끌고 나왔다. 그 시절은 일반 시민 가운데 차량 운전을 할 수 있는 사람들이 지금과는 비교할 수도 없을 만큼 적었다. 특히 장갑차는 훈련받지 않는 사람들이 쉽게 몰고 다닐 수 있는 장비가 아니다.

※ 전술한 바와 같이 아시아자동차 공장의 장갑차는 일반 자동차 면허증 소유자도 운전할 수 있다고 한다.

#19 "피살 경위를 알 수 없는 참혹한 모습의 시신을 끌고 다니며 계엄군의 소행으로 뒤집어 씌우는 수법 등도 고도의 심리전 훈련을 받은 전문가가 조직적으로 개입되어 있었음을 추측하게 해준다. 광주 효천역 부근에서 11공수여단 63대대 병력과 보병학교 교도대 간에 벌어졌던 오인 사격 사건에도 특수훈련을 받은 게릴라 수준의 공작원들이 투입되었을 것이라는 증언이 있다."

※ 5·18 당시 게릴라 수준의 공작원은 없었다.

#20 "계엄군이 광주시 외곽으로 철수한 다음날인 5월 22일 오전, 전남도청 앞과 금남로 등에는 그동안 시위 현장에서 볼 수 없었던 일단의 젊은이들이 나타났다. 그들이 누구였는지에 대한 추측들은 엇갈리지만, 그 시간 그 장소에 수백 명을 헤아리는 정체불명의 청년들이 나타났던 것만은 분명한 것으로 보인다. 목격자들이 많기 때문이다. 복면을 하고 나타났다가 어느 순간 흔적도 없이 사라진 이들의 정체에 관해서는 지금까지도 온갖 억측과 주장들이 난무하고 있다. 그 당시 시민군 측이 방송을 통해 광고했던 내용처럼, 광주 시민들의 투쟁을 지원하려고 서울서 내려온 연·고대생이 맞는 거라는 얘기가 있고, 한편으로는 북한의 특수부대원들이라는 주장이 강력히 제기되기도 한다."

※ 북한의 특수부대는 없었고, 자기 정체를 밝히기 싫어 복면을 한 시민군은 있었다.

#21 "당시 북한 간첩들에게 지령하는 무전 교신들은 우리 군 당국에 의해 포착되고 있었는데, 북한 공작원들이 암약하고 있다는 정황들은 여러 곳에서 감지되었다는 진술들이 있다."

※ 북한 공작원이 600명이나 있었다면 왜 한 사람도 체포하지 못했는가? 우리 군사력의 수준이 그 정도인가?

#22 "연·고대생으로 소개되었다는 500~600명의 정체, 조직적으로 움직인 수백 명 규모의 집단이 실재했느냐의 여부, 복면한 사람들의 정체, 그리고 5·18 사태에 북한은 어느 정도 개입했었는가 하는 문제들에 관해 내가 이 글에서 확신을 갖고 새삼 강조할 수 있

는 부분은 많지 않다."

※ 5·18 당시 북한군 침투 사실은 없었다고 전두환은 신동아 좌담회에서 1년 전에 밝힌 바 있다.

#23 "5·18 사태 때에 북한의 특수요원들은 다수가 무장하고 있는 시위대 속에 시민으로 위장해 있을 터였다. 군 당국이 무전교신을 포착함으로써 북한 간첩들이 시위 현장에서 암약하고 있다는 사실을 추정할 수 있었지만, 그들을 색출하기 위해 병력을 투입할 수는 없는 일이었다. 시민들 속에 섞여 있는 북한 특수부대원들을 찾는다고 대규모 군 병력을 투입한다는 것은 시가전을 한다는 의미다. 내전을 각오하지 않으면 생각할 수 없는 일이다. 내전이 벌어진다면 북한에 전면 남침의 초청장을 보내는 것이다."

※ 5·18 당시 첩보원이 광주시에 깔려 있었는데, 이들 북측 요원 600명 중 한 사람도 체포하지 못했다는 것은 언어도단이다.

#24 "지금 와서 5·18 사태 때 북한이 개입한 상황을 왜 밝혀내지 못했는가 하는 문제가 제기되니까 하는 얘기일 뿐이지, 그 당시에는 내가 아닌 그 누구라 하더라고 정상적인 판단력이 있는 사람이라면, 시민 속에 숨어 있을 것으로 보이는 북한 특수부대원들을 잡기 위해 시가전을 각오한다는 것은 상상조차 할 수 없는 일이었다.
앞에서 살펴봤듯이, 계엄군이 치밀한 계획 아래 정교한 작전을 수행함으로써 피해를 최소화하면서 광주를 수복할 수 있었는데, 북한의 특수요원들이 그때까지 광주에 남아 있을 리 없었다."

※ 북한 요원이 광주에서 활동했다면 그들은 무엇을 얻었으며, 어떻게 왔고, 어떻게 갔는가? 또 어디에서 숙박했는가?

#25 "북한의 5·18 광주사태 개입과 관련한 진상을 규명하는 일은 아쉽지만 미완의 과제로 남겨 놓을 수밖에 없었다."

※ 북한이 5·18에 관여한 증거가 있는가? 북한 특수병이 관여한 증거가 없음이 공식 기록에 거듭 나타나고 있다.

#26 "1990년대 이후 탈북자들 가운데에는 광주사태에 북한이 개입했다는 것은 북한 사람들이 다 알고 있는 사실이라고 증언하는 사람들이 여럿 있었다. 그 당시 북한의 특수요원으로 광주에 침투했던 사람에게 직접 얘기를 들었다는 사람들도 나타났다. 2006년에는 자신이 직접 북한의 광주 작전에 참전했던 북한 특수부대원이었다는 사람이 탈북해서 그 사실을 털어놨다는 언론보도도 있었다. 이들의 발언 내용은 매우 구체적이고 상세한 것이어서 지어낸 말로 보기는 어렵다."

※ 북한 특수 요원이 있었다면 그 증거를 제시하라.

#27 "5·18 사태 당시 광주 현장에 있던 군 관계자들의 증언이나 진술, 기자 등의 목격담 이외에 관련 자료나 정황 증거 등을 들어 연·고대생으로 알려졌던 600명의 시위대가 북한의 특수군이라는 주장이 몇몇 연구가들에 의해 그동안 꾸준히 제기되어 왔다. 지난 10여 년간 집중적인 조사와 연구, 출판 활동 등을 통해 5·18 광주사태와 관련된 진실을 규명해 나가고 있는 지만원 시스템공학 박

사는, 광주사태가 '민주화운동'이 아니고 북한이 특수군을 투입해서 공작한 '폭동'이었다는 주장을 펼치고 있다. 지만원 박사는 검찰과 국방부의 수사기록, 안기부의 자료, 5·18 관련 단체들의 기록물, 북한 측의 관련 문서와 영상자료들을 면밀히 조사 분석한 결과 그러한 결론을 얻게 되었다고 밝히고 있다. 뿐만 아니라 5·18 당시 광주에 투입했던 북한 특수부대원이었다고 스스로 밝히고 있는 탈북군인과 귀순한 북한 요인들의 증언으로 그러한 주장이 뒷받침됐다고 말하고 있다."

※ 지만원이 제시하는 증거는 신빙성이 없고, 복면한 사람들이 북한 요인이라 하는데 그중 몇 명은 신원이 남한 사람으로 밝혀져 지만원은 고소당한 상태에 놓여 있고, 이미 집행 유예 중에 있음이 밝혀졌다.

#28 "광주사태에 관한 사실관계를 철저히 검증하고, 그 성격을 재조명할 수 있는 충분한 동력이 없는 현실이 안타깝다. 1950년 북한의 남침 때 수백만 명의 인명피해를 무릅쓰며 싸웠던 것은 대한민국의 자유 민주주의를 수호하기 위한 투쟁이었듯이, 5·18 사태 당시 정부와 계엄군이 대한민국 정부를 전복하려고 했던 무장 혁명 세력과 맞섰던 일도, 대한민국을 지키려는 정당하고도 불가피한 조치였음이 오래지 않아 명백히 밝혀질 거라 믿는다.

※ 5·18은 군사독재정권을 타도하기 위한 민주화운동이었다. 진실은 더욱더 명확히 밝혀질 것이다.

#29 "무엇이 진실인가. 헌법적 정통성을 지닌 최규하 대통령 정

부를 전복하기 위한 폭동인가, 민주화를 쟁취하기 위한 폭동인가, 아니면 북한 특수부대가 공작한 폭동이었는가?"

※ 북한 특수부대는 없었고 최규하 대통령은 군부세력의 꼭두각시 역할을 했다는 기사가 있다.

#30 "배후조종에 의한 폭동이라는 점에서는 같지만, 그 배후가 바로 '북한'이라고 특정(特定)하는 또 다른 주장이 있다. 지만원 시스템공학 박사와 재미 역사학자인 김대령 목사 등은 연구·저술을 통해 광주사태는 북한 특수부대에 의한 도시 게릴라 작전이었다고 주장하고 있다. 당시 상황을 직접 목격하거나 체험하지는 않았지만 방대한 양의 수사기록과 재판기록, 피해자 측이 만든 자료들, 북한의 문서와 영상자료들을 면밀히 분석한 결과 북한의 특수부대원들이 벌인 '도시 게릴라전'이었다는 것이다. 뿐만 아니라 1990년대 이후 탈북한 북한 고위층 인사들과 군인들의 생생한 증언이 이를 뒷받침하고 있다는 주장이다."

※ 5·18이 북한의 게릴라전이었다는 말은 계엄군인의 말이다. 증거도 없는 허위 왜곡 조작이다.

#31 "지만원 박사는 5·18 때 북한의 특수공작원들이 광주에 침투했다가 돌아가 그 뒤 북한의 정부와 군부에서 요직을 차지하고 있다는 수백 명의 인물을 사진 분석을 통해 실명으로 밝히고 있고, 그 내용이 특정 보도매체와 출판물, 인터넷 등을 통해 광범위하게 전파되어 있지만 주요 언론매체들은 단 한 줄도 보도하지 않고 있다. 독자나 시청자들의 정서를 의식하지 않을 수 없는 언론매체들, 여론의

향배를 좇을 수밖에 없는 정치권은 그렇다 하더라도, 학계에서조차 '민주화운동'이라는 정통적 역사 인식에 대한 어떠한 '수정주의적' 접근도 금기(禁忌)가 되어 있는 것 같다. 광주가 계속 신화의 영역에 있기를 원하며 불편할 수도 있을 진실이 더 이상 드러나길 바라지 않는 세력이 엄존한다는 것을 뚜렷이 피부로 느끼고 있다."

※ 지만원의 사진분석에 의한 복면 시민의 지적은 남한 사람임이 몇 명 밝혀지고 있다. 잘못 찍은 것이다.

8-4. 전두환 회고록 2차 고소[5]

"전두환은 전남도청 앞 집단 발포가 자위권 행사 차원에서 이뤄졌다는 왜곡 논리를 만들기 위해 계엄군이 조작한 무기 피탈 시간을 그대로 인용했다. 암매장을 부인하는 내용, 광주교도소 습격 사실을 조작해 인용한 내용, 계엄군 철수 후 광주 시내에서 무장시위대 강도 사건이 빈번했다는 내용도 허위사실이다. 또 시위군이 파출소를 습격하거나 고 안병하 경무관을 비롯한 경찰들이 도주해 계엄군이 불가피하게 개입할 수밖에 없었다는 내용 등도 허위다.

2차 소송에서 전두환 회고록의 허위사실을 적시한 내용은 1차 소송보다 훨씬 방대하지만, 이 40가지 목록도 일부에 불과하다. 신속하게 출판·배포 금지 인용 결정을 받기 위해 우선 객관적 사실 확인이 가능한 허위사실을 특정해 가처분 신청을 한 것이다. 역사 왜곡이 가득한 전두환 회고록이 누더기로 폐기될 때까지 최선을 다해 법적 대응을 할 생각이다."

"1월 31일 종결됐지만, 이후에도 참고서면과 추가 소명자료 제출을 통한 공방이 있었다. 추가 자료에 대한 검토가 발생하여 법원의 결정이 일반적인 경우보다 더 늦어지고 있다. 전두환이 본인의 회고록에 '암매장은 유언비어이며, 사실로 밝혀진 바가 없다'고 주장하는 것은 역사를 조작하는 허위사실을 기재한 것이다. 실제로 암매장은 이뤄졌다."

"'5·18 당시 광주시청 직원이었던 조성갑 씨는 41구의 시신을 수습했다. 그 목록을 법원에 증거로 제출했다. 주남마을 야산의 시신 2구는 1980년 6월 2일 발견되었는데, 22년 만인 2002년 유전자 검사를 통해 11공수여단이 1980년 5월 23일 산속으로 끌고 가 총으로 즉결 처형한 후 암매장한 양민석(20세, 노동자)과 채수길(21세, 식당종원업)로 확인되었다. 5·18 당시 3공수여단 하사였던 정규형 씨는 1993년, 1997년, 2001년 언론을 통해 본인이 광주교도소 근처에서 암매장을 한 사실을 고백했다. 정 씨는 당시 '밤마다 꿈속에 광주 시민 세 명이 나타나 잠을 설친다'며 정신병원을 오가며 삶을 이어가고 있다고 했다. 또 당시 전남대 학생과장이었던 서명원 씨가 1980년 5월 22일 전남대를 수색하는 과정에서 암매장된 고등학생 시신을 발견했다'는 내용을 담은 《죽음을 넘어 시대의 어둠을 넘어》라는 단행본도 증거로 제출했다."

"전두환 회고록 출판과 배포를 금지하는 등의 법적 대응은 끝이 아니고 시작이다. 5·18 왜곡은 여전히 진행 중이다. 전두환과 지만원을 중심으로 독버섯처럼 제기되는 5·18 왜곡에 대해 가처분, 손해배상 청구, 형사고소 등으로 대응하겠다."

전두환 회고록의 민사 형사 소송의 법률 대리인을 맡고 있는 김정호 변호사는 민주화운동 관련 사건과 국가 공권력 피해자를 위한 변호에도 앞장섰다. 2005~2007년에는 한총련 의장 장송회, 남총련 의장 황광민·백용현 국가보안법 위반시국 사건의 무료 변론을 맡았다. 최근에는 김용판 전 서울지방경찰청장의 '국가정보원 대선 개입 수사' 관련 재판에 나와 위증한 혐의로 기소된 권은희 의원 사건에서도 변론을 맡아 무죄 판결을 끌어냈다.

지난 10월에는 민주화운동 관련자 명예훼손 및 보상심위원회 위원으로 임명되어 진상규명과 관련자 명예회복 등에도 힘쓰고 있다.

8-5. 문무일 검찰총장 전두환 기소 보류 지시

2018년 5월 17일 법조계에 따르면 광주지검 수사팀은 1980년 5·18민주화운동 때 계엄군의 헬기 사격을 증언한 고 조비오 신부를 '가면 쓴 사탄'이라고 자신의 회고록에서 비난한 전 전 대통령에 대해 사자명예훼손 혐의로 지난해 말과 지난 2월 두 차례에 걸쳐 기소 의견을 밝혀지만 검찰 수뇌부가 증거 보완을 지시하면서 미뤄졌다. 특히 문 총장은 지난 3월 초 수사 검사에게 업무용 전화를 걸어 기소를 미룰 것을 지시한 것으로 알려졌다. 지방선거를 앞두고 이명박·박근혜 전 대통령 등 전직 대통령 두 명을 수사 중인 상태에서 전 전 대통령까지 기소하는 데 부담감을 피력한 것으로 전해졌다.

결국 광주지검은 지난 3일 전 전 대통령을 사자명예훼손 혐의로 불구속기소했다. 대검 관계자는 "두 차례 증거 보완을 지시한 덕분에 '군중들이 해산하지 않으면 헬기 공격을 받을 것'이라는 경고를 받았고, 실제로 '총이 발사되었을 때 엄청난 분노가 일어났다'고 적힌 미국 대사관 비밀 전문이라는 핵심 증거를 찾을 수 있었다"[6]고 말했다.

8-6. 5·18민주화운동에 대한 왜곡과 법정 투쟁

5·18은 불의한 국가권력이 국민의 생명과 인권을 유린한 우리 현대사의 비극이었다. 5·18을 무장폭동이나 북한 간첩의 사주를 받은 난동, 더 나아가 내란음모사건으로 왜곡하고 폄훼하는 시도들이 여전히 자행되고 있다.

5·18 왜곡의 선두에는 보수논객 지만원 씨가 있다. 지 씨는 "5·18은 남파된 북한 특수군(일명 광수)이 일으킨 폭동"이라고 주장하고 있다. 지 씨는 "1980년 5·18 광주에 황장엽이 왔다", "북한특수군 600명 입증, 5·18은 35년 만의 세기의 사건으로 밝혀졌다" 등 이른바 광수 시리즈를 발표해 왔다.

더 큰 문제는 5·18의 최고 책임자라고 할 수 있는 전두환 전 대통령이 직접 나서서 5·18을 왜곡하고 있다는 점이다. 전 전 대통령은 지난해 출간한 《전두환 회고록》 1권 '혼돈의 시대'를 통해 "5·18은 북한군의 폭동"이라고 주장했다.

5·18에 대한 왜곡과 폄훼는 합리적·이성적 이견과 해석의 과학적 다양성과는 차원을 달리할 뿐만 아니라, 담론이 전개되는 수준이 지극히 저열하고 그 정치적 악의가 확연하게 드러나고 있다. 전두환이 회고록을 발간해 5·18을 '광주사태'라 규정하고, 광주 학살의 정당성을 주장하는 등 광주 학살의 최고 책임자가 5·18의 역사적 본질을 공개적으로 왜곡하고 있다는 점에서 문제의 심각성이 더 가열되고 있다.

5·18 유가족과 단체들은 이들에게 법적 책임을 묻고자 노력하고 있지만 이마저도 쉽지 않은 상황이다. 5·18을 왜곡해도 대법원의 집단표시 명예훼손죄 판례로 인해 피해자가 특정될 수 없는 한 유죄를 이끌어내기가 쉽지 않기 때문이다. 형법 제307조는 "공연히 사실

을 적시해 사람의 명예를 훼손한 자는 2년 이하의 징역이나 금고 또는 500만 원 이하의 벌금에 처한다"고 규정하고 있다. 사실 적시 명예훼손죄의 요건은 공연성, 피해자 특정, 사실의 적시, 사회적 평가 저하 등이다. 이중에서 특정성은 공개한 사실을 통해 명예훼손의 피해 당사자를 명확히 인식할 수 있는지 여부를 말한다. 즉 '전라도민' '광주 시민' 등 막연한 표시는 명예훼손이 되지 않는다.

실제로 지 씨는 2008년 자신의 홈페이지에 "5·18은 김대중이 일으킨 내란사건[7]이고 광주 진압 작전은 북한 특수군이 파견된 것으로 조직적으로 군사작전을 지휘했다"는 글을 올려 명예훼손 혐의로 기소되었지만 결국 무죄를 선고받았다. 당시 대법원은 판결문에서 "5·18민주화운동의 법적·역사적 평가가 확정된 상태"라면서도 "지 씨의 비난이 개개인의 명예를 훼손하는 정도로는 볼 수 없다"고 밝힌 바 있다.

반면 전 전 대통령이 고(故) 조비오 신부에 대한 사자(死者)명예훼손[8] 혐의로 재판에 넘겨진 것은 큰 의미를 지닌다. 광주지방검찰청은 지난 5월 3일 전 전 대통령이 1980년 5·18 당시 계엄군의 헬기 기총소사 사실을 증언한 조비오 신부를 비난하고 헬기 사격 사실을 부정해 조 신부와 유가족, 5·18 희생자의 명예를 훼손했다며 전 전 대통령을 불구속 기소했다.

《전두환 회고록》에 대한 첫 번째 가처분 신청의 법률대리를 맡아 이 책의 출판 및 배포 금지 결정을 이끌어낸 김정호 변호사는 "광주 시민과 전라도 사람을 비하하고 5·18 역사를 왜곡·비하하는 것은 대법원의 집단표시 명예훼손죄의 법리로 인해 피해자가 특정될 수 없는 한 형사사건에서 유죄를 이끌어내기가 쉽지 않다. 그러나 《전두환 회고록》 내용 중 헬기 사격 사실을 부인하면서 고 조비오 신부님을 비난한 것은 피해자가 특정될 수 있다. 이런 사정 때문에 피해자 특정이 가능했던 헬기 사격 부인 부분만 따로 떼어서 형사 고소했고 기소로 이어질 수 있었다"면서 "나머지 북한군 개입 주장 등 대부분의 허위사실은 형사적으로 문제 삼지 못하고, 민사적으로 출판 및 배포 금지 가처분과 손배 배상 등 본안 소송으로 대응한 것이다. 전 전 대통령은 법원이 문제 삼은 부분을 검은색 잉크로 덧씌운 뒤 책을 재출간했다. 이에 '희생자들에 대한 암매장 부정', '광주교도소에 대한 시민군 습격', '무기고 탈취 시간 조작' 등의 내용에 대해 두 번째 출판·배포 금지 가처분을 신청한 상태"라고 설명했다.

이와 같은 전략은 지 씨에게도 적용될 수 있다. 지 씨가 '광수(북한군 특수대원)'[9]라고 지목한 개인이 지 씨에게 소송을 제기하는 것이다. 실제로 지난해 8월 법원은 광수로 지목된 박남선 씨(5·18 당시 시민군 상황실장) 등 9명이 지 씨를 상대로 제기한 손해배상 청구소송에서 200~1000만 원의 위자료를 지급하라고 판결했다. 김 변호사는 "지 씨의 경우 일반적인 북한군 개입 주장 등 5·18 비하는 형사고소할 수 없었다. 그러나 당시 광주 시민군이었고 현재도 생존해 있는 분들에 대해 이른바 광수 주장에 대해서는 피해자를 특정할 수 있었다. 현재 피해자마다 몇 건이 기소되어 서울중앙지법에서 형사재판이 진행되고 있다"고 말했다. 또한 김 변호사는 문 대통령을 비난한 김 대령에 대해서도 "문 대통령에 대한 명예훼손죄는 충분히 성립할 것으로 보인다"고 덧붙였다.

최용주 5·18 기념재단 연구원은 "북한 개입론은 그 근거가 전무하고 저의가 가장 악랄하며 논리의 수준이 매우 저열하지만, 우리 사회에 만연된 반공주의와 레드 콤플렉스의 힘을 받아서 그 파급효과가 가장 큰 대표적인 왜곡 담론이다"라고 하면서 "5·18 왜곡 담론이 조직적이며 체계적인 네트워크와 위계를 통해 지속적으로 생산되고 유통된다는 사실에 주목할 필요가 있다. 놀랍게도 가장 강력한 영향력을 갖는 1차 생산자는 '국가'다. 보다 구체적으로 말하자면 이명박-박근혜로 이어지는 2대에 걸친 보수정권이 가장 유력한 왜곡담론의 생산자였다. 2013년 원세훈 원장 시절 국정원의 트위터를 통한 5·18 왜곡 사례 전파는 이미 유명한 사건이며, 국정 교과서를 통해 5·18 왜곡에 나서기도 했다"고 지적했다.

제8장 주

1) 전두환, 《전두환 회고록 1, 혼돈의 시대》, 자작나무숲, 2016.
2) 전두환 고소 1차고소 판결, 1997년 4월 17일.
3) 전두환, 2016년 6월호 월간 신동아 인터뷰, p.185.
4) 전두환, 《전두환 회고록 1, 혼돈의 시대》, 자작나무숲, 2018.
5) 전두환, 2차 고소
6) 전두환 기소보류, 서울신문 5·18/18
7) "팬티 바람에 몽둥이찜 칠성판에 물고문까지 죽는 줄 알았다", 〈일요신문〉 1996년 2월 11일 16면
8) 조비오, 《사제의 증언》, 빛고을 출판사; 1994; 조비오, 〈죽은 피는 헛되지 않을 것이다〉, 5·18기념재단 엮음, 《구술생애사로 본 5·18의 기억과 역사 5, 천주교편》, 2013, p.108.
9) 지만원, 《5·18 분석·최종 보고서》, 시스템, 2017.

제9장

5·18민주화운동의 역사적 의의

9-1. 5·18민주화운동의 성격

1980년 5월 광주에서는 한국 현대사 중 가장 비극적인 사건이 발생했다. 오랜 군사독재가 1979년 10월 26일 대통령 암살로 막을 내리자 국민들은 민주화에 대한 기대감에 부풀었다. 하지만 그해 12월 12일 밤 신군부는 군사 반란을 일으켰고, 그들의 정권 찬탈 음모로 인해 1980년 5월, 수많은 광주 시민이 생명을 잃었다. 이렇게 '제5공화국'은 수립되었다. 그러나 '제5공화국'의 주체들이 영원히 승리한 것은 아니었다. 당시 광주에서 죽어 간 생명들은 무의미하게 희생된 것이 아니었다. 오히려 그 패배를 극복하고 1980년대 반독재 민주의식과 민주화운동을 성장시키는 견인차 역할을 했다.

5·18이 민주화운동으로 올바르게 성격이 규정되기까지는 수많

은 우여곡절을 겪어야 했다. 당시 정부는 '5·18'을 '광주사태', '폭동', '국가 전복을 노린 불순 배후세력의 조종에 의해 발생한 내란' 등으로 규정했기 때문이다. 신군부의 '내란'에 용감하게 저항했던 광주 시민은 한동안 죄인처럼 숨죽이며 살아야 했다. 그러나 1985년 5월, 5·18에 대한 최초의 기록물《죽음을 넘어 시대의 어둠을 넘어》라는 책자가 발간되고, 1987년 6월 항쟁을 거치면서 1980년 5월 광주의 진상이 국민에게 조금씩 알려졌다. 1988년 제6공화국 정권이 들어선 뒤 국민 화합을 모색한다는 명분에 따라 비로소 '5·18 광주 민주화운동'으로 불리게 되었다.

뒤이어 13대 국회가 '여소야대'로 바뀌자 마침내 '광주 청문회'가 열리게 되었다. 그 후 5·18은 '민주화운동'의 대명사로 온 국민의 가슴속에 자리 잡게 되었다. 1993년 김영삼 대통령은 5·13 특별 담화에서 "1980년 5월 광주의 유혈은 이 나라 민주주의의 밑거름이 되었으며, 그 희생은 민주주의를 위한 것"이었다는 평가를 내렸다.

5·13 특별 담화 이후 1995년부터 1997년 사이에 진행된 '역사 바로 세우기'는 5·18 특별법 제정과 함께 광주를 무참히 유린한 신군부 세력을 '역사와 법 그리고 정의에 의한 심판'을 받게 함으로써 모든 국민과 광주 시민들에게 '과거사로 인한 깊은 상처'를 치유하는 데 큰 기여를 했다.

5·18 광주 학살을 주도했던 전두환, 노태우 등 두 전직 대통령을 17년에 걸친 오랜 투쟁 끝에 1997년 사법적으로 단죄함으로써, 한국 사회의 깊은 갈등과 논쟁의 원천이 된 5·18 민주항쟁에 대한 법적 처리가 마무리되었다. 5·18 재판은 인류사에서 민주주의와 인권의 가치, 정의가 승리한다는 점을 확인하는 사건으로 전 세계의 이목이 한반도에 집중되었다. 학살의 주범이자 한때는 최고의 권좌에 올랐던 전두환, 노태우 등 두 전직 대통령은 각각 무기징역과 징역

17년으로 형이 확정되어 죄수복을 입고 감옥에 수감되었다. 이로 인해 대한민국의 민주화에 대한 의지가 세계에 널리 알려지게 되었다. 특히 광주 민주화운동은 '식민 통치'와 '군사 독재' 등 20세기 역사적 흐름이 비슷했던 아시아 각국의 민중에게 강렬한 영감을 주었다. 그 결과 5·18민주화운동은 20세기 후반 아시아 각 나라의 민주화운동을 촉발시키는 데 직간접적으로 기여했다.

그러나 전두환, 노태우 등 군사 반란과 내란을 주도했던 신군부 관계자들에 대한 사면, 복권 문제가 곧바로 대두되었다. 철저하지 못한 책임자 처벌은 시간이 흐르면서 '5·18 역사 뒤집기'와 '왜곡'으로 나타났다. 2008년부터 2017년 초까지 이어진 이명박, 박근혜 두 보수 정권 아래서 극우 선동가들에 의해 5·18민주화운동은 극도로 왜곡되고, 역사적 평가에 대한 근본 시각마저 크게 흔들렸다.

그 이유는 신군부의 주역들에게 국민의 이름으로 '역사와 법의 준엄한 심판'이 내려졌음에도 불구하고 진상규명이 미약했기 때문이다.

5·18민주화운동은 아직까지 진상이 명확하게 밝혀지지 않았다. 1980년 5월 17일, 비상계엄 확대 조치 이후 광주에 공수부대를 증파한 이유가 무엇인지, 당시 광주에 투입된 공수부대를 진두지휘한 사람은 누구이며, 광주 시민에게 발포 명령을 내린 자는 누구인지, 1980년 당시 미국은 어떤 역할을 했고, 광주에서 사망한 양민은 정확히 몇 명인지, 5월 27일 전남도청을 무력으로 진압할 때 그날 밤 무슨 일이 벌어졌는지 등에 대한 핵심적인 진상은 아직 정확하게 밝혀지지 않았다.

진상규명이 미흡하자 그 틈을 비집고 5·18민주화운동에 대한 왜곡의 씨앗이 자란 것이다. 왜곡의 핵심 내용은 "북한군 특수부대가 일으킨 폭동", "계엄군은 5월 27일 새벽 전남도청에서 단 한 명의 시민도 죽이지 않았다", "광주사태는 남민전(남조선민족해방전선준비위원회의 약칭) 잔존 세력이 광주 지역 운동권과 손잡고 일으킨 폭동"이라는 등 주로 5·18을 북한과 연관시키려는 시도가 큰 흐름을 이루었다.

아직까지 미궁 속에 빠져 있는 진상은 앞으로 우리가 풀어야 할 역사적 과제이다. 5·18민주화운동의 역사적 좌표를 제대로 설정하려면 확실한 진상규명을 바탕으로 그 성격부터 규정해야 한다. 5·18민주화운동이 가지고 있는 역사적 성격에 대해서는 관점에 따라 여러 가지로 평가하겠지만, 그간의 논의는 대략 다음과 같이 정리할 수 있다.

첫째, 5·18민주화운동은 대한민국 역사에서 면면히 이어져 내려온 민중항쟁의 전통을 계승·발전시킨 것이다. 5·18민주화운동은 1961년 5·16 군사반란을 통해 4·19 민주혁명을 부정하고 억압 체제를 구축한 군사정권에 저항해 일어난 사건이었다. 그리고 그 과정에서 이 땅의 민중항쟁을 통해 표출되었던 자주·민주 전통을 계승하고 그것을 한층 발전시켰던 것이다.

둘째, 5·18민주화운동은 역사의 전면에 민중이 역동적으로 등장함으로써 민중이 민족사의 동력이라는 사실을 확인시켜 주었다. 그것은 1980년대 전반에 걸쳐 노동자, 농민, 빈민, 학생, 종교인, 문화예술인, 지식인, 재야인사 등 모든 분야와 계층에 걸쳐 민족 민주 운동의 역량이 비약적으로 성장하는 계기가 되었다. 이와 같은 민족 민주 운동의 성장은 모두 5·18민주화운동에 대한 반성과 계승 과정에서 이루어진 것이다.

셋째, 5·18민주화운동은 인간의 자연권인 저항권의 정당성을, 나아가 저항의 수단으로 '무장투쟁'의 합법성까지 처음으로 공인받았다. 서양과 달리 대한민국 역사에서는 부당한 권력에 대한 저항 수단으로 '무장투쟁'은 정당하게 평가받지 못했다. 동학농민운동, 의병 투쟁 등도 아직 공식적으로 확보하지 못한 민중의 저항 권리를 5·18민주화운동에서 처음으로 인정받게 된 것이다.

넷째, 5·18민주화운동 이후 지속된 진상규명 운동은 억압적인 유신 체제를 계승한 전두환 정권의 강압적인 통치 아래에서도 정권의 정통성과 도덕성을 정면으로 부정함으로써 결국 그 체제를 붕괴시키는 데 결정적인 역할을 했다. 당시 전두환 정권은 각종 정보 기구를 총동원해 강압적인 통치를 자행했다. 하지만 해마다 5월이면 광주에서 터져 나오는 저항의 거센 물결에 떠밀려 결국 좌초되고 만 것이다.

이렇게 볼 때 5·18민주화운동은 1980년대 전반에 걸쳐 민족 민주운동 동력의 원천이자 군사독재 청산을 위한 디딤돌이기도 했다. 나아가 국민적 합의를 바탕으로 부도덕한 정권을 청산할 수 있는 밑바탕이 되었다.

1998년부터 2007년까지 10년간 김대중, 노무현 정부로 이어진 민주 정권 시기에 5·18 정신은 더 이상 거스를 수 없는 민주주의의 기본 이념으로 확고하게 자리 잡는 듯 보였다. 5월 18일은 국가기념일로 지정되고, 국가 차원에서 각종 기념사업이 펼쳐졌으며 교과서에도 언급되었다.

그러나 2008년부터 2017년 초까지 이명박, 박근혜 두 보수 정권 시기를 거치면서 민주주의에 대한 기존 가치는 송두리째 뒤집혔다. 특히 박근혜 정권 아래서 벌어진 5·18에 대한 왜곡과 폄훼는 극우 보수세력이 민주세력을 와해시키기 위한 이데올로기 공작 차원에서 진행된 측면이 강했다.

하지만 흐르는 강물은 거스를 수 없듯이 잠시 멈춘 듯 싶었던 민주화의 도도한 물결은 다시 흐르기 시작했다. 2017년 봄, 5·18민주화운동은 '위대한 촛불 혁명'으로 다시 부활했다. 그리고 보수 정권 10년간 5·18에 대한 왜곡과 폄훼는 주로 '미진했던 진상규명'에서 비롯되었다는 사실을 깨닫게 되었다. 촛불 혁명 이후 영화 〈택시운전사〉를 비롯해 《죽음을 넘어 시대의 어둠을 넘어》 개정판에 대한 국민들의 폭발적인 관심이 이런 사실을 보여준다. 이러한 역사적 흐름은 급기야 5·18 당시 헬기 사격의 명확한 증거에도 불구하고 '자위권'이라는 미명 아래 숨어 있었던 '발포 명령자'를 규명하라는 국민들의 거센 요구로 이어지고 있다.

9-2. 5·18민주화운동의 지속[1]

광주의 거리는 평정을 회복했으나 그것으로 항쟁이 아직 끝나지 않았음을 최초로 보여준 것은, 항쟁의 와중에 가족을 잃은 유가족들에 의해서였다. 이들은 항쟁 이듬해에 '5·18의거유가족회'를 발족시키면서 '희생자에 대한 명예 회복 및 당국에 대한 유가족들의 건의 및 요구 창구를 일원화'하기로 결의했다.

한편 5·18민주화운동을 계승하려는 시민·학생들의 몸부림도 멈추지 않았다. 이후 광주항쟁의 진상을 알리고자 하는 노력이 전국 도처에서 계속되었다. 또한 항쟁 당시 신군부를 직·간접으로 도와주었던 미국에 대한 저항은 1980년 12월에 일어난 광주 미문화원 방화사건으로 그 첫 봉화가 올랐다.

이후 반미운동은 계속 확산되어 1982년 3월의 부산 미문화원 방화사건, 1985년 5월 서울 미문화원 점거농성 등으로 이어졌다. 5·18민주화운동을 무력 진압하고 등장한 제5공화국의 폭압정치는 국민들의 직선제 개헌 투쟁인 1987년 6월 항쟁에 의해 심각한 위기를 맞았고, 결국 '6·29 선언'을 통해 전 국민의 민주화 요구를 수용하기에 이르렀다. 1988년 13대 국회의 여소야대 정국 상황 속에서 '5공 청산을 위한 5공비리특위와 함께 광주 청문회'가 개최되어 1980년 5월 5·18민주화운동의 실상이 전 국민 앞에 낱낱이 공개되었다.

이후에도 사회 각 계층간의 민주화 투쟁과 노력에 의해, 1980년 당시 국민이 그토록 염원하던 민주화를 후퇴시키고 헌정을 유린한 신군부 세력이 문민정부의 '역사 바로 세우기'에 의한 사법적 심판을 받게 됨으로써, 비로소 5·18민주화운동의 정당성과 명예가 회복되는 계기가 마련된 것이다.

9-3. 5·18민주화운동[2)]의 원인과 양상

1) 광주민주항쟁의 원인

1980년 5월 18일 계엄 철폐를 부르짖으며 가두 데모에 나선 광주 학생시민의거는, 우리 민족 역사의 전통을 계승하는 중요한 반독재 민주화운동에 있어서 커다란 위치를 차지하게 되었다. 광주에서 시위가 계속된 직접적인 원인은, 서울에서 있었던 강력 시위의 책임을 물어 호남 지역이 배출한 그들의 영웅 김대중의 체포에 있었다. 그러나 그 이면에는 오래 지속되어 온 뿌리 깊은 지역감정이 자리 잡고 있었다. 서울의 지도층과 많은 한국인들은 전라도 사람들을 차별해 그들을 2등 시민 내지는 상대 못할 인간으로 취급했다. 그리고 10·26 사태 후 박 정권의 유신 체제를 계속하겠다는 세력이 노골적으로 등장했다. 그중에 김종필을 중심으로 한 온건파와 전두환을 중심으로 한 강경파가 있었다.

이와 반대로 반독재 민주화 세력이 활기를 띠고 일어서기 시작했다. 민주세력의 재등장과 그들의 눈부신 활동은 정치세력으로 표면화되어, 유신 잔당들에게 위협을 주기 시작했다. 가장 중요한 사건으로 김대중의 3·1 기자회견을 들 수 있다. 정치 자세와 프로그램을 분명히 한 김대중의 발언은 개인의 발언이라기보다 반독재 민주세력을 대변하는 발언이었다. 그날의 발언을 바탕으로 5월의 전국 학생운동이 폭발되었고, 학생운동은 광주 민중봉기로 전환된 것이었다. 그날 김대중은 이런 요지로 발언을 했다. ① 자유, 민주주의, 사회정의의 실현 ② 우방 제국과의 친선 강화 ③ 조국의 민주적 통일을 추진함 등이었다. 김대중의 3·1 선언을 뒤따라 학생들의 데모는 물론 노동자들의 동맹파업이 시작되었다.

그러는 동안 5월에 들어서면서 학생운동은 더 강화되고 조직화되었다. 시국선언 발표가 사방에서 잇따랐다. 선언 내용은 ① 유신 잔존 세력 추방 ② 계엄령 해제 ③ 노동 3권 보장 ④ 민주인사 석방 등이었다. 4·19 학생혁명을 방불케 했다. 이런 기세에 부응한 것이 바로 5·18 광주 학생 데모였다. 광주사태는 원래 질서를 유지한 평화적 데모였다. 광주사태가 평화적 데모에서 시민전으로 전개된 직접적인 원인은 이미 널리 알려진 대로 공수부대의 야수적 잔인한 행동 때문이었다. 남녀노소를 가리지 않고 무차별하게 난타하고 살인하여, 이에 흥분한 시민들이 학생들과 합세한 것이다. 광주 시민 80만 중에서 30만이 시민전에 참여했다.

2) 광주민중항쟁의 양상

첫째, 광주봉기는 과거 여러 민중봉기가 그랬듯이 조직이 없는 대중의 자발적 정의의 행동이었고, 정치적 분격 폭발이었다. 즉각적인 정치 개혁을 요구했다.

둘째, 평화적 시위행렬이 돌연 무장 시민전으로 전환되었다. 이 점은 3·1 독립운동이나 4·19 학생혁명보다도 동학혁명의 성격과 비숫한 것으로 주목된다. 특히 10일간 점령한 광주시는 해방된 도시였다. 시국수습위원회는 물론 학생 책임자들의 행동을 보아서도 충분히 알 수 있는 것은 해방된 광주시는 질서를 지켰고 법의 도시였다는 점이다. 예를 들면 시민들의 미움을 받던 광주문화방송국, KBS 광주방송국, 노동청, 세무서 등은 불태웠다. 그 반면에 학교, 도청, 은행, 교회 등은 보존했다.

셋째, 학생 시민들의 정치노선은 명백했다. 천주교 광주대교구 사제단 보고에 의하면, 고등학생들이 동료 학생의 시체를 메고 가면서 '우리의 소원은 통일'이라는 노래를 불렀다고 한다. 그 순간 눈물을 흘리지 않은 광주 시민은 없었을 것이다.

넷째, 광주사태는 광주 시민 80만에 제한된 것이 아니었다. 그들은 4백만 전라남도 일대 주민과 연대적 관계를 가졌다. 그 연대는 4천 3백만 남한 동포와 연대성을 가지게 되는 것이다. 광주 대학생은 "광주사변은 아직도 종말을 지은 것이 아니다"라고 말한다.

3) 광주민주항쟁과 미국

광주항쟁을 맞아 미국은 제한적인 역할밖에 할 수 없었지만, 광주의 위기는 전두환의 한국군 장악으로 미국이 당면한 정책적 딜레마를 한층 어렵게 만들었다. 더군다나 1980년의 고조된 분위기 속에서 잘못 알려진 미국의 행동과 조치는 강력한 비난과 논란을 불러왔다. 대부분의 광주 시민들뿐 아니라 많은 한국 국민들과 외국인들은, 미국이 시위 진압 병력의 잔인한 행동에 직접적인 책임이 있거나 최소한 그들과 협력한 죄를 면할 수 없다고 생각했다. 그것은 미국에 대한 지극히 불공정한 비난이다. 광주항쟁과 관련된 미국의 역할에 관한 논란이 발생하게 된 까닭은, 한미연합사령관인 위컴 장군이 직책상 한국군의 광주 지역 투입을 알고 있었고, 그들의 진압

작전을 승인했으리라는 생각이 광범위하게 자리 잡고 있었기 때문이다. 사실 5월 18일에서 21일까지 시위 진압에 투입된 한국군 어느 부대도 위컴 장군의 작전권 관할하에 있지 않았다. 위컴이나 미대사나 그 누구도 그들 병력의 임무가 무엇인지 알지 못했다.

주한 미대사는 5월 21일 외신 기자들을 위한 익명의 기자회견을 가졌다. 당시 대사가 강조한 내용은 다음과 같다.

> "미국은 광주의 시위 학생들에 대한 군부의 강압조치에 대해 통보받은 바 없다. 당시 시위 진압에 투입됐던 군병력은 과거에도 그랬지만 위컴 장군 휘하 병력이 아니었다. 우리는 5월 17일 한국 정부가 취한 조치와 광주에서의 야만적 행위에 관한 보고가 늘어나면서 경악을 금치 못했다. 우리는 국내 질서 유지의 필요성은 인정하면서도 한국 정부의 강압적인 조치에 항의했다. 우리는 모든 통로를 동원해 자제를 촉구하고 평화적 해결을 위한 교섭에 나서도록 양측을 설득하고 있다."

이런 성명서 내용을 계엄 당국은 국민들에게 알리기로 약속했으나 알리지 않았다. 왜곡 전달되었다. 즉 전두환이 신문발행인들을 만난 자리에서 "미국은 12·12 사태와 자신의 중앙정보부장 임명 및 5월 17일의 정부 조치에 대해 사전에 통보받았다"고 주장한 것에 미대사는 분통을 터뜨리지 않을 수 없었다.

9-4 5·18민주화운동의 진실[3)]

1980년 5월의 하늘을 붉게 물들이며 거칠게 타오르던 5·18민주화운동의 불꽃은 27일 새벽 계엄군의 '충정작전'과 함께 사그라들었다. 그러나 그 뜨거운 불씨마저 짓밟혀 버린 것은 아니었다. 그 불씨는 혹독한 시절에도 꺼지지 않고 더욱 빛을 발하면서, 그날 이후 살아남은 모든 사람들의 가슴에 결코 꺼지지 않는 불길로 남아 있다. 그것은 부끄러움이 아니라 자랑스러움이었으며, 오욕의 역사가 아니라 긍지의 역사였다. 광주 시민들의 자랑과 긍지는 단순한 향토애나 반항심에서 비롯된 것이 아니었다. 그것은 항쟁 기간을 가장 뜨겁게 살았던 시민들의 절실한 체험에서 우러나온 것이며, 권력의 탄압이나 각종 언론의 왜곡 선전에도 지워지지 않는 흔적을 남기고 있다. 광주 시민들이 체험한 '광주의 진실'은 다음과 같은 것들이었다.

첫째, 우선 거의 모든 시민들이 자발적으로 공수부대의 야만적인 폭력에 굴하지 않고 하나가 되어 싸웠다는 점이다. 당시의 상황에서 항쟁에 참여한다는 것은 자신의 생명까지 포함한 모든 것을 버릴 각오가 아니면 불가능한 일이었다. 그럼에도 불구하고 광주 시민들은 한두 명의 영웅적인 항쟁이 아닌, 시민 전체의 이름으로 하나가 되어 그에 저항했으며, 결국은 승리하였다. 당국에 의해 불순분자와 폭도들의 난동으로 매도되면서도, 광주 시민들은 비인간적인 폭력에 저항하는 것이 자신들의 생존권을 지키는 길이고 정의에 부합하는 것이라는 신념을 갖고 그 길을 걸었던 것이다.

둘째, 항쟁의 전 기간 동안 광주시는 하나의 공동체를 형성하며, 위기를 가장 인간다운 삶의 협동정신으로 대처했다는 점이다. 광주시가 계엄군에 포위된 채 완전히 고립된 상황에서, 대중매체와 군 정보요원을 통한 교란작전이 난무하는 상황에서, 그리고 그러한 상황이 얼마나 지속될지 아무도 알 수 없는 상황에서, 광주 시민들은 각자가 갖고 있는 것을 서로 나누고 서로 의지하고 격려하면서 살았다. 먹을 것이 필요한 사람에게는 음식을 나누어 주었고, 피가 부족한 부상자에게는 피를 나누어 주었으며, 일손이 필요할 때는 시민들

누구나가 달려들어 그 일을 해주었다. 항쟁 지도부가 수습 방법을 두고 고심할 때 일반 시민들은 하나가 되어 어려움을 이겨 나갔던 것이다.

셋째, 광주시에서 계엄군이 퇴각하고 시민군이 시내를 장악한 이후 다시 계엄군이 진주할 때까지 6일 동안 광주의 시민들은, 특히 이 지역의 민중들은 그들이 갖고 있는 도덕성을 유감없이 발휘했다는 점이다. 그 기간 동안 광주시는 공식적인 치안체계가 완전히 붕괴되어 무정부 상태였음에도 불구하고 거의 완벽한 치안체계를 유지하였다. 그토록 많은 총기류가 시민들의 수중에 있었지만, 그로 인한 불상사는 단 한 건도 발생하지 않았다. 금융기관이나 금은방 등 평소 범죄자들이 노릴 만한 곳에서도 이 기간에는 아무 일도 발생하지 않았다. 이런 사실은 세계 인류 역사상 유례를 찾을 수 없는 것으로, 광주 시민들이 성숙한 민주의식과 공동체 의식을 견지하였다는 점에서 5·18민주화운동이 오로지 민주주의의 공동체 구현을 위한 시민봉기였다는 점을 증명하고 있다.

시민들에게 공격을 받은 곳은 그들을 억압하는 국가권력을 상징하는 곳이거나 사실 보도를 제대로 하지 않았던 방송국과 같은 보도 매체들이었다. 1992년 미국 LA에서 발생한 4·29 폭동과 비교해 보면 5·18민주화운동이 얼마나 성숙한 문화인들의 시위였는지를 알게 된다. 그러나 시민군과 계엄군의 싸움은 정당성과 도덕성이 아니라 물리력의 차이로 승부가 결정되었다. 외부의 지원이 전혀 없는 상태에서 구식 개인 화기만으로 무장한 조직화되지 않은 시민군이 온갖 최신식 무기로 무장하고 조직화된 계엄군을 이길 수는 없었다. 결국 시민군은 항쟁 기간 쌓아왔던 모든 기대가 무너지며 패배하였다. 그러나 그것은 언젠가 다시 우리들 주변에서 살아나리라는 것을 암시해 주고 있다.

1980년 5월 광주를 중심으로 전남지방에서 일어난 민주주의를 위한 싸움은 엄청난 물리력을 앞세운 군부의 진압 작전으로 일단은 좌절되었지만, 그것은 결코 실패한 역사로 기억될 수 없다. 오히려 그것은 생생하게 살아있는 과거로서 오늘의 우리에게 그 교훈과 의미를 되새기도록 요구하고 있다. 먼저 5·18민주화운동은 한국에서의 미국의 역할에 대한 인식의 변화를 가져온 계기가 되었다. 한국전쟁 이후 1980년에 이르기까지 극소수의 사회운동 진영을 제외하고 대다수의 국민들은 한국과 미국의 관계를 혈맹관계로 인식하고 있었다. 그러나 '광주사태'가 진행되는 과정에서 미국이 신군부를 직·간접적으로 지원하였다는 사실이 알려지면서 그러한 인식은 급속하게 깨져 버렸다. 그리고 이러한 인식의 변화는 1980년 5·18민주화운동 이후 반미운동의 고양을 가져온 원인이 되었다.

　넷째, 일반 민주주의의 진전을 가져왔다는 점을 들 수 있다. 1980년 5월의 광주를, 나아가 1980년 봄의 민주화운동을 부정하고 들어선 제5공화국은, 자신의 허약한 정당성을 강화하기 위해 억압적이고 권위주의적인 체제로 일관하였다. 그때마다 민주주의를 향한 국민들의 열망이 모아진 것은 이른바 '5월 투쟁'이었다. 1980년 이후 해마다 5월이 되면 광주에서 그리고 전국의 모든 대도시에서 그날의 의미를 되새기고 억압적인 체제를 타파하기 위한 국민들의 단합된 움직임이 일어났던 것이다. 그 결과 우리 사회에 팽배해 있던 독재체제가 어느 정도 불식되었으며, 정부도 체제 유지를 위하여 어느 정도 양보를 하여 미진한 수준에서나마 일반 민주주의의 진전이 이루어지게 되었다.

　다섯째, 그동안 각종 지배구조에 억눌려 있던 일반 시민들에게 주인의식을 고양시키는 계기가 되었다는 점이다. 5·18민주화운동은 한국 현대사의 흐름을 뒤바꾼 전대미문의 시민 무장 봉기였다. 전두환의 신군부는 1980년 5월, 광주 시민의 선혈을 발판으로 권좌를 차지했다. 그러나 20년이 채 지나기도 전에 5, 6공화국의 집권층이 보여준 광주 양민 학살 만행과 천문학적인 부정부패가 온천하에 드러났고, 결국은 '역사와 정의와 법'에 의한 단죄로 행로를 걸었다.

그동안은 5·18민주화운동의 역사적 진실을 규명하는 데 많은 어려움이 있었다. 신군부가 권력을 송두리째 장악하던 5공화국 7년 동안, 5·18민주화운동의 실체를 밝혀 줄 각종 군 자료와 증거들은 소리없이 사라져 갔다. 그러나 6공화국의 여소야대라는 정국 속에서 열렸던 광주 특위 청문회를 통해 5·18민주화운동의 진상이 상당 부분 밝혀졌다. 하지만 정부 여당은 청문회를 거듭하면서 신군부 등 기득권자들에게 직·간접으로 영향을 미치는 쟁점과 책임자 규명 문제에 있어서는 교묘한 호도책으로 일관하여 완전한 진상규명을 할 수 없게 만들었다.

문민정부의 초기에는 '성공한 쿠데타'에 대한 단죄보다는 역사에 의한 처벌을 강조하였다. 이로써 이 나라의 '헌정을 유린하고 국민을 살육한 부도덕한 신군부 집단'에 대한 전국민적 처벌 요구가 자칫 영원한 역사적 과제로 미루어질 위기에 봉착하였다. 그러나 거세지는 '5·18민주화운동 책임자 처벌'이라는 국민적 요구에 검찰은 다시 전면 재수사에 나섰고, 그들은 '역사에 의한 단죄'가 아닌 '헌법에 명시된 국민의 기본권과 생존권, 저항권을 말살한 헌정 초유의 내란 집단'으로 규정되어 전 세계의 관심 속에 '법과 정의의 심판'을 받게 된 것이다. 반면에 전 국민의 이름으로 진행되었던 '세기의 재판'에도 불구하고 진상은 제대로 밝혀지지 않았다. 그 이유는 아직도 과거 역사적 잔재와 의식의 소유자들이 여전히 우리 사회의 각 분야에서 은밀하게 움직이며 저항하고 있기 때문이다. 그러나 그들이 아무리 5·18민주화운동의 진상을 왜곡하고 은폐하려 해도 반드시 국민과 정의의 힘에 의해 낱낱이 밝혀질 것이다. 이것이 역사의 진실이다.

5·18민주화운동은 어제의 패배에서 벗어나 이 땅의 민주주의를 앞당긴 승리의 항쟁으로 거듭나고 있다. 5·18민주화운동은 세계사에 유래 없는 초이성적·초도덕적 투쟁으로, 이제는 새로운 도약을 위한 준비를 시작해야 한다. 과거보다는 미래를 생각하고 준비하는 5·18민주화운동의 정신 계승 방안을 광주 시민과 더불어 전 국민이 함께 고민하고 노력해야 할 것이다.

다가오는 미래를 준비하고 기약하기 위해서는 한 시대의 아픔과 절규에서 스스로 벗어나 우리 사회의 가능성과 역동성을 하나로 묶는 공동체의 실현, 서로 돕고 신뢰하고 함께 살아가는 공동체의 실현이 요구된다. 서로 돕고 신뢰하고 함께 살아가는 공동체의 실현을 통해 5·18민주화운동 정신은 더욱더 찬란한 역사 속의 빛으로 승화될 것이다.

9-5. 5·18민주화운동의 역사적 의의

10·26 정변 이후 유신체제는 그 막을 내리고 조국의 민주화는 어느 누구도 거부할 수 없는 범국민적 열망이 되었다. 그러나 10·26 이후 기득권에 위기감을 느낀 유신 잔존세력과 유신헌법의 존속과 군의 강력한 정치 개입을 주장하는 신군부 세력, 그리고 자국의 이해에 충실한 미국은, 확대되어 가던 한국 민중의 민주화 열기를 과도기적 상황으로 규정하면서 경직된 안보 이데올로기에 의한 '정국 안정'이라는 미명 아래 자기 세력의 유지를 꾀한다.

특히 10·26으로 발령된 비상계엄하에서 정국의 주도권을 좌우할 수 있는 전두환 보안사령관과 육사 11기생을 중심으로 한 군부 내 소수 정치집단은 정보력과 물리력을 동원하여 정치 전면에 본격적으로 등장하게 된다. 이들은 13인의 반합법적 혁명평의회를 구성하여 자기 세력을 강화시키는 한편, "민간 통치를 옹호하며 군은 본연의 임무인 국토 방위에 복귀하여 수동적이고 간접적인 정치 개입"을 주장하고 나선 정승화 육군참모총장 중심의 군부 내 온건파에 대한 공격을 감행한다. 이것이 소위 12·12 사태로 군 창설 후 가장 심각한 하극상이다. 육사 11기생 중심의 신군부 세력은 군부 내 온건파를 제거하기 위해 정승화 총장이 10·26 사태에 연루되었다는 구실로 대통령의 재가도 없이 당시 계엄사령관을 불법 연행함으로써 그들의 속성을 노골화했다.

광주항쟁은 정치적 계산이나 계획이 없이 순수한 민중에 의해 사회의 구조적 모순이 부각되었고, 그 이후 이들이 새로운 대중운동의 한 영역을 담당함으로써 전체 운동에 발전적으로 기여해 왔던 점을 간과할 수 없을 것이다. 이제 우리는 광주항쟁을 통해 표출된 모든 현상을 되새기면서 그 역사적 평가와 항쟁이 갖는 의미를 고찰해야 한다. 우리는 1980년 5월이라는 과거를 '역사적 현재'로서 생생히 기억하고 있다. 현실이 끊임없이 변화하고 있는 이상, 현실을 올바르게 파악하고자 하는 사고도 고려하지 않으면 안 된다.[4]

광주는 오늘 우리에게 무엇인가? 1980년 5·18민주화운동은 당시의 처절한 물리적 패배와 대응 양식에 있어서 일시적 한계성을 나타냈음에도 불구하고, 현 단계 한국사회의 총체적 모순을 들추어 내고 이를 극복하기 위한 전략적 전환을 모색하도록 만들었다는 점에서 가장 획기적 성과로 부각된다. 또한 광주민주항쟁은 이 같은 시대적 과제를 해결해야 할 주체가 누구인지를 명확하게 제시하고 있다. 체제 자체가 폭력과 부정 위에 서 있을 때, 이를 극복할 수 있는 역사 발전의 원동력은 국민의 힘에 의존할 수밖에 없다는 사실이다. 광주민주항쟁은 그 이전 우리의 민족·민주운동이 극복하고 나아가야 할 과학적이고 합리적인 방향 또한 제시하고 있다. 이런 의미에서 광주항쟁은 1980년대 우리 민족사에 새로운 지평을 열고 있는 것이다. 그래서 광주는 단순한 비극적 참사나 완전한 실패로 끝난 것이 아니라, 긴 어둠을 깨뜨리고 민족 역사의 새날과 희망을 담고 있다. 생사의 기로에서 죽음을 결단한 무명의 시민들이 소망했듯이 광주는 오늘 아니 영원히 한반도의 곳곳에서 계속될 것이다. 광주는 끝난 것이 아니라 우리에게는 출발점이고, 실패가 아니라 우리가 이루어 갈 희망 찬 시대를 여는 열쇠다. 광주민중항쟁은 그것이 갖는 배경이 제시하듯 그것이 갖는 한계 때문에 성공하지는 못했다. 정치권력의 획득을 노리는 군부세력은 역사적 경험에 비추어 가장 좋은 입지로서 광주를 택했고 그들은 현실적으로 성공했다. 그러나 역사에 있어서 이와 같은 입지 선택은 단기적으로는 성공일지언정 장기적으로는 자기 묘혈을 판 것이다. 광주로 표상되는 민중민족적 의지를 짓밟은 것은, 그것의 확산에 의해 새로운 민족민중운동의 큰 줄기를 마련해 주는 길이 되었기 때문이다.

민중은 역사에서 배우고 역사에서 좌절을 되풀이하지 않을 뿐 아니라, 그것이 되풀이될 때 민중적 의지는 지혜 아닌 긍지와 오기로써 자기를 관철시킨다. 그리고 그런 쪽에서 광주는 민중민족적 입장에서 그와 같은 역사적 요구를 실현할 수 있는 가장 좋은 조건을 지니고 있었다. 그것은 오늘 광주가 역사에서 현실적으로 성장하고 있고, 지역으로서가 아니라 지역이라는 외피를 가진 민중적 거점으로서 성장하고 있는 데서 제시되고 있다.

광주민중항쟁이 갖는 역사적 의의는 다음과 같은 데서 제시된다. 곧 광주민중항쟁은 우리에게 싸움이라는 사회적 실천 속에서 자기 한계 인식 위에 서는 많은 역사적 교훈을 주었다. 민중적 지도 역량에 의한 전 민중적 차원의 투쟁 목표와 이것을 위한 지속적인 전술적 대응 없이는 역사에서 보다 큰 진보는 실현될 수 없다는 것이다. 그러나 광주민중항쟁은 그것이 1980년에 있었고, 그것을 겪은 것만으로도 역사에서 다음과 같은 큰 의의를 갖는 것이다.

첫째, 광주민중항쟁은 그것이 실패한 것이었음에도 불구하고 그것이 군부집단의, 소위 5공을 비정통적 집단으로 규정하는 확고한 근거를 주었다는 데서 중요한 역사적 의의를 지니고 있다. 5공 수립을 위한 군부의 반동적 시도에 저항함으로써 역사에서 민족민중적 세력은 소위 5공의 비정통성을 규정하고, 역사 앞에 이것을 제기할 수 있는 근거를 마련한 것이다. 이런 의미에서 5공 수립 이후 오늘에 이르는 민족민중운동의 저항논리의 근거는 광주민중항쟁에서 획득한 것이라고 말할 수 있다.

둘째, 광주민중항쟁은 저항에 의해 군부정권의 비정통성을 규정함으로써 민족민중운동의 합법성을 쟁취했다는 것이다. 역사에서 억압당했던 민족민중적 요구는 광주항쟁을 계기로 역사의 정면에 제기되고, 이것은 연이어지는 투쟁을 통해 광주항쟁의 정당성을 모두에게 인정케 함으로써 민족민중운동의 정당성을 확고히 한 것이다. 광주항쟁의 공인은 그런 쪽에서 우리의 역사에서 중요한 의의를 지니고 있다.

셋째, 광주항쟁은 민족민중적 요구의 계기에 있어서 마지막 단계인 무장투쟁의 단계를 구체화시킴으로써, 오랜 기간의 금기를 깨고 이것을 정당화시켰다는 데서 중요한 의미를 지니고 있다. 광주항쟁은 그 과정에서 반미를 제기하지 않았다. 그러나 광주항쟁을 둘러싼 군부와 기대를 걸었던 미국의 반동적 역할이 분명해짐에 따라 민중적 인식은 보다 심화되고, 이 과정에서 반제 투쟁의 민족민중문제에 있어서 중요성이 드러남으로써 미국에 대한 인식은 중요한 전환점을 거치게 된다. 해방자로서 미국의 허상이 산산이 깨진 것이다. 그리고 이와 같은 허위허식으로부터의 해방은 민족민중운동을 보다 높은 차원으로 발전시키는 계기가 된 것이다.

넷째, 민족민중운동 확산의 계기로서의 의의를 지니고 있다. 광주항쟁은 항쟁 당시에는 확산 메커니즘의 결여 때문에 실패로 끝난 것처럼 보였지만, 광주항쟁의 실상과 성격이 분명해짐에 따라 역사 속에 그 의미가 분명해지고 민족민중적 각성을 심화시키게 된다. 그 이후 광주는 민족민중운동의 대명사로 부각되면서 민족민중운동의 전국민적 확산의 계기가 된 것이다.

역사에 있어서 5·18 광주항쟁이 갖는 의의는 참으로 크다. 그리고 그것이 가지는 역할은 시간이 지남에 따라 더욱 커지면서 오늘의 우리를 명확히 규정하게 될 것이다.

9-6. 5·18민주화운동의 부활

1) 진상규명운동과 책임자 처벌

5·18민주화운동은 1980년 5월 27일 신군부에 의해 무자비하게 진압되었지만, 광주 시민과 민주화를 갈망했던 국민들은 한 해도 거르지 않고 '5·18 진상규명운동'을 전개했다. 신군부의 폭압에도 불구하고 유족, 구속자, 부상자들이 5·18의 진상규명, 책임자 처벌 등을 끊임없이 주장했다.

1980년대 중반, 광주 학살의 진상이 외부에 조금씩 알려졌다. 그때부터 전국의 모든 집회는 '광주항쟁 진상규명, 살인자 처벌' 구호로 시작되었다. 이 과정에서 김의기, 박종철, 이한열, 강경대, 박승희 등 수없이 죽어간 열사들은 5·18을 다시 세우는 역사적 이정표가 되었다. 5월 운동의 연장선상에서 촉발된 1987년 6월 시민항쟁은 한국 민주주의 발전의 전환점이 되었다.

1988년 노태우 정권 출범과 동시에 '5·18 광주 민주화운동 진상 규명을 위한 국회청문회'가 열렸다. 진실의 일부분이 공중파를 통해 안방까지 가감 없이 전달되면서 국민들은 큰 충격을 받았다.

1993년 김영삼 정부가 집권하면서 그해 5월부터 전국적으로 5·18 진상규명 운동이 다시 거세게 시작되었다. 책임자를 처벌할 수 있는 공소 시효 만료(1995. 8. 15)가 임박했기 때문이다. 1994년 3월 '책임자 고소고발 사업, 광주 문제 해결을 위한 특별법 제정 촉구' 등을 목적으로 서울 기독교회관에서 '5·18 진상규명과 광주항쟁정신 계승 국민위원회'가 결성되었다. 이들이 앞장서서 1994년 7월, 294명의 연서로 전두환, 노태우 등 35명을 서울지방검찰청에 고소 및 고발했다. 정치적 부담을 느낀 검찰은 '공소권'이 없다는 이유로 5·18 관련자에 대한 법적 처벌을 외면했다. 그러자 전국의 시민사회 단체와 학생들이 시위를 벌이며 강력하게 반발했다. 책임자 처벌운동이 더욱 격화되었고, 마침내 1995년 10월 26일 '5·18 학살자 처벌 특별법 제정 범국민비상대책위원회'가 결성되었다. 이들은 집회와 시위, 농성 등을 전국적으로 전개하면서 신군부의 부정 비리 청산도 함께 주장했다.

마침내 그해 12월 19일 국회에서 여야 합의로 '5·18민주화운동 등에 관한 특별법'과 '헌정질서 파괴 범죄의 공소시효 등에 관한 특별법'이 제정되기에 이르렀다. 국민들의 사법 투쟁에 따라 전두환, 노태우를 비롯한 신군부 핵심 세력에 대한 검찰의 본격적인 진상 조사가 이루어졌다. 전두환, 노태우, 정호용 등 35명이 5·18 내란 혐의로 기소되었다. 치열한 공방 끝에 1997년 4월 18일 대법원은 "헌법이 정한 민주적 절차에 의하지 아니하고 폭력에 의하여 헌법기관의 권능 행사를 불가능하게 하거나 정권을 장악한 행위는 어떠한 경우에도 용인될 수 없다"며 신군부 세력을 처벌했다.

전두환 무기징역과 추징금 2,205억 원, 노태우 징역 17년과 추징금 2,628억 원, 황영시 징역 8년, 정호용 징역 7년 등 12·12 군사 반란과 5·18 내란 주동자 15명에게 모두 유죄를 선고했다. 세계 역사에서 전직 대통령 두 명이 한꺼번에 감옥에 간 것은 전례 없는 일이었다. 하지만 이들은 1997년 12월 22일 김영삼 정부의 특별사면으로 모두 석방되었다. 당시 집권을 눈앞에 둔 김대중 당선자가 '영호남 지역 감정 해소'를 이유로 5·18 단체와 국민들의 반발에도 불구하고 이들의 사면을 강력히 주장했던 결과였다. 이는 반성 없는 사면이어서 잘못된 것으로 본다.

2) 피해 보상과 기념사업

5·18민주화운동 관련 피해자들에 대한 배상과 보상을 위한 정부의 공식 대책은 1988년 4월 1일부터 본격화되었다. 노태우 정부의 출범과 동시에 만들어진 '민주화합추진위원회'의 의견을 바탕으로 '광주사태 치유방안'을 만들었다. 1990년 7월 5·18 관련자의 피해 배상과 보상의 근거가 된 '광주민주화운동 관련자 보상 등에 관한 법률'이 제정되었고, 이에 따라 피해자에 대한 보상이 시작되었다. 5·18민주화운동으로 인해 발생한 직간접적 피해와 파생적 피해는 가늠하는 것조차 불가능하다고 해도 과언이 아니다.

5·18 관련자의 명예 회복과 기념사업도 추진되었다. 항쟁에 참여해 피해를 입은 사람들은 국가로부터 보상과 더불어 '5·18 민주 유공자'로 공식적으로 인정받게 되었다. 또한 국가 차원에서 5·18민주화운동의 희생자를 추모하고, 생사를 넘나들던 고통을 기억하며, 민주화의 의를 기념하는 장소와 공간이 조성되었다. 아울러 1999년 4월에 5·18민주화운동 당시 시민들이 연행되어 구금 및 재판을 받았던 옛 상무대 영창과 법정, 그리고 헌병대 막사는 원래 위치해 있던 곳 인근으로 옮겨져 옛 모습으로 복원되었다. 계엄군의 지휘본부

가 설치되어 있던 옛 상무대 일부는 5·18 기념공원으로 조성되어, 항쟁정신의 계승 공간으로 활용되고 있다. 그리고 시민군들의 최후 항전지였던 옛 전남도청과 그 일대는 국가의 약속에 따라 '국립 아시아문화전당'으로 조성되었고, 그 내부는 5·18을 기념하는 특별관이 만들어지고 있다. 또한 5·18 당시 격전지를 중심으로 광주 27개소, 전남 73개소 등에 사적지 안내 표지석과 안내판 등이 설치되었다.

3) 5·18 자료의 유네스코 세계기록유산 등재

5·18민주화운동은 독재와 권위주의 체제에 대한 항거로 전 세계로부터 크게 주목을 받았다. 미흡하지만 학살 책임자를 국민의 힘으로 법정에서 처벌했기 때문에 세계적으로 과거사 청산 운동의 희귀한 사례로 꼽는다. 특히 1980년 5월 이후 전개된 민주화운동과 인권 및 평화 운동은 유사한 역사적 경험을 겪은 아시아 여러 나라 사람들에게 나침반 역할을 하고 있다.

광주 시민들은 공수부대의 야만적인 폭력에 굴복하지 않고 끝까지 싸웠다. 계엄 당국은 불순분자, 폭도, 난동, 폭동으로 매도했지만 비인간적인 폭력에 결연히 맞섰다. 도시가 완벽하게 포위된 채 고립되고, 진실을 외면하는 대중매체, 군 정보요원들의 교란 작전이 난무했지만 꿋꿋하게 버텼다. 먹을 것이 필요한 사람에게는 음식을, 부상자에게는 피를 나누어 주었으며, 일손이 필요할 때는 누구든 달려가 도왔다.

9-7. 5·18민주화운동의 요약

신군부는 비상계엄을 전국적으로 확대하고, 국회를 해산하고, 국가보위비상기구를 설치할 계획을 수립하였다. 1980년 5월 17일, 신군부는 사회불안을 진정시킨다는 명분을 내걸고 비상계엄을 전국으로 확대하였다. 그에 따라 국회와 각 정당이 해산되었으며, 일체의 정치 활동을 금지하였다. 신군부는 김대중을 체포하고 김영삼을 자택에 감금하였다. 유력한 야당 정치인과 각 대학의 학생운동 지도부도 일제히 검거되었다. 모든 대학에 휴교령이 내려지고 계엄군이 배치되어 학생들의 등교를 막았다.

5월 18일, 오전 전남 광주시 전남대학교 앞에서 계엄군 공수부대와 대학생 간의 소규모 충돌이 일어났다. 등교를 저지하는 공수부대에 학생들이 돌을 던졌다. 공수부대원은 학생들을 쫓아가 진압봉으로 잔인하게 가격하고 연행하였다. 그에 자극을 받아 전남대 학생 1,000여 명이 결집하여 계엄 해제의 구호를 외치며 파출소를 습격하였다. 공수부대는 시위대를 강경하게 진압하였는데, 그 과정에서 민간인 1명이 부상을 입고 병원으로 후송되었으나 사망하였다. 그 외에 수십 명의 부상자가 속출하였다. 이날 광주 시내에서는 악성 유언비어가 유포되어 광주 시민의 감정을 자극하였다.

19일, 분노한 학생과 시민의 시위대는 공수부대에 화염병, 돌, 보도블록을 던지며 격렬한 시위를 벌였다. 오후 시위대는 5,000여 명으로 그 수가 불었다. 시위대는 기름통에 불을 붙여 경찰 저지선으로 굴려 보냈다.

시위대는 공수부대의 장갑차를 탈취하려 했으며, 그에 맞서 공수부대 장교가 위협사격을 하였다. 광주에서 계엄군에 의한 최초의 발포였다. 공수부대는 시위대를 골목, 다방까지 추적하여 진압봉, 소총 개머리판 등으로 강하게 가격하였다. 이날 시위로 또 1명의 민간인이 사망하였다. 부상당한 민간인은 수십 명이며, 부상을 입은 군인과 경찰도 24명이었다.

20일, 광주시의 상가는 거의 철시하였으며, 중·고등학교는 임시휴교에 들어갔다. 시내에는 곳곳에 죽은 사람이 수십 명으로, 공산당도 이렇게 무자비하지는 않았으며, 계엄군이 경상도 출신이라는 등의 유인물이 뿌려졌다. 시위대는 계엄 철폐, 공수부대 철수, 김대중 석방, 전두환 퇴진 등의 구호를 외쳤다.

 오후 4시경 금남로에 모인 시위대의 수는 2~3만 명에 달하였다. 공수부대의 무차별 가격에 분노한 택시기사 100여 명이 택시를 몰고 시위에 참가하였다. 시위대는 택시, 트럭, 버스를 앞세우고 계엄군과 대치하였다. 시위대는 차량을 앞세우고 전남도청으로 진출하려 했으며, 공수부대는 이를 필사적으로 저지하였다. 시위대는 파출소, 경찰서, 소방서, 방송국을 공격하였으며, 광주 MBC와 KBS가 시위대의 방화로 전소되었다. 이날의 시위 과정에서 민간인 4명이 사망하였다. 군경의 희생도 발생하였다. 시위대의 버스와 트럭에 치여 군경 5명이 사망하였다. 전남도청, 조선대, 전남대를 제외한 광주시 일원이 군경의 통제를 벗어나 시위대에 점거되었으며, 광주세무서 예비군 무기고에서 칼빈 소총이 시위대에 탈취되었다. 공수부대는 시위의 진압을 포기하고 전남도청과 조선대로 집결하여 시위대와 대치하였다. 경찰관과 부대원의 사망에 자극을 받은 공수부대의 장교들은 실탄 지급을 요청하여 분배받았다.

 21일, 계엄사령관은 20사단을 광주에 파견하여 시 외곽에 대기시켰다. 시위대는 이동 중인 20사단의 지프 대열을 공격하여 지프 14대를 탈취하였다. 시위대는 아시아자동차 회사를 점거하여 장갑차 4대와 버스 등 차량 56대를 탈취하였다. 버스와 트럭에 탑승한 시위대는 광주교도소에 접근하였으나 계엄군과 충돌하지는 않았다. 오전 10시 전남대 정문 앞에는 4만여 명의 시위대가 집결하였다. 시위대는 차량으로 공수부대를 공격하였으며, 그에 맞서 공수부대는 최루탄과 진압봉으로 강하게 진압하였다.

이날 전남대 앞 시위에서 임신 8개월의 주부 1명을 포함하여 민간인 4명이 사망하고 3명이 총상을 입었다. 가장 비극적인 유혈 사태는 오후 1시경 전남도청 앞에서 벌어졌다. 전남도청을 방어하고 있던 공수부대를 향해 시위대의 장갑차 1대가 돌진하여 부대원 1명이 깔려 죽었다. 뒤이어 시위대의 버스가 돌진하였고, 시위대의 장갑차 1대가 다시 돌진해 오자 공수부대원이 일제히 발포하여 장갑차 위의 청년이 피격되었다. 다시 시위대에서 5~6명이 태극기를 들고 구호를 외치며 나오자 공수부대가 이들을 향해 발포하였다. 이날 전남도청 앞의 유혈 충돌에서 민간인으로서 성명이 알려진 35명과 성명미상의 몇 명이 사망하였다. 군경 3명도 사망하였다. 한편 시위대는 동일 오후 1시경부터 광산, 영광, 함평, 화순 등 전남 일원으로 진출하여 경찰서와 예비군의 무기고를 습격하여 칼빈 소총 등 4,900정, 실탄 13만여 발, TNT, 수류탄 등을 탈취하였다. 시위대는 이들 무기로 무장한 다음, 시내 요소에 배치되었다. 동일 오후 5시 계엄군과 경찰이 전남도청에서 광주시 외곽으로 철수하였다. 전남도청은 시민군에 의해 장악되었다.

이후 27일 새벽 계엄군이 다시 전남도청으로 진입하기까지 광주시 일원은 시민군의 통제하에 있었다. 22일 아침 시위군은 광주교도소에 접근하여 계엄군과 총격전을 벌였다. 광주시 외곽에서는 계엄군과 시민군의 충돌이 간헐적으로 발생하였다. 계엄군이 이동 중인 주민의 차량을 시민군으로 오해하여 사격을 가하여 십여 명이 사망하는 사건도 있었다.

광주 시내에서는 지역 유지와 학생들이 주축이 되어 시민수습대책위원회를 구성하여 계엄군과 사태 해결을 위한 협상을 모색하였다. 22일부터 26일까지 광주 시민은 매일 민주주의 수호를 위한 궐기대회를 개최하여 계엄 철폐, 신군부의 퇴진, 김대중 석방 등을 요구하였다. 계엄군과 협상을 모색한 시민 대표는 무기 반납을 둘러싸고 의견의 대립을 보였다. 약 3,000정의 무기가 회수되어 그 일부가 계엄군에 반환될 예정이었지만, 강경파의 반대에 부딪혀 이루어지지 못하였다. 강경파는 최규하 과도정부 퇴진, 계엄령 즉각 해제, 살인마 전두환 처단, 구국 과도정부 수립 등을 위한 결사항쟁을 주장하였다. 무기의 반납을 주장한 온건파는 도청에서 철수하였다.

27일 새벽 광주시 외곽으로 철수한 공수부대와 20사단을 주축으로 한 계엄군이 광주시와 전남도청으로 재진입하였다. 그 과정에서 끝내 투항을 거부한 17명의 시민군이 계엄군의 총상으로 사망하였다. 그 가운데 10대의 재수생, 고등학생, 중학생이 7명이었다. 14세의 여중생도 있었다. 대학생 희생자는 3명이었다. 그 밖에 시민군 295명이 계엄군에 체포되었다.

이후 1995년 서울지방검찰청과 국방부검찰부가 발표한 '5·18 관련 사건 수사결과'에 의하면 5월 18일 이래 열흘간의 유혈 사태에서 민간인 166명, 군인 23명, 경찰 4명이 사망하였다. 그 외에 행방불명으로 공식 인정된 사람은 47명에 달하였다.

광주에서의 유혈사태는 광주 시민이 신군부의 쿠데타에 저항한 민주화운동이었다. 민주주의의 회복을 요구하는 학생과 시민의 시위대를 공수부대가 무차별 가격으로 진압하고, 그에 따라 인명 피해가 발생한 것이 시민의 무장항쟁을 불러 일으켰다.

5·18 광주 민주화운동과 관련해서는 광주에서 사태가 전개된 당시부터 미국의 책임론이 제기되었다. 계엄군으로 광주에 출동한 한국군에 대한 작전 통제권이 한미연합사령부의 사령관인 미국군 장성에게 귀속되어 있음이 그 근거였다. 그에 대해 1989년 6월 미국 정부는 '1980년 5월 대한민국 광주에서 일어난 사건에 관한 미국 정부 성명서'를 발표하였다.

그 성명서에서 미국 정부는 광주에 투입된 공수부대는 처음부터 한미연합사령부의 작전통제 하에 있지 않았다는 사실, 한미연합군 사령부 설치를 위한 1978년의 협정은, 미국과 대한민국은 상대방의 동의 없이 언제든지 자국의 부대에 관한 작전통제권을 행사할 수 있는 주권을 보장하였다는 사실, 그에 따라 한국군은 이미 1979년 10월 26일 박정희 대통령이 피살된 후 발포된 계엄 업무의 수행을 위해 20사단의 작전통제권을 회수한 적이 있다는 사실, 이후 동 사단의 3개 연대 중 1개 연대의 작전통제권이 한미연합사령부에 반납되었지만 나머지 2개 연대의 작전 통제권은 반납되지 않았다는 사실, 1980년 5월 20일 한국군이 20사단 1개 연대의 작전통제권을 다시 회수하였다는 사실 등을 근거로 제시하면서 미국 책임론을 부정하였다.

이처럼 광주 유혈 참극에 대한 미국 책임론은 그 근거가 확실하지 않지만, 이후 부활한 급진 좌익세력의 선전과 한국인의 민족주의 정서가 어울리는 가운데 민주화 세력을 중심으로 널리 유포되어 갔다.

제9장 주

1) 광주광역시 5·18 기념사업센터 사료편찬위원회,《5·18민주화운동》, 2012, pp.116-117.
2) 차종환,《미주 동포들의 민주화 및 통일 운동》, 2004, pp.41-43.
3) 5·18 기념사업센터 사료편찬위원회, 앞의 책, pp.117-122.
4) 박문규,《민족의 상처 민족의 소망》, 은혜기획, 1999.

후기

 5·18민주화운동의 진실과 왜곡된 부분을 거의 탈고한 다음, 전전 대통령에게 또다시 몇 가지 돌출 행동이 나타났다.

 첫째, 5·18민주화운동의 부정이다.
 5·18은 역대 정부의 진상조사와 사법부 판결을 통해 대한민국 민주주의 기반을 닦은 민주화운동으로 역사적 평가가 끝난 사안이다. 조경태 한국당 최고위원은 "변해야 산다"며 "그 첫 단추가 5·18"이라고 했다. 읍참마속의 심정으로 "5·18 망언" 3인방(김진태, 이종명, 김순례)을 단호히 처리해야 한국당의 새출발이 가능하다. 태극기 부대의 눈치를 보며 역사를 부정하는 '도로 친박당'에 미래가 있을 리 없다. 한국당이 징계를 국회 윤리특별위원회에서 3인방을 제명 처리하기 바란다. 그것이 대한민국의 민주주의를 지키고 주권자의 뜻을 제대로 받드는 길이다.

 둘째, 법원 출두 회피이다.
 5·18민주화운동 유공자 명예를 훼손한 혐의(사자 명예훼손)로 기소된 뒤 재판에 두 차례 불출석한 전두환 전 대통령이 재판을 거부할

무렵 골프장에서 목격되었다는 보도가 나와 논란이 예상된다.

전 전 대통령은 2017년 4월 펴낸 회고록에서 5·18 당시 계엄군의 헬기 사격을 목격했다는 고 조비오 신부를 '사탄, 파렴치한 거짓말쟁이'라고 기술해 조 신부의 명예를 훼손한 혐의로 지난해 5월 불구속 기소되었다.

광주지법은 지난해 8월 27일 첫 재판을 열었으나 전 전 대통령은 알츠하이머 증상 악화를 이유로 출석을 거부했다. 지난 7일 두 번째 재판에서도 전 씨는 독감과 고열로 외출이 어렵다는 이유로 불출석했다.

하지만 16일 한겨레 보도에 따르면, 강원도의 A골프장 직원은 "(전 전 대통령이 첫 번째 재판에 불출석한) 지난해 여름쯤 우리 골프장에서 골프를 쳤다"라고 말했다. 다른 직원도 "구체적인 날짜를 밝힐 수는 없지만 지난해까지 우리 골프장에 다닌 것은 맞다"라고 했다. 전 전 대통령은 두 번째 재판에 불출석하기 전 한 달 전인 지난달 6일에도 부인 이순자 씨와 골프장에서 목격되었다. 이날 전 전 대통령을 목격한 김모 씨는 "식당에 갔더니 전두환, 이순자, 여성 한 명, 남성 한 명 이렇게 네 명이 앉아서 음식을 먹고 있었다"라고 전했다.

전 전 대통령을 목격한 이모 씨는 "(전 전 대통령이) 지팡이나 누구의 도움을 받지도 않고 걸어다니며 골프를 쳤고, 건강 문제는 없어 보였다. 오히려 젊어 보였다. 가끔씩 카트를 안 타고도 잘 걸었고, 경기 진행도 굉장히 빨랐다. 심각한 알츠하이머라면 대화가 잘 안 될 텐데, (일행들과) 눈을 마주치고 대화도 하더라. 그늘집에서 카트를 타고 웃으면서 멀쩡하게 이야기했고 너무 정정해 보였다. 그래서 눈여겨보게 되었다"라고 말했다.

셋째, 사자명예훼손 및 회고록 69개소 삭제이다.

법원이 전두환 전 대통령이 회고록에서 5·18민주화운동 당시 헬기 사격에 대해 부인한 것이 명예훼손에 해당한다고 사실상 인정하면서, 10월 1일부터 열리는 형사재판에 어떤 영향을 미칠지 관심이 쏠리고 있다.

지난 9월 16일 광주지법에 따르면 민사 14부(부장판사 신신호)는 최근 5월 단체와 조영대 신부 등이 전 전 대통령과 《전두환 회고록》을 출판한 전 전 대통령의 아들 전재국 씨를 상대로 제기한 손해배상청구소송에서 원고 일부 승소 판결을 내렸다.

법원은 전두환이 회고록에서 주장한 "북한군이 개입한 반란이자 폭동이다", "헬기 사격은 없었다", "광주 시민을 향해 총을 겨누지 않았다", "전두환이 5·18 사태의 발단부터 종결까지의 과정에 전혀 관여하지 않았다" 등 23개 쟁점에 대한 "객관적이고 타당한 증거가 없다"고 설명했다.

특히 헬기 사격과 관련해 "계엄군의 진압 활동을 고의적으로 왜곡하려는 사람들의 악의적인 주장"이라고 하거나, 헬기 사격을 증언한 고 조비오 신부에 대해 "성직자라는 말이 무색한 파렴치한 거짓말쟁이" 등으로 표현한 것은 조비오 신부와 조영대 신부 등의 명예를 훼손한 것이라고 적시했다.

재판부는 전일빌딩 총탄 흔적에 관한 국립과학수사연구원 법안 감정서와 헬기 사격을 실제로 본 다수의 목격자들 진술, 전교사가 작성한 전투상보, 국방부 특별조사위원회 조사 결과 등을 이유로 이 같은 판단을 내렸다.

또 1980년 5월 22일 접수된 육군본부 작전지침에 "폭동이 확산된 군 단위에는 상공을 감시 정찰 비행해 지상부대 지휘관의 지시에 따라 사격 제압하라"는 내용이 담겨 있는 점도 명예훼손의 이유로 꼽았다.

재판부는 "아무리 공적인 존재의 공적인 관심사에 관한 문제의 제기가 널리 허용되어야 한다고 하더라도, 구체적인 정황의 뒷받침도 없이 악의적으로 모함하는 일이 허용되지 않도록 경계해야 한다"며 "전 전 대통령이 회고록에서 서술한 조비오 신부에 대한 평가는 조 신부의 사회적 평가와 아울러 유족인 조영대 신부의 사회적 평가 내지 고인에 대한 명예를 훼손했다고 보기 충분하다"고 말했다.

민사 재판부가 이 같은 결론을 내리면서 10월 1일 열리는 전 씨의 사자명예훼손 혐의 재판에 어떤 영향을 미칠지 주목된다. 지난해 4월 고 조비오 신부의 조카인 조영대 신부가 전 전 대통령이 회고록에서 "거짓말쟁이", "사탄" 등으로 표현해 사자의 명예를 훼손했다며 고소장을 제출한 내용과 이번 민사재판으로 명예훼손이 인정된 헬기 사격의 내용이 거의 같기 때문이다.

검찰은 조영대 신부의 고소에 헬기 사격 등에 대한 조사를 진행, 전 전 대통령을 불구속 기소했다.

전 전 대통령 측 손배해상 소송과 형사재판을 맡고 있는 정주교 변호사는 민사재판의 판결에 대해 "판결문을 확인한 뒤에 항소 여부를 결정하겠다"면서도 "헬기 사격 문제는 사자명예훼손 재판에서도 진행 중인 상황인데 민사 재판 선고가 빨리 내려진 것 같아 아쉽다"고 말했다.

이에 대해 5·18 기념재단은 보도자료를 내고 "이번 판결은 공공적 이해와 사회적 명예회복의 중요성을 강조했다는 점에서 의미가 있다"며 "법원이 5·18 왜곡 허위 내용이 무엇인지 명확히 적시해 5·18 진상규명 과정에 중요한 디딤돌이 될 것으로 기대된다"고 말했다.

한편 법원은 손해배상 소송에서 전 전 대통령 등이 5월 3단체와 5·18 기념재단에 각각 1,500만 원씩, 조영대 신부에게 1,000만 원 등 총 7,000만 원을 배상하라고 선고했다.

또 전 전 대통령의 회고록에 대해서도 총 69개 표현을 삭제하지 않고는 출판과 배포 등을 금지한다고 했다.

넷째, 전두환은 민주주의 아버지라는 어이없는 망언이다.
5·18민주화운동 희생자의 명예를 훼손한 혐의로 재판을 받고 있는 전두환 전 대통령의 부인 이순자 여사가 남편 전 전 대통령을 "민주화의 아버지"로 치켜세웠다. 이 여사는 1일 한 인터넷 보수 매체와의 인터뷰에서 "(전 전 대통령이) 우리나라에 처음으로 단임을 이뤄서 지금 대통령들은 5년만 되면 더 있으려고 생각을 못하지 않느냐"며 "(대한민국) 민주주의 아버지가 누구인가. 저는 우리 남편이라고 생각한다"고 주장했다.

전 전 대통령은 5·18민주화운동 희생자의 명예를 훼손한 혐의(사자명예훼손)로 2019년 1월 7일 광주지법에서 재판을 받았다. 앞서 전 씨는 지난 9월 광주고등법원에 재판관할 이전 신청을 냈다 기각되자 지난 10월 재항고했지만 대법원은 지난 11월 29일 전 씨의 신청을 최종 기각했다. 이 여사는 전 전 대통령이 치매를 앓고 있어 재판에 정상적으로 참석하기 어려운 상황이며 재판부가 "결론을 내려놓고 재판을 한다"고 주장했다.

이 여사는 "조금 전의 일을 기억 못하는 사람한테 광주에 내려와서 80년대 일어난 얘기를 증언해 달라고 하는 것 자체가 일종의 코미디"라며 "재판관한테 편지(불출석 사유서)도 썼는데 재판장도 어떤 압력을 받고 있으니까 상황이 이렇게 되는 거 아닌가 개인적으로 생각을 해본다"고 말했다.

이어 "광주 5·18 단체도 이미 얻을 거 다 얻었는데 그렇게 해서 얻을 게 뭐가 있겠느냐"고 반문했다. "결론을 내려놓고 하는 재판이 아닐까 싶다"고도 했다.

문재인 정부에 대해서도 날을 세웠다. 이 여사는 "남침해서 우리나라 국민을 그렇게 많이 죽인 김정은이도 서울에서 환영한다고 지하철에 환영벽보를 붙이고 다니면서, 40년 전 일을 가지고 우리나라 발전을 이렇게 한 대통령을 아직까지도 그렇게 (박해)하면서 그런 편협한 사람들이 무슨 이북과 화해한다고 난리냐"고 비난했다.

다섯째, 지만원의 만행이다.

지만원은 자기의 학력을 높이 평가하는 발언을 자랑스럽게 말하고 있다. 벼는 익을수록 고개를 숙인다는 원리도 모르는 듯한 언사다.

참고 및 인용 문헌

1. 강인섭, 《정승화, "12·12는 분명히 쿠데타였다"》, 신동아, 1987. 12.
2. 강준만, 《광주 학살과 서울 올림픽 1권》, 인물과 사상사, 2003.
3. 강준만, 《한국 근대사 산책》, 인물과 사상사 2권, 2007.
4. 관훈토론회, 《노태우-12·12는 쿠데타 아니다》, 월간조선, 1987. 12.
5. 광주광역시 5·18 기념사업센터 사료편찬위원회, 《5·18민주화운동》, 2012.
6. 글라이스턴, 《알려지지 않은 역사》, 중앙 M&B, 2000.
7. 김상웅 엮음, 《서울의 봄, 민주 선언》, 일월서각, 1987.
8. 김영진, 《충정작전과 광주항쟁》 상·하, 동광출판사, 1989.
9. 김영택, 《10일간의 취재수첩》, 사계절, 1988.
10. 대한민국국회사무처, 《5·18 광주 민주화운동 진상조사 특별위원회 회의록》 제1~30호.
11. 대한민국국회사무처, 《5·18 광주 민주화운동 진상조사 특별위원회 현장검증 회의록》 제1~5호.
12. 마나베 유코, 《광주항쟁으로 읽는 현대 한국》, 도서출판사회문화원, 2001.
13. 마크 피터슨, 《5·18 광주사태》, 사계절, 1995.
14. 박문규, 《민족의 상처 민족의 소망》, 은혜기획, 1999.
15. 신동아 편집실, 《K공작 언론인 94명 포섭 계획》, 신동아 1990. 2.

16. 신동아 편집실, 《전군 주요지휘관회의 회의록 전문》, 신동아, 1988. 10.
17. 아놀드 A. 피터슨, 정동섭 옮김, 《5·18 광주사태: 아놀드 피터슨 목사의 '80년 광주' 증언록》, 풀빛, 1995.
18. 안종철, 《5·18 때 북한군이 광주에 왔다고?》, 아시아문화 커뮤니티, 2016.
19. 오승용 《5·18 왜곡의 기원과 진실》, 5·18 기념재단, 2012.
20. 5·18 광주의거청년동지회편, 《5·18 광주민중항쟁 증언록-무등산 깃발》, 남풍, 1989.
21. 5·18 광주민중항쟁 9주년 기념 학술토론회, 《5·18 광주민중항쟁과 한국 민족민주운동》, 1989.
22. 5·18 광주민중항쟁동지회, 《부마에서 광주까지》, 샘물, 1990.
23. 5·18 기념재단, 《5·18 민중항쟁과 정치·역사·사회 2》, 심미안, 2010.
24. 5·18 기념재단, 《5·18 민중항쟁과 정치·역사·사회 4》, 심미안, 2010.
25. 5·18 기념재단, 《5·18 열흘간의 항쟁》, 5·18 기념재단, 2017.
26. 월간조선 특별취재반, 《미공개자료: 조선일보 취재일지》, 월간조선, 1985. 7.
27. 윤재걸, 《작전명령 화려한 휴가》, 실천문학사, 1988.
28. 이삼성, 《광주학살, 미국·신군부의 협조와 공모》, 역사비평, 1996.
29. 이태원, 《인터뷰-정호용, 광주사태 책임자 밝히다》, 월간경향, 1988. 5.
30. 이홍길, 《5·18 민중항쟁과 정치·역사·사회 1》, 5·18 기념재단, 2010.
31. 장도영, 《망향》, 숲속의 꿈, 2001.
32. 장용준 외, 《중·고학생용 5·18민주화운동》, 5·18 기념재단, 2008.
33. 전남사회운동협의회 편, 《5·18 광주민중항쟁 자료집》, 광주, 1988.
34. 정상용 외, 《광주민중항쟁, 다큐멘터리 1980》, 돌베개, 1990.
35. 조갑제, 《공수부대의 광주사태》, 월간조선, 1988. 7.
36. 지만원, 《5·18 분석 최종보고서》, 시스템, 2017.
37. 차종환, 《미주 동포들의 민주화 및 통일 운동》, 나산출판사, 2004.
38. 차종환, 《얼룩진 현대사와 민주 및 통일운동(상)》, 한미인권연구소, 2007.

39. 차종환,《얼룩진 현대사와 민주 및 통일운동(하)》, 한미인권연구소, 2007.

40. 차종환, 에드워드 구,《5·18민주화운동 이야기》, 프라미스, 2018.

41. 평화민주당,《1980년의 진실: 광주 특위 증언록》, 1988.

42. 평화민주당,《5·18 광주민중항쟁 청문회 활동일지》, 1989.

43. 한국현대사사료연구소,《광주오월민중항쟁 사료 전집》, 풀빛, 1990.

44. 황석영 외 2인,《죽음을 넘어 시대의 어둠을 넘어》, 창비, 2017.

부록

5·18민주화운동 기간의 시간별 약사와 그 후 날짜별 약사

1979년

10. 16　부산민주항쟁 부산대, 동아대생의 '정권 타도' 교내 시위 및 시민 합세한 가두시위 전개.

10. 18　마산민주항쟁 학생시위와 관련하여 부산 비상계엄령 발표.

10. 26　박정희 대통령 피살, 전국 비상계엄령 선포.

12. 12　12·12 군사반란 발생, 신군부는 정승화 계엄사령관을 강제 연행 총격전 축소.

1980년

2. 15　보안사 정보처(언론 대책반) 설치, 'K-공작 계획' 수립.

2. 29　김대중 등 687명 복권.

3. 04　대규모 충정훈련(소요 진압 훈련) 실시.

4. 14　보안사령관 전두환, 중앙정보부장 서리 임명.

4. 21　사북사태, 강원도 사북광업소 광부 700여 명 경찰과 충돌.

5. 14　전국 27개 대학 총학생회장단 가두시위 결의.

5. 15　서울 시내 30개 대학 10만여 명, 서울역 회군, 계엄 철폐, 민주화 요구.

5월 17일(토요일, 맑음) 비상계엄 전국 확대 조치

11:00	전군 주요지휘관회의, '비상계엄 전국 확대 방안' 결의.
20:25	계엄사, 충정작전 지시.
21:42	비상국무회의에서 '비상계엄 전국 확대' 의결.
23:40	정부 대변인 이규현 장관, 5월 17일 24시를 기해 비상계엄 전국 일원 변경 발표.

5월 18일(일요일, 맑음) 공수부대 금남로 투입

01:00	계엄포고 제10호 발령(계엄사).
01:07	공수여단 33, 35대대 688명(84명/604명) 전남대, 조선대, 광주교대에 진주. 31사단 96연대 1,146명(14명/1132명) 전남 도내 16개 대학 및 중요 시설에 배치, 예비검속자 12명.
10:00	전남대 정문에 대학생 200여 명 집결, 7공수부대와 충돌.
11:00	금남로 가톨릭센터 앞 대학생 500여 명 연좌시위.
14:00	육군본부, 11공수여단 광주 증파 결정.
15:40	7공수여단 33대대(64명/490명) 유동 삼거리, 충장로 투입, 무자비한 진압작전 시작.
16:30	최규하 대통령 특별성명 (계엄 확대 불가피성 역설).
19:00	7공수여단 금남로 진압작전 종료(173명 체포).
21:00	광주 지역 통행금지.
	광주 시내 예비군 무기 군부대에 보관(1차: 총기 4,717정, 탄약 116만발).

5월 19일(월요일, 오후부터 비) 시민들의 참여와 항거

03:00	김경철 사망(최초 시민 사망자).
04:00	11공수여단 시내 배치(61대대: 공용터미널, 62대대: 장동, 63대대: 계림동, 7공수여단: 고속터미널).

10:00	금남로 시민 집결. 군경, 헬기 사용 해산 종용.
	대동고, 중앙여고 등 교내 시위, 광주 시내 48개 국민학교 수업 중단(22일부터 휴교).
10:50	도청, 금남로에서 장갑차 4대로 시위대 3,000여 명 포위 압축.
11:00	가톨릭센터 앞 시위 학생 200여 명 연행. 오후 1시까지 108명 추가 연행.
14:00	가톨릭센터 앞 시민 5,000여 명 집결, 승용차 5대 방화, 공수부대 금남로 결집 진압. 시위대의 주력이 학생에서 일반 시민으로 바뀜.
	투석 및 화염병 투척. 계엄군 헬기로 해산 종용 방송.
15:00	전교사 기관장회의, 광주 유지들이 계엄군의 무차별 구타 항의.
16:00	보안사, 최예섭 준장 등 광주 파견.
16:50	최초 발포, 김영찬(조대부고 3학년) 총상. 계림동에서 시위대 장갑차 공격.
22:00	격분한 일부 시위대 북구청, 양동, 임동, 역전 파출소 습격, KBS방송국 점거.
23:00	정웅 31사단장, 공수부대 지휘관들에게 '무혈진압' 명령.
23:08	3공수여단 광주에 증파 결정.
23:40	2군사령부에서 충정작전 지침으로 강경 진압 지시(도시 게릴라 난동 진압, 바둑판식 분할 점령, 과감한 타격, 총기 피탈 방지, 편의대 운용).

5월 20일(화요일, 오전에 약간의 비) 타오르는 항쟁의 불길, 광주역 집단 발포

04:00	광주 시내에 시민봉기 호소문 배포.
06:00	7, 11공수여단 재배치(금남로, 충장로, 계림동 일대).
07:30	3공수여단(255명/1137명) 광주역 도착, 전남대 숙소 이동.
08:00	보안사, 홍성률 대령 광주 도착, 시내 잠입 특수 임무 수행.
09:00	31사단 광주 시내 무기 탄약 회수(2차: 총기 6508정, 탄약 42만발).
10:00	전교사, 광주 지역 기관장회의(공수부대 철수 요구, 일반 군인 복장으로 교체 요구).
	오전 중 비 때문에 시위는 소강 상태.
10:20	계엄군, 가톨릭센터 앞에서 속옷만 입힌 남녀 30여 명에게 기합과 함께 심

	한 구타.
12:00	특전사령관 정호용, 전교사령관 만나 강경 진압 요구 후 상경.
12:30	3공수여단 시내 배치(11대대: 황금동, 12대대: 시청, 13대대: 공용터미널, 15대대: 양동 사거리, 16대대: 전남대).
12:55	정부, 신현확 국무총리 등 내각 일괄 사퇴.
15:00	금남로 사거리, 시위 군중 5,000여 명 연좌농성.
18:00	무등경기장, 택시 100여 대 금남로 이동 차량 시위. 시위대 2,000여 명 뒤따름. 2군사령부 작전 지침 하달(유언비어 분석, 총기 피탈 방지, 연행자 처리 등). 전교사령관 내정 통보(윤흥정 중장에서 소준열 소장으로 교체).
19:00	차량시위대 금남로에서 11공수여단과 충돌.
19:30	시위대 1만여 명 공용터미널에서 금남로 시위대와 합류.
20:00	시위대 양동, 역전, 학동파출소, 광주시청 등 점거.
21:05	노동청 앞, 시위대 버스에 치여 경찰 4명 사망.
21:25	20사단 광주 증파 결정.
21:30	시위대 광주역 3공수여단을 포위. 노동청 앞 버스 3대 전소.
21:45	광주 MBC 방화.
22:00	신안 사리, 3공수대원 1명 시위 차량에 깔려 사망. 광주역 앞, 3공수여단 12, 15대대 시위대의 차량 공격에 바퀴 향해 권총 사격.
22:30	3공수여단장(최세창), 경계용 실탄 지급 지시(16대대에 1백여 발 지급). 전교사령관 윤흥정, 공수부대 교체 요구, 계엄사령관 이희성 승인.
23:00	3공수여단 11대대, 광주역 앞 집단 발포. 시민 5명 사망. 시위 군중 10만 명 이상, 금남로~광주역에서 밤새워 공방전. 금남로 50여 대 차량 전소.
23:20	2군 작전 지침 추가 시달(발포 금지, 실탄 통제, 공수여단을 20사단으로 교체 준비). 광주시 외곽도로 봉쇄 지시(시위 확산 저지).
24:00	도청 앞 11공수여단 61,62대대, 중대장급에게 실탄(15발씩) 지급.

5월 21일(수요일, 맑음) 도청 앞 집단 발포, 계엄군 철수

00:35	노동청, 시위대 2만여 명 계엄군과 공방전. 조선대 정문, 버스 3대 3천여 명 공방전(새벽 4시 40분까지 계속).
01:30	KBS 방화, 광주세무서 방화, 신문 편집 중단.
02:00	3공수여단, 광주역에서 전남대로 퇴각. 광주 전화 단절.
04:00	시위대 광주역 광장에서 시체 2구를 리어카에 싣고 금남로로 이동.
04:30	계엄사, 긴급대책회의에서 '자위권 발동' 문제 검토.
08:00	시위대 광주공단 입구에서 20사단 지휘차량 14대 빼앗음.
09:00	20사단(284명/4482명) 상무대 전교사에 도착. 시위대 아시아자동차 공장에서 장갑차 4대, 차량 56대 등 획득(1차).
11:00	도청 앞, 11공수여단 63대대 실탄 지급.
12:00	신안동굴다리, 3공수여단 13대대 시위 차량에 사격.
13:00	도청 앞 집단 발포(도청에서 애국가 방송 시 발포, 오후 5시까지 조준사격 지속). 시위 청년 및 구경꾼, 총탄에 맞아 계속 쓰러짐.
13:20	나주 다시지서, 시위대 최초 총기 획득(오후 2시경부터 나주, 비아, 영광, 영산포, 무안, 영암, 화순, 장성 등지에서 무기 획득).
14:00	전두환, 정호용, 황영시, 이희성, 주영복 등 계엄군 외곽 배치 및 자위권 발동 결의.
14:15	도지사, 경찰 헬기에서 시위 해산 설득 방송.
14:40	시위대 지원동의 탄약고에서 다이너마이트 획득. 화순광업소에서 카빈 1,108정, 실탄 1만 7,760발 획득.
15:15	계엄사령관 지시(전국 확산 방지, 지휘체계 일원화, 시민과 불순분자 분리, 교도소 사수)
15:30	나주, 화순 등지에서 시위대가 획득한 무기 광주로 반입, 시가전 전개.
16:00	공수부대 도청에서 철수 지시. 작전통제권 전환(31사단에서 전교사로).
16:35	국방부장관 회의, 계엄군 외곽 철수 및 자위권 발동 결정.
17:00	7, 11공수여단 도청에서 조선대로 철수, 3공수여단 광주교도소로 철수.

19:00	광주 외곽 봉쇄 완료(31사단: 오치, 3공수여단: 교도소, 7, 11 공수여단: 주남마을, 20사단: 극락교 백운동 톨게이트, 통합병원).
19:30	계엄사령관군의 자위권 보유 천명 방송(접근하면 하복부 발사 허용)
20:00	시민군 전남도청 장악.
22:10	효천역 부근 계엄군, 무장시위대와 교전(새벽 4시까지 사이에 2회 이상 충돌, 10여 명 이상 사망 추정).

5월 22일(목요일, 맑음) 봉쇄작전, 수습대책위 구성

00:05	시위대 전남 서부지역 확산(나주, 목포, 영암, 강진, 완도, 함평, 영광, 무안). 목포역에서는 22일부터 27일까지 매일 시민궐기대회 개최.
04:40	광주교도소 부근 시위대와 총격전.
08:00	정시채 전라남도 부지사 등 도청 간부 수습대책위 구성 논의.
10:20	박충훈 신임 국무총리 전교사 방문.
10:30	계엄사령관 경고 전단 헬기 공중 살포('폭도들에게 알린다').
11:00	외곽도로 완전 봉쇄, 해안 경계태세 강화, 고속도로 봉쇄.
11:25	적십자병원 헌혈 차량 돌아다니며 헌혈 호소.
12:00	도청 옥상의 태극기가 검은 리본과 함께 반기로 게양됨.
13:30	시민수습대책위원회(15명) 대표 8명 상무대 전남북계엄분소 방문, 7개 항의 수습안 전달.
17:00	도청 앞 시민궐기대회, 수습위 대표 상무대 방문결과 보고(시민들 격분, 희생자 시신 56구). 20사단 62연대 2대대, 국군통합병원 확보작전 실행(민간인 사망 8명, 부상 10명, 연행 25명). 연행 학생 848 석방.
18:00	학생수습위원회 구성(질서 유지, 무기 회수, 헌혈 활동 등 전개).
21:30	박충훈 신임 국무총리 "광주는 치안 부재 상태며, 불순분자가 군인들에게 발포"했다고 방송.

**5월 23일(금요일, 맑고 한때 흐림) 민간인 학살, 무기 회수,
민주수호 범시민궐기대회**

08:00	학생, 시민 금남로 일대 등 자발적 청소에 나섬. 상점 영업 개시.
09:00	계엄사령관: 상무충정작전 검토
10:00	시민 5만여 명이 도청 광장에서 집회.
	주남마을 주둔 11공수여단, 승합차에 총격(1차), 양민 11명 희생.
	학생수습위 총기 회수 시작.
11:48	20사단 봉쇄선 작전 지침 하달(무기 휴대 폭도 봉쇄선 이탈 절대 거부, 반항자 사살).
13:00	주남마을의 공수부대가 미니버스에 총격(2차), 승객 18명 중 15명 사망, 2명 부상, 1명 생존. 공수부대, 부상자 2명 주남마을 뒷산에서 사살 암매장.
15:00	제1차 민주수호 범시민궐기대회(15만여 명) 개최.
	계엄사의 경고 전단 시내 전역에 살포.
16:00	계엄군 봉쇄지역 교대 및 재배치(외곽도로 봉쇄, 집결 보유).
19:00	교도소의 3공수여단 접근하는 시민군에게 사격(5회 이상 사격).

5월 24일(토요일, 오후에 비) 계엄 당국과의 협상 교착

09:00	계엄군 부대 배치 조정(공수부대 '상무충정작전' 준비 위해 광주비행장으로 결집).
09:20	전남북계엄분소장 '무기 소지자 국군통합병원 및 경찰서에 무기 반납하라' 방송.
09:55	31사단(96연대 3대대)과 기갑학교 병력 운암동-두암동 고속도로 구간에서 오인 전투(군인 3명 사망).
13:30	11공수여단 원제마을 저수지에서 무차별 사격(중학생 방광범 등 2명 사망).
13:55	11공수여단 광주비행장 이동 중 효천역 부근에서 전교사 교도대와 오인 전투(공수대원 9명 사망, 33명 중상, 장갑차 등 차량 5대 파손). 오인 전투에 대한 보복으로 송암동 주민 학살(4명 사망, 5명 중상).
14:50	제2차 민주수호 범시민궐기대회(도청 앞).

16:00   2군사령부 지시(이동시 상호협조 및 사전통보, 확인 사격, 야간 이동 억제).

20:30   도청 지하 무기고에서 군 폭약전문가 뇌관 제거(24일 20:00~25일 13:00).

5월 25일(일요일, 비) 항쟁 지도부 등장

04:00   상무충정작전(광주재진입 작전) 지침 준비 지시(계엄사령관).

08:00   도청 내 '독침사건'. 계엄 당국 프락치 침투시켜 교란작전 전개.

11:00   김수환 추기경의 메시지와 구호대책비 1천만 원 전달.

12:15   전두환 등 신군부, 상무충정작전 개시 시각 최종 결정(27일 00:01 이후 현지 사령관의 판단하에 실시).

15:00   육군참모차장 황영시 '상무충정작전 명령서' 직접 전달(전교사).
        제3차 민주수호 범시민궐기대회(5만여 명).

17:00   청년학생시민군 경비대 1차 모집(70여 명).

18:10   최규하 대통령 광주 상무대 방문, 특별담화 발표.

22:00   항쟁지도부 '민주투쟁위원회' 결성(위원장 김종배, 대변인 윤상원, 상황실장 박남선, 외무부위원장 정상용, 내무부위원장 허규정).

5월 26일(월요일, 아침 한때 비) 최후통첩, 상무충정작전 개시

04:00   계엄군 외곽 봉쇄선 압박 탱크 진입, 화정동 농촌진흥원 앞 진출.

07:00   공수부대, 20사단 병력에 도청 인계.

08:00   '죽음의 행진'(시민수습대책위원 17명, 도청~화정동 행진, 계엄군 진입 저지).

09:00   시민 대표, 계엄군과 마지막 4차 협상, 결렬(김성용 신부 등 11명, 4시간 30분 협상).

10:00   제4차 민주수호 범시민궐기대회(3만여 명, 〈80만 민주시민의 결의〉 채택).

10:30   전교사 진압 작전 최종 회의(20사단장, 31사단장, 3, 7, 11 공수여단장, 보병학교장 참석).

12:00   윤공희 대주교 계엄분소 방문, 연행자 전원 석방 요구.

14:00   기동타격대 조직(대장 윤석루, 70여 명).

15:00	제5차 민주수호 범시민궐기대회('시민행동강령' 채택, 계엄군 만행 규탄). 청년학생시민군 경비대 2차 모집(150여 명).
16:00	소준열 전교사령관 광주비행장 방문 공수특공대에게 공격 개시 시각 통보.
17:00	민주투쟁위원회 대변인 윤상원, 외신 기자들에게 광주상황 브리핑(주한 미 대사 면담 요청).
18:00	항쟁지도부 마지막 합동회의(도청).
19:00	항쟁지도부, "계엄군이 오늘밤 침공" 발표(학생 및 여성 귀가 조치).
19:00	광주 거주 외국인 207명 광주공항 집결 후 비행기로 서울행.
21:00	공수부대 특수조 사복 편의대 복장으로 시내 투입 정찰 실시.
24:00	민주투쟁위원회 중앙청과 통화("계엄군 진입하면 자폭하겠다"). 통화 직후 시내전화 단절.

5월 27(화요일, 맑음) 도청 함락

01:30	공수특공대 이동(3공수여단 도청, 11공수여단 전일빌딩 YWCA, 7공수여단 광주공원).
02:00	20사단 이동(102명/3,030명).
03:50	박영순, 도청 스피커로 마지막 방송. "계엄군이 쳐들어옵니다. 시민 여러분, 우리를 잊지 말아 주십시오. 우리는 최후까지 싸울 것입니다."
04:00	3공수여단 특공대(13여 명/66명, 대대장 임수원, 특공대장 편○○대위) 도청 주변 포위, 침투 공격, 무차별 사격.
05:00	KBS 방송 계엄분소장 담화, "폭도들은 투항하라, 포위되었다. 투항하면 생명은 보장한다."
05:10	3공수여단 도청 진압작전 종료(무장헬기 도청 상공 무력시위).
06:00	"시민들은 거리로 나오지 말라"고 경고 방송.
07:00	3, 7, 11 공수부대 20사단 병력에게 도청 인계 후 광주비행장으로 철수.
07:30	기갑학교 탱크 14대와 장갑차 시가지 무력시위.
08:50	시내전화 통화 재개.

09:00   KBS 방송 경찰과 공무원 근무지 복귀 지시.

09:30   도청 500여 명 직원 출근.

10:00   주영복 국방부 장관, 황영시 참모차장 도청 방문.

* 27일 피해 현황: 시민군 등 사망 27명, 연행 295명, 군인 사망 2명, 부상 12명.

1980년

5. 29   5·18 사망자 망월묘역에 매장(126명).

5. 30   서강대생 김의기, 광주사태 진상규명 요구 투신자살.

5. 31   5·18 광주 의거 유족회 결성.

5. 31   계엄사령관 광주사태 피해 발표(사망자 170명, 민간인 144, 군인 22, 경찰 4).

6. 7   성남 노동자 김종태, 광주사태 진상규명 요구 분신자살.

6. 7   윤성민 국방부 장관 '광주사태 전모' 발표(사망자 191, 부상 852, 연행 구속자 2,522명-군사법원에 회부 616, 훈방 1,906명).

6. 10   천주교 광주대교구 사제단 광주사태 진상규명 요구, 신부 8명 연행.

8. 16   최규하 대통령 사임.

8. 27   11대 대통령 전두환 당선.

9. 17   계엄보통군법회의, 김대중 내란 음모 및 국가보안법 적용 사형 선고.

9. 20   광주사태 구속자 가족회 결성.

10. 25   보통 군법회의 1심 선고(사형 5인).

12. 9   광주 미국 문화원 방화 사건 발생, 미국의 군부대 투입 승인 항의.

12. 29   고등군법회의 2심 선고(사형 3인).

1981년

1. 28   전두환 대통령, 로널드 레이건Ronald Reagan 미 대통령 초청으로 방미.

3. 3   전두환 12대 대통령 취임, 제5공화국 출범.

5. 18   5·18 1주기 추모식 거행, 경찰의 원천봉쇄로 무산.

5. 27   서울대 침묵시위, 김태훈 투신 사망.

1982년

3. 18   부산 문화원 방화 사건 발생. 문부식, 김현장 등 광주사태 진상규명, 미국 책임 주장.

5. 18   광주사태 2주년 합동 위령제, 망월동 개최(유족, 구속자 가족 등 진상규명 요구).

8. 1   5·18 부상자 동지회 발족.

10. 12   5·18 부상자 당시 전남대 학생회장 박관현 광주교도소 단식 투쟁 중 사망(옥사).

10. 23   김대중 형 집행정지 석방, 미국 추방.

1983년

5. 18   김영삼, 광주사태 진상규명 무기한 단식.

9. 22   대구 미국 문화원에 사제 폭탄 투척.

11. 12   레이건 대통령 방한, 반미 시위.

1984년

3. 1   광주사태 관련 제적 학생들 복학 조치.

3. 21   광주사태 진상규명위원회 발족.

5. 18   3,000여 명의 시민이 참여한 5·18 4주기 추모식 거행.

8. 30   경찰의 명동성당 난입.

11. 18   3개 대학생들 민정당사 점거 시위.

1985년

2. 8   김대중 귀국.

2. 12   12대 국회의원 선거에서 야당 승리.

5. 15   전남대 총학생회, '5·18 진상규명투쟁위원회' 발족.

5. 17   전국 80개 대학 3만 8,000여 명, 광주사태 진상규명 요구 시위.

5. 18   정치권, 광주사태 5주년 진상규명 촉구.

5. 23   대학생 73명, 서울 미국문화원 점거, 광주사태에 대한 미국의 사과 요구 단식 농성.

5. 29   5·18민주화운동 최초 기록《죽음을 넘어 시대의 어둠을 넘어》출간, 저자 황석영 연행.

5. 30   신민당 '광주사태 진상 조사를 위한 국정조사 결의안' 국회 제출.

6. 17   윤성민 국방부 장관의 광주사태 진상 발표에 대한 '광주 시민 규탄 대회'.

8. 15   노동자 홍기일, 광주 YMCA 앞에서 '광주사태 진상규명' 요구 분신 자살.

12. 2   광주 미문화원 점거농성.

1986년

4. 28   서울대생 이재호, 김세진 "반전 반핵 양키고홈" 외치며 분신.

5. 17   전국 주요 대학, 5·18 민주항쟁 6주년 '광주민중항쟁 계승과 희생자 추모 집회 및 시위'.

5. 18   명동성당 청년 신도 1,000여 명, 광주학살 진상규명 대회와 추모미사 후 가두시위.

6. 6   강상철 목포역 광장에서 5·18 진상규명 요구 분신자살.

10. 18   5·18 광주 의거 유가족 5·18 진상규명 요구 농성.

10. 20   서울기독교회관, 광주사태 진상규명 농성.

10. 28   건대 사건 발생.

1987년

1. 14	박종철 군 고문치사사건 발생
1. 16	서울대생 박종철 고문치사사건 발표
3. 6	호남대 졸업생 표정두 "미 국무장관 방한 반대"하며 광화문 세종 문화회관 앞에서 분신.
4. 13	전두환 대통령 '4·13 호헌 조치' 특별 담화.
5. 17	5·18 민주항쟁 7주년 추모제 망월동 묘지, 전국 62개 대학 등에서 거행.
5. 18	추모식, 위령제, 기념예배 등에 수십만 명의 시민 참여.
5. 27	민주당, 신·구교, 재야 단체 등 발기인 2,191명, 민주헌법쟁취국민운동본부 발족.
6. 10	6월항쟁 발생, 호헌 철폐, 독재 타도를 외치며 광주 시민 30만 명 시위.
6. 10	대회(6월 항쟁), 박종철 군 고문 치사 조작·은폐 규탄 및 호헌 철폐 국민대회.
6. 29	노태우 민정당 대표 '6·29 선언', 직선제 개헌, 김대중 사면 복권 등 시국 수습 특별 선언.
7. 9	연세대생 이한열 장례식 거행.
7. 10	광주사태 관련자 17명 등 시국 사범 2,355명에 사면 복권.
10. 15	전남대 '5·18 진상규명 및 민주 정부 수립을 위한 광주 시민 대회'.
12. 7	국회 광주특위, 정호용 당시 특전사령관 등 증인 심문, 발포 책임 무관 주장.
12. 16	제13대 노태우 대통령 당선.
12. 20	5·18 유족회 등 4개 단체, 국회 청문회장 진입, '진상규명 없이 보상만 전제로 한 특별법 전면 부인' 주장.

1988년

2. 23	민주화합추진위원회, 광주 문제 치유를 위한 대정부 건의안 제출.
4. 1	노태우 정부의 광주사태 치유 대책 발표.
4. 5	김대중, '광주의거 해결 방안을 제시'(완전한 민주화 실현, 진상규명, 광주 시민의

명예 회복, 유가족·부상자들에 대한 국가유공자 차원의 처우 등).

4. 15 광주시 5·18 전담 실무 기구 설치.

5. 11 중앙정부, 5·18 지원대책협의회(위원장 국무총리) 구성.

5. 18 '5·18 광주 민주항쟁 기념식 및 5월 학살 원흉 처단과 진상규명을 위한 범국민 궐기 대회'(20만 명 참석).

5. 18~27 준합법적인 5·18 행사 진행.

5. 18~6. 30 광주사태 관련 사상자 추가 신고 접수.

6. 27 국회, 광주진상조사특위 등 7개 특위 구성 결의안 통과.

11. 국회 광주민주화운동 진상조사특별위원회 및 청문회 가동.

11. 26 노태우 대통령 특별 담화 '광주 민주화운동'으로 성격 규정, 특별법 제정 계획 발표.

12. 6 국회 광주 특위, 5·18 광주 민주화운동 진상규명을 위한 청문회.

1989년

1. 16 5·18 당시 특전사 중사 최영신 양심선언.

1. 26 국회 광주 특위, 전두환 최규하 전 대통령에 동행명령장 집행.

2. 15 노태우 대통령 '광주 문제 조기 치유' 지시.

3. 3 광주 민주화운동 관련 법안 국회 광주 특위에 제출.

5. 18 광주, 전남 지역 7개 대 교수, 광주 학살 책임자 처벌 촉구 성명 발표.

5. 80년 12월부터 30여 차례의 타격을 받은 광주 미문화원 잠정 폐쇄.

5. 18~27 조선대생 이철규 사인 진상규명 투쟁 및 5·18 9주기 추모식 거행.

6. 20 미 국무부, 주미 한국대사관 통해 광주 민주화운동 관련 국회청문회 답변서 전달.

12. 31 전두환 전 대통령 국회 출석, 5·18 등 답변.

1990년

5. 18   41개 단체 연합, 5·18 진상규명 촉구.

5. 18~27   전야에서 부활제까지 41개 단체 연합한 5월 행사 진행.

7. 14   민자당 광주 보상법 등 26개 안 기습 통과.

8. 6   광주 민주화운동 관련자 보상 등에 관한 법률 제정·공포(법률 제4,266호).

8. 10   평민당과 민주당, 국회에서 변칙 통과된 광주보상법 등 26개 법안에 대한 무효 확인 요구하는 헌법소원심판 청구서를 헌법재판소에 공동 제출.

8. 17   동 법률 시행령 제정(대통령령 제13,075 호).

8. 17~9. 15   광주 민주화운동 관련 사상자 추가 신고 접수-1차 보상-신고접수 2,693명 (사망자 190, 행방불명자 148, 부상자 2,290, 연행·구금자 65).

1991년

4. 26   명지대생 강경대 백골단에 의해 타살.

5. 26   5·18 진상규명 주장하다가 분신한 전남대생 박승희 장례식(20여 만 명 참석).
           * 1991년 5·18 진상규명 요구 투쟁으로 13명 사망(강경대, 박승희, 김영균, 천세용, 박창수, 김기설, 윤용하, 이정순, 김철수, 정상순, 김귀정, 이진희, 석광수).

1992년

12. 17   제14대 김영삼 대통령 당선.

1993년

'2. 25   문민정부 출범.

3. 18   김영삼 대통령 망월동 묘역 참배 저지, '진상규명은 역사에 맡기자'고 발언.

5·18   문제 해결 5대 원칙 확정(진상규명, 책임자 처벌, 집단 배상, 명예 회복, 기념 사업).

6. 1~7. 31   광주 민주화운동 관련 사망자 추가 신고 접수-2차 보상-신고 접수 2,791명 (사망자 15, 행방불명자 117, 부상자 1,483, 연행·구금자 1,176).

1994년

5. 18   광주 학살 책임자에 대한 고소 및 고발 운동 전개.

8. 30   재단법인 '5·18 기념재단' 창립.

10. 19   김대중 내란 음모 사건 22명, 전두환·노태우 등 신군부 관계자 10명 내란 목적살인죄 및 살인미수죄로 검찰에 고소.

1995년

7. 13   서울지검, 5·17 내란죄의 고소 고발 사건과 관련 피고발인 전두환, 노태우 전 대통령에 대해 공소권 없음 처분 내림.

7. 18   검찰 불기소 발표.

7. 24   정동년 외 5·18 고소인, 전두환·노태우 전 대통령 등 피고소인들에 대한 검찰의 불기소 처분에 따라 헌법재판소에 헌법소원 제출.

7. 25   5·18 학살 책임자 처벌을 위한 공동 대책위원회 구성, 5·18 유족과 부상자 등 150여 명 명동성당 농성, 민주 사회를 위한 변호사 모임에서 전두환, 이희성 등 7명을 국회 위증죄로 고발.

8.   5·18 학살 책임자 처벌 특별법 제정을 위한 범국민 서명운동 전개.

10. 18   민주당 박계동 의원 노태우 비자금 4,000억 원 폭로.

10. 21   법학 교수 124명 5·18 의견서 헌법재판소 제출.

11. 24   김영삼 대통령 5·18 특별법 제정 결단.

11. 26   서울지검, 12·12와 5·18 사건에 대한 전면 재수사 착수.

11. 27   헌법재판소, 5·18 불기소처분에 대한 헌법소원 사건에 대한 '검찰의 5·18 공소권 없음 결정은 부당하다'고 결정.

11. 30   검찰 12·12 군사 반란과 5·18 내란죄에 대한 전면 재수사 착수 발표.

12. 3   전두환 전 대통령 구속영장 집행(안양교도소 수감).

12. 5   대검찰청, 노태우 전 대통령 구속 기소(2,900여 억 원 뇌물 비자금).

12. 12   김영삼 대통령 "역사 바로 세우기는 명예 혁명이며, 군사 문화 청산과 쿠데

	타의 망령을 추방해야 한다"고 성명 발표.
12. 16	최규하 전 대통령, 검찰 조사 거부 성명.
12. 19	국회, '12·12 및 5·18 관련자 처벌을 위한 5·18민주화운동 등에 관한 특별 법안' 의결.

1996년

1. 17	서울지검, 유학성·황영시·장세동·이학봉·최세창 등 5명 12·12 군사 반란과 5·18 내란 혐의로 구속영장 청구.
1. 23	검찰, 전두환·노태우 전직 대통령을 내란 및 군사 반란 혐의로 추가 기소.
3. 11	서울지법 형사합의 30부, 전두환·노태우 전직 대통령의 12·12 군사 반란과 5·18 내란 사건 첫 공판 개정, '세기의 재판' 시작.
8. 5	12·12 및 5·18 특수부, 피고 전두환·노태우에 각각 사형과 무기징역 구형.
11. 11	서울고법 형사1부, 5·18 사건 증언 거부와 관련, 최규하 전 대통령에게 강제 구인영장 발부.

1997년

4. 17	전두환 무기징역, 노태우 17년형 등 5·18 학살 책임자들 형벌 확정.
4. 29	정부, 5·18 민중항쟁 국가기념일 제정.
5. 9	정부, '5·18민주화운동 국가 기념일' 제정 공포.
5. 16	5·18 신묘역 준공식.
5. 18	정부 주관 첫 기념식.
12. 17	김대중 대통령 당선.
12. 20	김영삼 대통령, 김대중 대통령 당선자와 회담에서 전두환·노태우 두 전직 대통령의 특별사면 복권에 합의.
12. 22	정부, 전두환·노태우 전 대통령을 포함한 5·18 관련자 19명 특별사면 석방.

1998년

1. 1~31   광주 민주화운동 관련 사상자 추가 신고 접수-3차 보상·신고 접수 : 837명(사망자 19, 행방불명자 54, 부상자 482, 연행·구금자 282).
2. 25   김대중, 제15대 대통령 '국민의 정부' 출범.

1999년

5.   5·18 자유공원 조성(영창, 법정 이전).

2000년

5. 18   정부 주관 5·18민주화운동 20주년 기념식 김대중 대통령 참석.
12. 10   김대중 대통령 노벨평화상 수상.

2001년

4. 1   5·18 기념문화관 건립.
12. 21   국회, 5·18 민주유공자 예우에 관한 법률 제정.

2002년

7. 27   국립 5·18 민주묘지로 승격.

2003년

2. 25   노무현, 제16대 대통령 참여정부 출범.
5. 18   5·18민주화운동 23주년 기념식 노무현 대통령 참석.

2004년

1. 20   5·18 민주유공자 예우에 관한 법률 개정(2004. 3. 27. 시행).
5. 18   5·18민주화운동 24주년 기념식 노무현 대통령 참석.

2006년

5. 8   '오월 어머니집' 개소.

2007년

5. 18   오월 어머니상 제정.
7.   영화 〈화려한 휴가〉 상영.

2008년

광주시 교육청, 5·18민주화운동 교과서 인정교과서 승인.

국립 아시아문화전당 건립 관련 옛 전남도청 철거·존치 문제 갈등.

2009년

5. 18   이명박 대통령 5·18 기념식 불참.

2010년

1. 9   5·18 기록물 유네스코 세계기록유산 등재 추진위 설립.
5. 18   5·18민주화운동 30주년 기념식.

2011년

5. 25   5·18 기록물 유네스코 세계기록유산 등재.
12.   5·18민주화운동 고등학교 교과서 집필 기준 명시.

2012년

11. 29 영화 〈26년〉 개봉.

2013년

1. 30 광주인권상 수상자이자 미얀마 의원인 아웅 산 수지 광주 방문.
5. 18 5·18 33주년 기념식 '임을 위한 행진곡' 제창 갈등(박근혜 대통령 참석).
5. 24 5·18 역사왜곡대책위원회 발족.
6. 20 한국민주주의전당 건립 1차 국회 토론회.
7. 23 '5·18 역사왜곡저지국민행동' 발족.

2014년

5. 18 5·18민주화운동 34주년 기념식 '임을 위한 행진곡' 제창 배제.

2015년

1. 1   7차 보상 접수 시작.
2. 24 5·18 역사왜곡대책위원회 제6차 시국 회의 개최.
5. 13 5·18민주화운동 기록관 개관.
5. 18 제35주년 5·18 기념식, '임을 위한 행진곡' 제창을 보훈처에서 인정하지 않음. 정부 주관 기념식과 5·18 단체 주관 기념식으로 양분.
9. 18 시민토론회 "5·18 민주화운동기록관, 어디로 갈 것인가?"

2016년

5. 13 5·18 기록물 유네스코 세계기록유산 등재 5주년 기념식.
5. 16 독일 방송기자 위르겐 힌츠페터 광주추모식.
5. 18 5·18민주화운동 제36주년 기념식 대통령 불참.
6. 22 마크 리퍼트Mark Lippert 전 주한 미 대사 5·18 기념재단 방문, 미정부 5·18 기록물《광주 상황 보고서》공개 검토 약속.
7. 22 5·18 기념재단, 국회에서 '5·18 왜곡 행위 처벌을 위한 법률 개정 국민 토론회' 개최.

8. 15	5·18 기록관과 남경대학살 기념관 교류협약식.
8. 24	광주광역시, 국과수에 전일빌딩 5·18 탄흔 감정 의뢰.
9. 7	5·18 관련단체, 옛 전남도청 복원 농성 돌입.
9. 22	국과수, 1차 전일빌딩 탄흔 조사.
11. 15~16	국과수, 2차 전일빌딩 탄흔 조사.
12. 13	국과수, 3차 전일빌딩 탄흔 조사.

2017년

1. 9	팀 셔록 미국 정부기관 비밀해체 문서 기증.
1. 13	전일빌딩 헬기 총탄자국 국립과학수사연구원 감식결과 발표.
2. 6	광주광역시 5·18 진실규명지원단출범(시차원 최초).
3. 28~30	국과수, 4차 전일빌딩 탄흔 조사.
4. 11	국과수, 4차 감정결과서 광주광역시에 통보-헬기 사격 유력 탄흔 총 193개.
5. 11	《죽음을 넘어 시대의 어둠을 넘어》 전면 개정판 출간.
5. 18	문재인 대통령 5·18 제37주년 기념식 참석, '5·18 정신의 헌법 규범화' 약속.
5. 27	5·18 기념재단, UN본부에서 5·18 관련 첫 국제학술대회 개최 - 주제 '광주 다이어리: 민주주의와 자유의 집단 기억'.
6. 26	윤장현 광주광역시장, 지만원 5·18 왜곡·폄훼 행위로 인한 명예훼손 혐의로 고소.
8. 2	5·18 외신 기자 목격담, 영화 〈택시운전사〉 개봉, 39일 만에 관객 1,200만 명 큰 호응.
8. 4	전두환 회고록 출판 및 배포 금지 가처분 인용 결정.
8. 22	JTBC, 5·18 당시 전투기 출격대기명령 보도.
8. 23	문재인 대통령, 헬기 사격 등 관련 국방부 특별조사 지시.
9. 11	국방부, 5·18 진상규명특별조사위원회 출범.
11. 3	국방부, 5·18 진상규명특별조사위원회 조사 기간 2개월 연장.

5·18민주화운동 화보

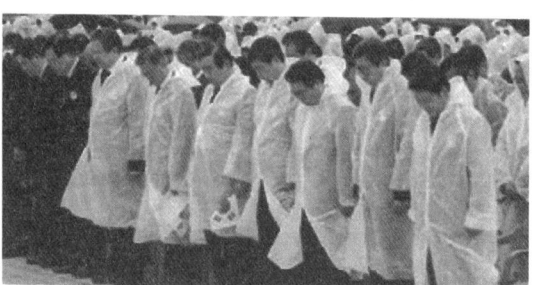

▶ 5·18 민주묘지 기념식 장면

▶ 계엄군의 총탄에 쓰러진 동료를 껴안고 있다.

▶ 계엄군 총탄에 쓰러진 시신들이 관이 부족해 길바닥에 놓여 있다.

▶ 교수, 학생, 재야인사들이 '전두환 물러가라'는 평화행진을 하고 있다.

▶ 계엄군과 시민이 버스를 중심으로 대치상태에 있다.

▶ 계엄군의 총탄에 쓰러진 친구 명표를 들고 장지로 가고 있다.

▶ 교문 앞에서 학생과 군인들이 대치상태에 있다.

▶ 군수사업체인 아시아자동차 공장에서 시민군이 트럭과 버스 등을 탈취하여 차량 시위를 했다.

▶ 날이 어두워지자 횃불 행진으로 변했다.

▶ 군인들에게 얻어맞아 피투성이 된 오빠를 따라가고 있다.

▶ 시민 시위대들이 전두환 화형식을 하고 있다.

▶ 끌고 간 '시체를 인도하라'는 버스 행진 시위

▶ '전두환 물러가라'고 외치는 시위 군중

▶ 시민군이 버스 위에까지 올라가 계엄군과 대치하고 있다.

▶ 시내 대학가 학생들은 모두 전남 도청 분수대 광장으로 집결하여 민주화 시국성토대회를 가졌다. 이후 전남대를 비롯한 10개의 대학, 전문대학 등 약 3만 명이 연일 대규모 집회와 횃불 행진으로 시위를 벌였다. 각 대학 교수단과 시민들이 학생들과 함께한 시위는 경찰과의 충돌 없이 평화적으로 이루어졌으며, 질서정연하게 민주화를 촉구하는 의사 전달식이었다.

▶ 시민군 일부도 무장을 했다.

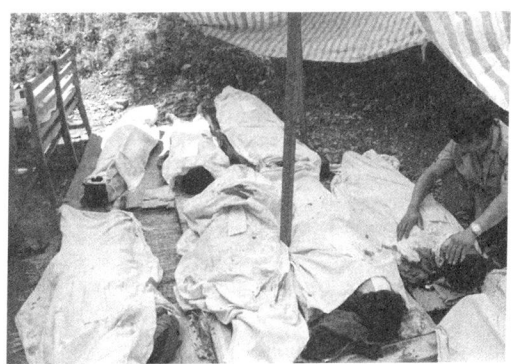

▶ 흰 천으로 덮여 있는 시신들

▶ 탱크를 몰고 온 군인들이 지나가는 버스운전사와 승객을 하차시키고 마구 구타했다.

▶ 윤상원 묘지 앞에 있는 문재인 대통령

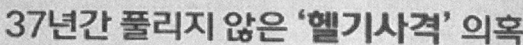

▶ 헬기 사격 목격자

5·18 민주화 운동의 왜곡과 진실
5·18 광주 민주화 운동

1판 1쇄 인쇄 _ 2020년 5월 20일
1판 1쇄 발행 _ 2020년 5월 25일

편저자 _ 차종환·김인철
펴낸이 _ 이형규
펴낸곳 _ 프라미스

주소 _ 서울특별시 종로구 이화장길 6
편집부 _ 745-1007, 745-1301~2, 747-1212, 743-1300
영업부 _ 747-1004, FAX 745-8490
본사평생전화번호 _ 0502-756-1004
홈페이지 _ http://www.qumran.co.kr
E-mail _ qrbooks@gmail.com / qrbooks@daum.net
한글인터넷주소 _ 쿰란, 쿰란출판사
페이스북 _ www.facebook.com/qumranpeople
인스타그램 _ www.instagram.com/qrbooks
등록 _ 제300-2008-17호(2008.2.22)
책임교열 _ 이화정·신영미

ⓒ 차종환·김인철 2020 ISBN 978-89-93889-24-6 93230

책값은 뒤표지에 있습니다.
이 출판물은 저작권법에 의해 보호를 받는 저작물이므로 무단 복제할 수 없습니다.
파본(破本)은 구입처에서 교환해 드립니다.